김영삼 회고록

민주주의를 위한 나의 투쟁

1

1942년 3월 20일, 장목소학교 졸업사진. 맨 앞줄 오른쪽에서 두번째가 나.

경남중학교 3학년 재학시절의 모습.
통영중학교에 다니다 8·15해방을 맞은
나는 그해 경남중학교 3학년으로 전학하였다.
일제 치하에서는 일본에 대한 반감으로
문학도를 꿈꾸었으나, 해방과 함께
신생 조국을 위해서 큰 일을 하겠다는
생각으로 '미래의 대통령'이 되겠다는
포부를 키워 나갔다.

1951년 초, 약혼기념 사진.

1951년 9월 29일,
아내와 함께 찍은
서울대학교 문리과대학
졸업기념 사진.

제3대 국회의원 시절 유석 조병옥 박사와 함께한 모습. 왼쪽부터 현석호, 김정호, 조병옥, 나, 김재곤.

1956년 10월, 배재고등학교에서 열린 여야 국회의원 친선야구대회에서 나는 포수를 맡아 활약했다. 사진은 홈런을 맞은 후 어이없다는 표정으로 웃고 있는 모습.

제6대 국회의원 시절, 대정부 질문을 하는 모습.

민중당 원내총무 시절, 박순천 당수, 유진산 선생과 함께 당무를 협의하는 모습.

제7대 국회 원내총무 시절 동료 의원들과 함께. 왼쪽부터 김재광, 장준하, 고흥문, 나, 김형일.

1968년 9월, 로널드 레이건
전 미국 대통령이 캘리포니아
주지사를 하던 시절에
주지사실을 방문해
『아름다운 캘리포니아』라는
책자를 선물받고 있다.

1969년 7월, 미국을 방문하여
닉슨 대통령을 만나고 있다.
내 왼쪽 뒤편에 포드 부통령이 있다.

1969년 야당 의원들과 함께 3선개헌 반대시위를 하는 모습.

1970년 9월 29일, 신민당 대통령후보 지명대회에서 연설하는 모습.

1972년 6월 5일, 국회정상화와 비상사태 철회를 요구하는 가두시위 중 경찰의 저지를 받고 있다. 내 뒤로 문정수, 김영수의 모습이 보인다.

민주주의를 향하여, 민주주의와 함께

　지금 우리는 이제 막 20세기를 보내고, 21세기 새로운 천년을 맞이하고 있다. 우리의 생전에 새로운 1천년을 맞이한다는 것은 결코 범상한 일이 아니다. 그러나 과연 우리에게 그것이 행운이 될지 불운이 될지, 보람이 될지 부끄러움이 될지는 아직은 아무도 모른다. 오로지 우리 모두가 앞으로 어떻게 하느냐에 달려 있다. 역사가 과거와의 대화라고 한다면, 우리는 지나간 20세기에 대한 냉정한 자기 성찰이 필요한 시점에 서 있다. 우리는 어떻게 여기까지 왔으며, 또 우리는 어디로 어떻게 갈 것인가. 그런 점에서 나의 회고록은 일단은 나와 나의 동시대를 살고 있는 우리 모두의 지나온 날들에 대한 자기 성찰의 기록이라 할 수 있다.

　1927년 내가 태어났던 암흑의 일제시대부터, 1998년 2월 대통령직에서 물러날 때까지의 전 과정은 바로 파란에 찬 우리의 현대사 그 자체라고 할 수 있다. 특히 1954년 제3대 국회의원에 당선된 이래, 내가 헤쳐 나온 20세기 후반의 개인사는 그대로 한국의 현대정 치사와 궤적을 같이하고 있다. 이처럼 내 생애는 우리나라 현대정 치사를 관통하고 있다. 내가 살아온 삶의 현장은 한국 현대정치의 생생한 현장 바로 그것이었다.

26세라는 젊은 나이에 최연소 국회의원을 시작으로 원내총무, 야당총재를 여러 차례 거치면서, 마침내 어린 시절의 꿈이었던 대 통령에 당선되기까지 나는 운명적으로 정치를 껴안고 살아왔다고 해도 과언이 아니다. 영광의 시간도 있었지만, 그보다는 더 오랜 시 련과 고난의 세월이 있었다. 최연소 야당총재, 최다선 원내총무라 는 기록 뒤에는 초산테러, 국회의원직 제명, 연금, 단식투쟁 등 현 대사의 험난한 파도와 고뇌의 깊은 골짜기를 거쳐 나와야 했던 것 이다.

한국의 정당사에는 5백여 개의 정당들이 출현했다가 포말처럼 사라졌다. 막강한 조직과 거대한 힘을 자랑하던 집권당도 권력을 잃으면 스르르 소멸해 갔다. 그런 정치풍토 속에서도 한민당→민국 당→민주당→민정당→신민당→통일민주당으로 한국 야당의 숨결 은 연면히 이어져 왔다. 야당의 생명력이 이렇듯 끈질길 수 있었던 것은 민주주의에 대한 신념과 희망을 저버리지 않았기 때문이었다. 그것이 바로 우리 국민의 염원과 일치했기 때문이었다. 내가 현대 한국정치의 현장을 온몸을 다 바쳐 지켜 낼 수 있었던 것도, 민주주 의를 수호하려는 야당의 전통과 나의 신념이 또한 일치했기 때문이 었다. 민주주의에 대한 신념과 열정이 나로 하여금 끊임없이 도전 할 수 있게 하였고, 쓰러졌다가도 다시 일어날 수 있게 해주었다.

민주주의, 그것은 나를 지탱해 주고 저 혹독한 군사독재의 한가운데서도 나의 전의를 불타게 해주는 힘의 원천이었다. 야당의 길, 그리고 나의 길은 민주주의를 막아 선 겹겹의 벽에 대한 도전과 좌절, 그리고 재도전의 연속이었다.

야당의 성공적인 도전이 만들어 낸 기회는 그때마다 불행과 비극까지 겹쳤다. 해공(海公) 신익희(申翼熙), 유석(維石) 조병옥(趙炳玉)은 이 나라 야당을 정권교체의 단계에까지 이끌어 올렸으나, 갑작스런 그 분들의 서거로 우리들의 희망은 무너졌다. 1960년 4월혁명은 민주주의의 꽃을 피울 수 있는 절호의 기회를 이 땅에 안겨 줬지만, 5·16 군사쿠데타가 그 싹을 무참히 짓밟아 버림으로써 역사의 시계를 30년이나 거꾸로 되돌려놓았다.

해공과 유석은 이 나라 민주주의 역사에서, 그리고 야당사에서 굵은 발자국을 남겼다. 나는 이들 두 분의 뒤를 이은 정통야당의 적자(嫡子)로서, 박정희의 5·16 군사쿠데타 이후 전두환에 이르는 30년 군사독재의 전 기간에 걸쳐, 민주화투쟁의 현장에서 일신의 안위를 돌보지 아니하고 내 한 몸을 던져 불의를 고발, 권위주의 군부통치에 맞서 싸웠다. 옛말에 "하늘이 나를 냈으니 반드시 재목으로 쓸 데가 있다"(天生我 材有必用)고 했는데, 나는 하늘이 이 나라 민주주의를 위하여 나를 쓰려 한다고 믿었다. 역사적 시기마다 시대적 소명이라는 것이 있기 마련이다. 그것이 우리에겐 바로 민주주의였던 것이다. 민주주의에 대한 소명감과 열정이 없었다면, 어떻게 저 힘들고 고난에 찬 투쟁을 견뎌 왔을 것인가. 누르면 누를수록 불사조처럼 일어서고 또 일어설 수 있었을 것인가. 스스로 내 몸을 던져 민주주의의 불씨를 살려 낼 수 있었을 것인가.

지금 생각해도 민주주의와 정의를 향한 투쟁에서 나는 후회 없이 최선을 다해 싸웠다. 1983년, 전두환 독재에 맞서 죽음을 건 단식투쟁을 할 때도 나는 내일을 생각하지 않았다. 민주화투쟁의 과정에서 나는 항상 오늘이 내 인생의 마지막이라고 생각하면서 싸웠다. 나는 또한 부끄러운 타협을 한 적이 없다. 민주주의를 반드시 실현해 내고자 하는 내 신념을 한 번도 꺾어 본 적이 없었다. 내가 국회의원직에서 제명당할 때에도 나는 "한번 살기 위하여 영원히 죽는 길을 택하기보다는, 한번 죽어 영원히 사는 길을 택하겠다"면서 구차한 타협을 단호히 거부했다. 나는 거짓과 위선, 그리고 비겁을 가장 큰 죄악으로 생각하면서 당당하게 싸워 왔다.

나는 전 생애를 통해 온 국민들의 성원과 격려를 자양으로 항상 다시 일어났고, 또 그것을 활력소로 삼아 두려움 없이 싸울 수 있었다. 나는 독재적 억압에 시달리는 우리 국민을 한시도 잊거나 떠난 적이 없었다. 나는 항상 국민과 함께 있으려 했고, 또 함께 있었다. 나는 우리 국민에게 희망을 주고 싶었다. 그래서 캄캄한 암흑 속의 나날에도 국민을 향해 있는 힘을 다해 외쳤다. "닭의 모가지를 비틀어도 새벽은 온다." 그것은 내가 나에게 하는 희망의 다짐이기도 했다. 또한 국민은 그때마다 나에게 큰 희망의 메아리로 되돌려줬다. 이렇게 나는 국민과 더불어 민주화의 길을 내면서 여기까지 왔다.

1992년 12월 대통령에 당선되던 순간, 마침내 마침내 국민과 더불어 민주주의를 이루어 냈다는 감동으로 나는 눈물을 흘렸고, 어떻게 이룩한 민주주의냐를 되새기면서 마음속에 각오를 다졌다. 1993년 2월 25일 대통령 취임사에서 벅찬 감격으로 나는 이렇게 선언했다. "오늘 우리는 그렇게도 애타게 바라던 문민민주주의의 시대를 열기 위하여 이 자리에 모였습니다. 마침내 국민에 의한, 국민의 정부를 이 땅에 세웠습니다."

나는 이 땅에 다시는 정치적 밤이 오지 않도록 하기 위하여 군의 개혁을 단행했으며, 전면적인 지방자치제를 실시함으로써 이 나라 민주주의를 제도적으로 완성시켰다. 1948년의 정부수립 이래, 대한민국은 비로소 명실상부한 민주공화국으로서의 틀과 내용을 갖추게 된 것이다. 나는 국민과 더불어 이 땅에 진정한 민주주의를 쟁취해, 그 민주주의를 제도적으로 완성·정착시켰다는 자부심을 지금도 간직하고 있다. 뿐만 아니라 나는 이렇게 이룩한 민주주의를 지키기 위하여 대통령으로서 혼신의 노력을 다 바쳤다. 지자제 실시 문제와 관련하여 안기부의 정치개입 의혹이 제기되자, 나는 지체없이 안기부에 그 책임을 물었다. 한번 잘못되기는 쉬워도 그것을 바로잡는 데는 오랜 세월이 걸린다. 그렇기 때문에 민주주의에 대한 조그마한 위험도 초기에 도려 내지 않으면 안 되는 것이다. 대통령의 이러한 단호한 의지만이 민주주의를 지켜 낼 수 있는 것이다. 또한 국민의 깨어 있는 의식만이 우리가 이룩한 민주주의를 지켜 낼 수 있다는 것을 결코 잊어서는 안 된다. 나의 회고록은 이 땅의 민주주의가 정치적으로 어떻게 이룩되어 왔는가를 기록으로 남긴다는 점에서 각별한 의미가 있다. 단순한 회고와는 근본적으로 다른 것이다. 여기에는 우리가 해방 후 반세기에 걸쳐 피와 땀, 그리고 눈물로 이룩한 민주주의를 어떻게 지키고 가꾸어 나갈 것인가에 대한 진지한 고뇌와 호소가 담겨 있는 것이다.

　내가 그 한가운데를 온몸으로 걸어왔던 이 나라의 현대정치사, 민주주의의 역사를 꼭 기록으로 남겨야겠다고 생각한 것은 이미 오래 전의 일이다. 특히 1998년 2월 청와대를 나오면서, 이것이 내게 남겨진 마지막 작업이요 소명이라는 생각이 들었다. 정보정치는 모든 진실을 어둠 속에 묻어 버린다. 이미 우리 시대의 진실, 민주화를 향한 우리 국민의 피나는 노력은 박정희·전두환 두 군사독재정권의 정보공작정치에 의해 그 원형이 파괴·유린된 지 오래 되었던 것이다. 더욱이 한국 민주주의의 중요한 역사적 현장을 기록했어야 할 우리 언론들은 진실을 왜곡하거나, 심지어는 보도조차 하지 않는 부끄러운 모습을 하고 있었다. 따라서 우리가 민주주의를 향해 한발 한발 우리 발로 다가왔듯이, 그 기록도 바로 우리들 자신의 손으로 쓸 수밖에 없는 것이다. 기록 없는 역사는 한낱 옛날 이야기에 지나지 못한다. 그것은 재미는 있을지 모르나, 진정한 역사의 교훈을 두고두고 되새기게 하지는 못할 것이기 때문이다.

　우리가 익히 알고 있는 바와 같이 우리나라의 역대 정치 지도자들 가운데 기록을 남긴 이들은 드물다. 더구나 역대 대통령들의 경우, 그들 스스로의 손으로 자신의 생애에 대한 것을 기록으로 남긴 예는 전무(全無)한 실정이다. 초대 이승만(李承晩) 대통령은 해외에서 망명생활을 보내던 중 타계했고, 박정희의 경우 부하의 총탄에 맞아 살해되는 등, 유고(有故)를 당하거나 아니면 자신들의 기록을 남기기에는 역사적 객관성이나 도덕적 정당성에 의문이 뒤따를 수밖에 없었다고 할 수 있다.

중학시절부터 나는 비교적 소상하게 일기를 적는 습관을 지켜 왔다. 날마다의 일기는 내 삶의 축도로서, 거기에는 내 자신의 고뇌와 긴장이 담겨 있었다. 그러나 매우 애석하게도 내 생애를 담아 온 나의 기록들이 지금은 내게 남아 있지 않다. 박정희·전두환 두 군사독재정권 시절을 통해 내 집은 수차에 걸쳐 압수수색을 당했다. 그때 해방 이후 30년 이상 기록해 온 내 '정신의 유산'과 사진, 메모 등 모든 기록물들을 탈취당했다. 일기가 기화가 되어 무고한 사람들이 연행, 조사를 받는 등 피해를 입어야 했기 때문에 일기 쓰는 습관을 한때 중단한 적도 있었다. 이리하여 그 당시 매일매일 일어났던 정치적 사건이나 우리들이 민주주의를 위해 싸워 왔던 현장은 기록 아닌 기억 속에 저장해 둘 수밖에 없게 되었다.

제발 이 땅에 소중한 개인의 기록을 적을 수도 없는 그런 시절이 다시는 오지 말아야 한다. 언론이란 기억의 연상작용에 도움을 줄 수는 있을지언정, 객관적인 기록으로서는 별 도움이 되지 않는다. 그렇기 때문에 회고록을 쓰면서 가장 어려웠던 일은 일기와 메모, 사진 등 일체의 기록을 빼앗긴 채 흘러간 50여년의 세월을 어떻게 재구성할 수 있을까 하는 것이었다. 지난 1년 10개월여에 걸쳐 사방에 흩어져 있는 나의 족적들을 모아들였다. 힘들고 어려운 작업이었다. 그래도 맞추어 보면 텅 빈 공간도 있었고, 연속성이 끊어진 시간도 있었다. 그것을 되살려 내는 데만도 적지 않은 시간과 노력이 필요했다. 그때마다 일기마저 빼앗아 가는 군사정치문화의 행태에 억누를 수 없는 분노를 되새기지 않을 수 없었다.

그런 가운데도 단 한 권의 일기장이 기적같이 내게 돌아왔다. 잃어버린 나를 다시 찾은 것 같은 그때의 환희를 어떻게 표현할 수 있을까. 독재자들은 가택수색을 통해 나의 개인기록을 탈취해 갔을 뿐만 아니라 언론과 출판을 검열·통제함으로써 나를 비롯한 민주화투쟁의 중요한 역사적 기록들을 역사에서 지워 버렸다. 국내의 경우 민주화투쟁의 현장을 기록한 사진들은 이미 필름조차 남아 있지 않거나 가위로 오려진 채 '검열'이라는 도장에 눌려 아직도 신음하고 있었다. 외신들마저 국내에 보관되어 있는 것은 검열 때문에 이곳저곳이 흉물스럽게 잘려 나가 있었다. 나는 부득이하게 자료를 찾기 위해 뉴욕이나 워싱턴, 도쿄나 모스크바에까지 수소문을 해야 했다.

그 동안 각종 사진과 자료들을 기꺼이 제공해 준 국내외 여러분께 지금 이 자리를 빌어 감사를 드린다. 또한 이렇게라도 엮어 놓고 보니, 그 동안 나에게 내 생애 전부를 기록으로 남길 것을 간곡히 권유해 준 여러분들께도 그 따뜻하고 정성스런 애정에 고마움을 느낀다. 그렇지만 많은 점에서 누락과 비약도 있을 것이요, 경중(輕重)과 선후(先後)가 뒤바뀐 것도 있을 것이다. 나는 내 회고록은 결코 나 혼자 쓰는 것이 아니라, 나와 더불어 민주화의 도정을 같이했던 동지들, 그리고 국민 여러분과 함께 쓰고 있는 것이라고 믿기 때문에, 빠진 것을 보완하는 데 결코 주저하지 않을 것이다.

나는 내가 이 나라의 민주화를 위해 땀 흘리며 몸 바쳤던 고통과 고뇌, 그리고 기쁨의 순간들을 이 책에서 가감(加減) 없이 적으려 했다. 또한 그때그때 나의 진실을 있는 그대로 숨김없이 밝히고자 했다. 거짓은 국민을 잠시 속일 수는 있어도 영원히 속일 수는 없기 때문이다. E. H. 카는 "역사 없이 자유가 없고, 반대로 자유 없이 역사는 없다"고 말했다. 나는 이 말을 항상 떠올리면서 이 회고록을 썼다. 또 나는 현대정치사를 이제 내 손으로 쓴다는 심정으로 이 글을 썼다. 이 기록이 한국 현대정치사를 위한 생생한 현장의 증언이 되고, 아직은 불안한 이 나라 민주화에 튼튼한 받침대가 되기를 바라 마지않는다. 아울러 우리 국민 모두가 한마음 한뜻이 되어, 반세기에 걸쳐 우리가 피땀 흘려 이룩한 민주화를 바탕으로 '21세기 위대한 한민족시대'를 열어 나가기를 간절히 소망한다.

마지막으로 사랑하는 나의 아내 손명순(孫命順)에게 감사의 마음을 전한다. 아내는 평생 내 곁에서 모든 영욕을 함께 했으며, 내가 어려움을 겪었던 고비고비마다 따뜻한 위로와 격려를 통해 나에게 커다란 힘과 용기를 불어넣어 주었다.

이 책을 민주화의 도정에서 먼저 가신 분들, 민주투쟁의 현장에서 고난과 시련을 같이했던 동지들, 그리고 나에게 성원과 격려를 아끼지 않아 주셨던 민주 국민 여러분께 바친다.

2000년 1월

김영삼 회고록

민주주의를 위한 나의 투쟁

1

김영삼회고록 1
민주주의를 위한 나의 투쟁

서문   민주주의를 향하여, 민주주의와 함께

제1부   찬란한 예감

1. 어머니와 바다, 내 삶의 터전

바다는 내 삶의 탯줄 31 / 유배의 섬 거제도 32 / 장목면 외포리 33 / 바다는 나의 교사 35 / 김녕 김씨의 28대손 36 / 할아버지와 어장 38 / 다섯 살에 서당 공부 40 / 사탕 한 알도 나눠 먹던 시절 42 / 어머니는 내 삶의 궁궐 45

2. 추억 속의 앨범, 학창시절

초등학교 때부터 하숙생활 47 / 통영중학 입학 49 / 설탕포대 사건 51 / 일본인 반장 두들겨 패기도 53 / 일제에 대한 반감에서 문학에 심취 54 / 일본 상선, 마을 앞바다에 침몰 56 / 8·15해방의 감격 57 / 해방이 가져온 변화 58 / 경남중학 시절 59 / '미래의 대통령 김영삼' 61 / 서울대학교 철학과에 입학 62 / 철학과 정치학 수강 66 / 순학회 조직 67 / 이승만 박사와 김구 선생 69 / 신생 조국의 혼란상 71 / 창랑 선생과의 조우 72

3. 이천 피난시절

임필수 따라 이천으로 74 / 치안대 조직 76 / 죽을 고비 넘기기도 78 / 군번 E134 80 / 창랑 선생의 비서가 되다 82 / 창랑과 유석의 간담상조 83

4. 손명순과의 결혼 이야기

'할아버지 위독' 전보 85 / 세 번의 맞선 86 / 평생 반려와의 만남 87 / 이화여대생과 결혼하기 88

5. 최연소로 정계에 진출

약관 26세에 국회의원 출마 92 / 자유당 공천 94 / 최연소 국회의원 탄생 96 / 3선개헌은 안 됩니다 98 / 3선개헌 반대투쟁 100 / 민주당 창당에 참여 101 / 창랑은 민주당에 불참 102 / 국회에서의 처녀발언 105 / 김의원, 바둑 두지 마시오 106

제2부 야당시절의 초상화

1. 야당의 맹장

유석 조병옥 박사에 매료 111 / 불온문서 투입사건 112 / 대구매일 테러사건 115 / 김창룡 암살사건 117 / 정일권 총장 119 / 모윤숙 댁에서 121 / 3대 대통령선거 회고 122 / 신익희 선생 서거 125 / 장면 박사의 당선을 위해 최선 다한 유석 126 / 지방의원 등록 방해사건 128 / 부산에서 출마 129 / 환표에 환함까지 130 / 유석의 서거로 상심 132 / 대학생 공명선거위 결성 133 / 이승만 정권, 역사 속으로 134 / 4·19 직후의 '학생내각' 구상 137 / 학생들에게 하고 싶은 말 138 / 허정 과도정부 139 / 민주당의 신파와 구파 141 / 신민당 창당, 부총무로 143 / 청조운동 전개 146 / 비명에 가신 어머니 149 / 어머니의 산소자리 151

2. 5·16쿠데타 전면 부정

5·16, 와서는 안 될 쿠데타 154 / 쿠데타세력은 역사의 죄인 155 / 쿠데타에 맞서지 못한 지도자 156 / 공화당 창당 참여 거절 159 / 김종필과 심야에 대좌 160 / 백조그릴 사건 162 / 서대문형무소에 수감 163 / 야당 대변인이 되다 165 / 굴욕적 한일회담 비판 166 / 월남전 과잉개입 반대 169 / 공보다 많은 과 171 / 한국에 월남은 무엇인가 172 / 위기일발의 순간 175

3. 바깥에서 본 조국

국무성 초청으로 방미 178 / 미 국무성 방문 181 / 케네디 묘소 참배 182 / 미 상원에서 환영받다 183 / 독립기념일 축제 구경 185 / TVA사업 시찰 186 / 거리에서 정치자금 모금 187 / 구경거리 인디언들 189 / 공화당 전당대회 시청 190 / 잉여농산물은 골칫거리 192 / 주정부 운영농장 시찰 193 / 금문교의 장관 194 / 고국에서는 우울한 소식만 195 / 스탈린 사망 비화 197 / 외국에서 맞은 광복절 199 / 대통령이 재산공개 200 / 민주당 전당대회 참관 202 / 한 권의 일기장에 담긴 과거 205 / 영국, 보수하면서 혁신한다 206 / '위대한 프랑스' 구상 207 / '농업천국' 덴마크 208 / 동·서독 장벽 허물기 209 / 관광왕국에선 거지도 피서 211 / 동남아 순방기 213 / 동경올림픽과 일본 215 / 우리가 기댈 언덕은 없다 217

4. 원내총무 5선 기록

진산파동 220 / 해위와 진산 중재 221 / 민중당 원내총무 피선 224 / 현민 유진오 박사의 영입 227 / 신민당 출범 228 / 6·8부정선거로 174일만에 등원 230 / 김대중 원내총무 인준부결 231 / 다섯번째 원내총무에 피선 233 / 인기 있는 야당 정치인 235 / 정치자금 쉽게 조달하기 236 / 가족과의 망중한 237 / 나와 스포츠 239 / 백악관과 발트 해변의 조깅 241 / 아내와 함께 하는 산행 244

5. 지도자의 길

지도자 개발론 248 / 미국 민주주의의 현장학습 250 / 미국 양당 전당대회 스케치 251 / 무질서 속의 질서 253 / 실력주의 정치사회 255 / 미국 지도자들과의 친분 256 / 지도자의 길 259

제3부 40대기수론

1. 초산테러

3선개헌에 정면 도전 263 / 언론자유가 없는 독재국가 264 / 박정희 주변만 부자가 됐다 266 / 국민신뢰 없이 안정 없다 268 / 3선개헌은 제2의 쿠데타 270 / 독재는 고립을 자초 272 / 이 정권은 너무 늙어버렸어 273 / 중앙정보부는 국민의 원부 276 / 독재자의 말로는 정해져 있다 279 / 누구 배에는 철판 깔았나 280 / 초산테러 신상발언 284 / 중앙정보부에서 음모한 것이다 287 / 박정희는 독재자 288 / 속기록 삭제 반대 291 / '박정희의 라이벌'로 부각 293 / 국회 '테러사건 진상조사특위' 설치 293 / 김형욱, 고소취하 296 / 창랑 선생 별세 297 / 세 명의 변절자 299 / 당 해산, 20일 만에 복원 300 / 원내투쟁 진두지휘 300 / 3선개헌안 반대토론 301 / 중앙정보부의 박해와 탄압 302 / 박정희는 정치불안의 책임자 304 / 경제발전 앞질러 간 부패 305 / 개인을 위한 개헌이다　306 / 정권교체의 전통　308 / 이박사 때도 반대 309 / 정권이 망할 때는 닮아 간다　310 / 중앙정보부의 나라인가? 312 / 국민을 이길 수는 없다　313 / 루스벨트와 3선　314 / 애국심을 독점하지 말라　316 / 장기집권은 부패·독재를 불러　318 / 누가 불안을 조성했나　319 / 지금이라도 늦지 않다　320 / 양심의 가르침을 좇으라　321 / 자손에게 물려줄 이 땅　323 / 공포분위기 조성　324 / 공화당 내 반란 시도　326 / 전략수정, 실력저지로　327 / 새벽의 기습표결 강행　328 / 유진오 총재 와병　330

2. 40대 기수로 돛을 올리다

고독한 선택　332 / 40대기수론 제창　333 / 보수의 벽은 높았다 336 / 1960년대를 돌아보며　338 / 진산, 나를 후보로 추천　340 / 깨진 서약　343 / 모두가 승리했다　345 / 40대의 바람, 왜 약해졌나　348 / 진산파동 2라운드　350 / 폭력배 개입의 시발　353 / 두 조각 전당대회　354

제2권

제4부 유신에 정면으로 맞서다

　　1. 유신에 정면으로 맞서다
　　2. 최연소 야당총재
　　3. 박정희와 단독대좌
　　4. 5·30전당대회 드라마
　　5. YH여공 농성사건
　　6. 잠시 죽는 것 같지만 영원히 사는 길
　　7. 부마민주항쟁 대폭발
　　8. 궁정동의 총소리

제5부 칠흑의 시대 새벽을 열다

　　1. 안개정국
　　2. 연금에 갇힌 세월
　　3. 민주산악회 결성
　　4. 23일간의 단식일지
　　5. 민추협 결성
　　6. 신한민주당 돌풍
　　7. 통일민주당 창당

제3권

제6부 장엄한 드라마 6월항쟁

1. 장엄한 드라마 6월항쟁
2. 시대의 과제는 군정 종식
3. 통한의 군정 종식 좌절

제7부 코페르니쿠스적 전환

1. 4당체제의 혼란
2. 소련에 첫발 딛다
3. 5공청산과 신사고
4. 구국의 결단, 3당통합
5. 한·소수교의 신기원 열다
6. 공작정치 질타
7. 내각제파동의 소용돌이

제8부 국민과 함께 거둔 승리

1. 마침내 후보로 선출되다
2. '탈당 도미노' 속에서
3. 단기필마로 전국유세
4. 문민시대 개막

제1부
찬란한 예감

第1章
序論

1. 어머니와 바다, 내 삶의 터전

바다는 내 삶의 탯줄

내 영혼이 태어나기보다도 먼저부터 바다는 저렇게 푸르르며 있고, 넘실대며 있고, 하나 가득 충만하게 있었던 것일까? … 바다는 … 아득한 그 시원(始原)의 날로부터 설레이고, 가라앉고, 잠잠하고, 노하고, 뉘우치고, 한숨짓고, 절규하고 … 통곡하며 있었던 것일까?
— 박두진(朴斗鎭)의 '바다의 영가(靈歌)'에서

바다에 대한 상념은 끝이 없다. 바다는 파도가 마구 솟구치고 자갈들이 구르고 있는 그런 풍경이기도 했다. 바다는 절벽을 향해 호령하고 해안선을 할퀴는 포효(咆哮) 그것이었다. 심원(深遠)한 바다, 억겁(億劫)의 바다이기도 했다. 아득한 나라, 바닷가에 모여 노는 어린이들의 바다, 가없는 하늘, 그림같이 고요한 바다이기도 했다. 햇빛이 부서지는 해안의 바다이기도 했다. 내 어린 시절은 삶 전체가 바다와 연결되어 있었다. 바다는 어머니의 탯줄과 함께 내 삶의 또 다른 탯줄이었다.

거제도(巨濟島), 바로 나의 고향이다. 거제(巨濟)는 한려수도(閑麗水道)에 뿌려진 수많은 섬들이 그러하듯이, 소백산맥(小白山脈)이 남해(南海)에 빠져 들어 이루어진 섬들로 짜여져 있다. 통영시(統營市)의 서북쪽 가장자리에 자리잡은 벽방산의 기운이 바다 속에 한번 빠졌다가 다시 용솟음친 형국이랄까, 산맥의 한 끝이 바다 속에서 힘이 솟구쳐 올라 이룬 땅인 만큼 거제도는 바다에 면한 섬답지 않게 노자산·계룡산·산방산·대금산 같은 산들을 섬 안에 펼쳐 놓았다. 주변의 섬들 또한 바다에 면한 산봉우리가 깎이어 기암괴석을 이루어 놓았으니, 바다 속에서 산세(山勢)가 일어나는 서북쪽의 해안은 완만하되, 동남쪽 해안은 급한 경사를 이룬 곳이 많다.

문명이 늦게 와 닿는 뒤떨어진 곳, 어떤 산간 내륙지방보다 더 첩첩산중인 곳이 거제도인지도 모른다. 그러나 온화한 날씨에 자잘한 섬들이 파도를 막아 주고 난류와 한류가 뒤바뀌는 거제바다는 우리나라에서 가장 깨끗한 바다이다. 어류(魚類)로는 특히 멸치, 대구, 삼치, 감성돔, 도다리, 농어, 꽁치 등이 많이 잡힌다. 주변 바다가 모두 좋은 어항을 이루기에 알맞은 곳이 거제이다. 그래서 거제도 해안선에는 고기잡이배가 드나들기에 좋은 자연조건을 갖춘 포구들이 줄지어 있다.

유배의 섬 거제도

『백운소설』(白雲小說), 『동국이상국집』(東國李相國集)을 쓴 고려시대의 문인(文人) 이규보(李奎報)는 거제도에 대해 이렇게 쓰고 있다.

물 가운데 집이 있고, 사방은 모두 호호망망한 큰 바다이다. 독

한 안개가 찌는 듯하고 회오리바람이 그치지 않는다. 여름에는
벌보다 큰 모기가 몰려들어서 사람을 깨무는데 참으로 무섭다.

거제도가 유배지가 되기에 아주 적합하고 외떨어진 섬이었음을
말해 준다. 실제로 거제도에 유배당한 첫 인물은 고려시대의 18대
왕인 의종(毅宗)으로 나타나 있다. 『고려사』(高麗史)에 따르면, 의종
은 서기 1170년 무신 정중부(鄭仲夫)가 요즘 말로 쿠데타를 일으켜
임금의 자리에서 쫓겨난 뒤 거제도에 유배당했다는 기록이 있다.
그 밖에도 거제 반씨(潘氏)의 시조가 된 원종(元宗, 고려 24대 왕) 때
의 문신 반부(潘阜)가 있고, 거제도 내에 상당수의 구슬 옥자(玉字)
성(姓)을 가진 사람들은 고려왕조의 후손이라고 짐작하고들 있다.

고려(高麗)를 뒤이은 조선왕조 시대에도 거제도는 유배의 땅이었
다. 예컨대 최숙생(崔叔生)과 우암(尤庵) 송시열(宋時烈)이 대표적인
유배 인물이다. 최숙생은 1519년 중종(中宗) 때 일어난 기묘사화(己
卯士禍)로 거제도에 유배와 일생을 마쳤고, 송시열은 1679년 거제도
로 유배와 산 적이 있다. 반곡서원(盤谷書院)은 1704년 우암을 기리
기 위해 만들었으니, 지금 반곡서원에는 우암의 후생들이 그를 추
모하여 세운 비(碑)가 있다.

장목면 외포리

내가 태어난 곳은 거제도에서도 가장 후미진 곳이랄 수 있는 장
목면 외포리 대계(長木面 外浦里 大鷄)이다. 대계(大鷄)마을은 등성
이 하나 너머에 있던 비슷한 형상의 소계(小鷄)마을과 함께 유년시
절 내가 알고 있던 세상의 전부였다. 그 밖의 세상이란 온통 바다였

외포리 대계마을에 있는 나의 생가.

다. 좁은 육지와 광막한 바다가 내 어린 시절 삶의 무대였다.
 기억이라는 신기한 마술이 내 인생에 새겨 놓은 추억도 대개 바다와 관련된 것이다.
 아마도 세 살 때였던 것으로 기억된다. 우리 집 뱃사람들이 말리려고 바닥에 널어놓은 멸치를 정신 없이 집어먹었다. 그 짠 멸치를 먹었으니 심한 갈증이 날 수밖에 없었다. 급한 김에 논배미에 엎드려 논물을 마구 들이켰다. 올챙이배가 되어 집으로 돌아와 어른들한테 톡톡히 꾸지람을 들었던 기억이 아물아물하다.
 나는 지금도 걸음마를 먼저 배웠는지, 수영을 먼저 배웠는지 잘 모를 정도다. 바다는 그만큼 내 삶의 근원적 배경이 되었다. 어린 시절을 떠올리면 나는 꽤나 개구쟁이에다 당돌했다는 생각이 든다. 이른 여름부터 늦은 가을까지 내 또래의 아이들은 바다에 들어가 자맥질로 하루를 다 보냈다. 파도가 적당히 치는 날은 아예 물 속에서 살다시피 했다. "우리 니 받아 묵으러 가자"(파도 타러 가자는 뜻). 파도 속으로 뛰어들며 외치던 이 말이 지금도 생각난다.

큰 너울이 지나갈 때 재빨리 물 속으로 들어가 바위와 해초에 몸을 가누며 머리 위로 파도가 지나가기를 기다렸다가, 파도가 지나가면 쏜살같이 물위로 솟아오르면서 놀았다. 자칫 파도에 휩쓸리기라도 하면 해변에 내동댕이쳐지거나 암초에 부딪히는 위험한 놀이였지만, 나는 마냥 즐겁기만 했다.

바다는 나의 교사

거제바다는 어디를 가나 맑고 아름다운 풍경이 펼쳐져 있다. 특히 깎아지른 벼랑으로 이어지는 거제 동쪽 해안의 경관(景觀)은 보는 이들로 하여금 감탄을 자아내게 한다. 어린 시절 아침에 눈을 뜨면 바로 코앞에서 바다는 거대한 푸르름으로 출렁였다. 때로 바다는 푸른 도마뱀처럼 재재발랐고, 때로는 거칠고 사납게 울부짖었다. 바닷가에서 맞이하는 여름날의 아침은 세계의 탄생과 같은 모습을 했고, 저녁은 세계의 종말과 같은 장엄한 모습이었다고나 할까.

파도가 거세게 이는 바다를 보고 있노라면, 마치 로마 군병들의 사열식을 보는 것 같았다. 어린 마음에도 그 거센 파도에 지기 싫었을 뿐 아니라, 오히려 맞부딪치고 싶었다. 훗날 어떤 고난과 역경에 처해서도 끝내 그것을 견디어 낸 것은 바다가 내게 가르쳐 준 교훈 덕분이었는지도 모르겠다.

『나와 내 조국의 진실』에서 나는 바다에 관해 이렇게 술회한 적이 있다.

누군가 바다는 최고의 교사(教師)라는 말을 했다고 한다. 깊은 뜻이 함축(含蓄)된 말인 것처럼 들린다. 실제로 바다는 나에게 많은 것을 가르쳐 주었다. 그 폭풍, 그 평화, 그 넓이, 그 깊이, 그 색깔, 그 모든 것이 우리들에게 하나의 교사임에 틀림없을 것이다. 원하든 원하지 않든 나의 체내(體內)에 바다의 냄새가, 바다의 보이지 않는 가르침이 배어 있을지도 모를 일이다. 그리고 지금도 나는 바다 소리만 나오면, 거기가 내 고향이거니 하고 생각하는 습성이 배어 버린 것도 사실이다. 나에게 있어 바다는 곧 고향인 것이다.

사실 내게 바다는 교사 이상의 그 무엇이다. 바다를 교사로 하여 내 정신의 영역이 확장되어 갔고, 내 삶이 더욱 푸르고 또 줄기차 갔다. 바다는 나의 마음에 녹아들어 있었다. 내가 그나마 정상적인 교육을 받을 수 있었던 것도 바다가 내게 베풀어 준 것이었고, 내 꿈과 청춘, 내 인생을 키워 준 것도 바다였다.

김녕 김씨의 28대손

나를 키워 준 자연은 바다였고, 나를 탄생시킨 생명의 뿌리는 김녕(金寧) 김씨(金氏)의 시조 김시흥(金時興)으로 비롯된다. 나는 충정공파(忠正公派) 28대손(代孫)이다. 김녕 김씨는 조선조 세조(世祖) 때 단종(端宗)의 복위를 도모하다가 순절(殉節)한 충의공(忠毅公) 김문기(金文起)의 명성으로 인해 널리 알려지게 되었고, 임진왜란 때 고령임에도 불구하고 끝까지 선조 임금을 수행하셨던 분이 충정공(忠正公) 김준영(金俊榮)이시다.

조부(祖父) 김동옥(金東玉).

조모(祖母) 박임선(朴任先).

　김녕 김씨가 언제 어떤 경로로 거제도에 들어오게 되었는지는 확실하지 않다. 다만 약 2백여년 전에 나의 10대조(代祖)이신 김진원(金進遠) 선조께서 대대로 이어 살던 충청북도 진천(鎭川)에서 거제로 거처를 옮긴 것으로 추정되고 있다. 과거 거제도는 유배지로서나 알려졌을 영남의 최남단 섬이었기 때문에, 선조께서 무언가 조정의 빈번하던 옥사(獄事)에 연루되었을 것이란 설(說)도 있으나 정확한 것은 알 길이 없다.
　전해 오는 이야기로는 거제로 옮겨 온 나의 선조들께서는 형제분이셨는데, 형님 되는 이는 큰닭섬(大鷄島), 아우 되는 이는 작은닭섬(小鷄島)에 뿌리를 내렸다고 한다. 그런데 작은닭섬의 아우네는 비교적 자손이 번창하여 40여 호(戶)가 거주한 반면, 큰닭섬의 형님 집안은 자손이 귀했다. 오죽하면 내 할아버지 대(代)의 손자, 손녀 중 남자는 나와 큰아버지 댁의 사촌동생뿐이었을까. 친형제가 없는 나의 입장에서 유일한 사촌형제인 영호(泳昊)는 나의 오랜 민주화 투쟁 기간 중에 많은 도움을 주었다. 그는 오래도록 부산에서 나의 지역구와 선거를 도와 준 중요한 참모였다. 요즘 그는 몸이 불편한데, 나는 아직도 그 고마움을 잊지 않고 있다.

이처럼 손이 귀한 집안에서 나는 아버지 김(金) 홍자(洪字) 조자(祚字)와 어머니 박(朴) 부자(富字) 련자(連字)의 맏이로 태어났다. 밑으로는 딸 다섯이 태어났으니, 내게로 향하는 집안의 애정과 기대의 빛살이 얼마나 강했을 것인가는 상상하고도 남을 일이다.

내가 태어난 1927년은 일제가 우리나라를 강점(强占)한 지 17년, 한반도의 숨통을 여지없이 조여 오던 암울한 시기의 한복판이었다. 거제도에서도 가장 후미진 갯마을 외포리에서의 삶도 필경 어둡고 암담했을 터이다. 다행히 내 할아버지 김(金) 동자(東字) 옥자(玉字)께서는 거제도라는 낙후된 섬에 살면서도 문명개화(文明開化)에 일찍 눈을 뜬 분이셨다.

할아버지와 어장

내가 태어난 70여년 전의 외포리는 일제(日帝)의 '암울'(暗鬱)에다 벽지(僻地)의 '낙후'(落後)를 안은 그런 곳이었다. 할아버지께서는 문명(文明)과는 동떨어진 곳에서 가난을 벗어나기 위해서는 무엇을 해야 할 것인지 일찍부터 깨달으셨던 것 같다. 할아버지께서는 어장(漁場)을 개척하셨고, 인근에선 꽤나 부자라는 소문을 들을 만큼 바다를 부(富)의 원천으로 삼으면서 가세(家勢)를 일구어 나가셨다.

20~30호 남짓의 작은 바닷가 마을인 대계마을은 할아버지께서 만드신 어장(漁場) 덕분에 벽촌답지 않게 북적거렸다. 할아버지께서 소유하신 어장과 10여 척의 배는 마을 주민들의 생계의 원천이었다.

할아버지께서는 정치망(定置網)과 건어망(乾魚網) 어장을 갖고 계

경남 마산시 합포구 구산면에 있는 멸치어장. 이 어장은 아버님께서 50년 이상 경영해 오셨다.

셨는데, 당시만 해도 거제도에서 어장을 경영하는 사람은 드물었다.

건어망 선단은 대개 6~7척으로 구성되었다. 선두에는 그물을 끌고 가는 빠른 배가 두 척 있고, 그 뒤에 커다란 작업선이 두 척, 다시 후미에 작은 지휘선이 있었다. 그 뒤를 즉석에서 멸치를 삶는 제일 큰 배가 뒤따랐고, 삶은 멸치를 받아 말리기 위해 육지로 운반하는 빠른 배가 한 척 더 있었다.

정치망 선단은 고기를 매우 많이 잡았지만, 막상 작업하는 배는 한 척뿐이었다. 커다란 작업 배에는 모터가 달려 있었고, 그물을 올릴 때 잡아 주는 배 한 척과 심부름하는 배가 두 척 정도 함께 다녔다.

선단은 대개 마산이나 부산 앞바다까지 출어(出漁)했는데, 어느 쪽이나 왕복 7시간이나 걸리기 때문에 새벽에 출항(出港)해서는 저녁에야 돌아왔다.

건어망은 인원이 70~80명 가까이 필요했기 때문에, 김해(金海)

등 외지(外地)에서 사람을 고용해야 했다. 마을에는 바닷가에 인접해 커다란 어장막(漁場幕)을 두 개 지어 놓았는데, 하나는 창고로, 다른 하나는 일하는 사람들의 식당 겸 숙소로 사용되었다.

바다는 어민들에게 생계의 터전이기도 했지만 생을 앗아가는 한(恨)의 장소이기도 했다. 그래서인지 어촌에는 유달리 신(神)이 많았다. 할아버지께서 기독교에 귀의하기 전까지 외포리의 진수식이나 출어식에서는 바다의 크고 작은 신에게 풍어(豊漁)와 안전을 비는 의식이 성대하게 열렸다. 배 주위에는 울긋불긋 화려한 색깔의 깃발이 내걸렸고, 술과 떡을 산더미처럼 차려 놓고 무당이 굿을 했다. 제사 음식은 동네 사람들이 나누어 먹기도 했지만 바다에 제물로 바치는 양이 더 많았다.

이처럼 북적거리던 외포리였지만 나의 오랜 민주화투쟁으로 인해 많은 피해를 보기도 했다. 독재자들은 우리 마을에 객선(客船)조차 세우지 못하게 했으며, 도로 교통 역시 가장 낙후한 지역이 되었다. 외포리 앞을 지나는 포장도로는 1990년대에 들어와서야 개통되었는데, 거제도 일주 도로 중에서도 가장 늦은 것이었다.

다섯 살에 서당 공부

할아버지께서는 신・구(新舊)가 잘 조화된 분이셨던 것 같다. 온고지신(溫故知新)이라는 말이 잘 어울리는 그런 분이셨다. 갯마을 외포리에는 원래 각종 미신과 무속(巫俗)이 유난했는데, 할아버지께서는 무성한 미신과 무속이 어민들의 더 나은 생활에 상당한 장애가 된다고 생각하셔서 그것을 타파하려고 하셨던 것 같다. 할아버지께서는 당신이 가장 아끼고 사랑하던 땅에 신명교회(新明敎會)

를 손수 지으셨는데, 신명교회는 외포리를 문명개화(文明開化)하는 데 작은 등불의 역할을 했다.

할아버지께서는 생계를 위한 수단에서 이렇듯 순발력 있게 대처하셨는가 하면, 다른 한편으로는 자녀들의 교육에도 유별난 관심과 배려를 쏟으셨다. 다섯 살이 되어 내가 동네에 있던 서당에 들어간 것은 할아버지의 손자 교육에 대한 남다른 관심과 배려 때문이었다.

날만 새면 바닷가에서 놀아 까맣게 탄 얼굴을 한 어린 손자가 할아버지께는 사랑스럽고 귀여운 '보물'이었는지 모르겠다. 그 보물에게 교육이란 가르침을 넣으려고 할아버지께서는 나를 서당으로 끌고 가신 것이다. 어렴풋한 기억이지만 서당에서는 갓을 쓴 훈장님 앞에 열 명 남짓한 아이들이 앉아 『천자문』(千字文)을 배웠다. 먹을 갈아 붓으로 종이에 글을 쓰거나 소리 내서 책을 읽는 것이 공부의 전부였다. 종이가 귀하던 시절이라 여백이 남지 않을 때까지 새카맣게 글을 썼고, 글씨가 마르면 그 위에 다시 덧칠해서 쓰곤 했다.

어느 따뜻한 봄날이었다. 어찌나 졸음이 오는지 서당에서 책을 읽다가도 머리가 무릎으로 떨구어졌다. 졸음을 쫓으려고 화장실을 핑계 대고 마당에 나왔는데, 멀리 진달래가 화사하게 물든 언덕 위에서 소를 몰던 동네 아이들이 손짓으로 나를 불렀다. 나는 즉시 그리로 달려갔다. 날이 어두워져서야 집으로 돌아온 나는 결국 할아버지께 혼이 나고야 말았다. 내가 나중에 즐겨 쓰곤 하던 '덕불고 필유린'(德不孤必有隣) 같은 글귀들은 이 시절에 배웠던 것이다.

할아버지께서는 책을 읽거나 붓글씨를 쓰는 것을 좋아하셨는데, 그럴 때면 항상 나를 불러 옆에 앉혀 놓으셨다. 할아버지께서 글씨를 쓰실 때면 나는 무릎을 꿇고 앉아 벼루에 먹을 갈아 드렸는데, 그 일이 어린 꼬마에게는 제법 중노동(?)이었던 기억이 난다. 할아버지께서는 일부러 나에게 참을성과 함께 정신을 가라앉히고 집중력을 높이는 훈련을 시키셨던 것이다. 할아버지의 가르침 덕분에 나는 평생 서도(書道)와 깊숙한 인연을 맺게 되었으며, 기도와 묵상 그리고 독서를 좋아하게 되었다.

사탕 한 알도 나눠 먹던 시절

어릴 때의 기억들은 빛 바랜 앨범처럼 아득하게 떠오르곤 한다. 그런 중에도 잊을 수 없는 기억이 있다. 네댓 살경이었는지 모르겠다. 한 번은 부엌에서 끓고 있던 가마솥 물 속에 빠져 버렸다. 그것도 뒤로 빠져 버렸다. 어머니가 놀라서 급히 나를 건져 냈으나 뒷머리에 큰 상처를 입었다. 약이 귀하고 병원은 구경조차 하기 힘들던 그 시절, 치료라고는 할머니께서 입으로 고름을 빨고 된장을 붙여 주시는 것이 고작이었다. 상처가 아물기까지 근 1년여를 할머니의 보살핌을 받아야 했고, 결혼할 때까지도 뒷머리가 나지 않았다.

할아버지께서 부산(釜山) 같은 곳에 다녀오실 때쯤이면 나는 마을 어귀에 가서 할아버지를 기다리곤 했다. 그러면 할아버지께서는 당시 바닷가 어촌에서는 구경조차 할 수 없던 귀한 사탕을 나에게 몇 개씩이나 사다 주셨다.

그러나 어린 마음에도 나 혼자 사탕을 먹은 기억은 없다. 내가 볼이 미어지게 큰 사탕을 한 알 물고 동네에 나가면 아이들이 우우 몰려들었다. 내가 사탕을 내놓으면 누군가 입에 넣어 사탕을 조각 냈고, 모여든 아이들은 한 조각씩 나누어 침을 삼키며 맛을 보았다. 모두가 가난했던 시절, 아이들은 어찌 그리 많았는지. 하지만 콩 한 조각이라도 나누어 먹는 인정(人情)이 있었고, 사탕 한 조각에도 정

(情)이 흘러 넘쳤다.

집안 어른들은 맛있는 과자라든가 또 당시로서는 귀한 학용품, 장난감 같은 걸 내게 줄 때는 내가 으레 또래들과 나눠 먹거나 나눠 쓰는 걸로 아셨다. 그래서 더러 '단속'하시기도 했으나, 나는 함께 나누는 것에서 더 큰 즐거움을 찾았다. 지금 생각하면 비록 어려운 시절이었지만, 사람 사는 재미나 인정미는 그때가 훨씬 풍요로웠던 것 같다.

일곱 살에 외포리에 있는 간이소학교(소학교는 지금의 초등학교)에 다니면서 나는 세상에 대해 조금씩 눈을 뜨기 시작했다. 간이소학교까지는 산길로 3, 4km는 되었으니, 초등학교 1학년 아이가 다니기에는 꽤나 먼 길이었다. 해안을 따라 꾸불꾸불 나 있는 좁은 산길은 가도가도 끝날 것 같지가 않았다.

지금은 초라한 건물이지만, 당시 학교는 외포리에서 제일 큰 건물이었고 나에게는 새로운 세계였다. 희미한 옛 추억 속에 학교 종소리는 쪽빛 바다의 파도 소리와 함께 지금도 귓전에 울려 퍼진다. 대계에서 외포리로 내 시야가 넓어지는 만큼 내 생활도 하루하루 조금씩 바뀌어 갔다. 눈만 뜨면 큰닭섬 그 바다로 가서 온종일 파도와 어울려 지내다가 초등학교 시절을 맞았으니, 사귀는 애들도 많아졌고 일과도 많이 변했다.

4학년쯤 되었을 때 나는 외포리의 간이소학교에서 면소재지의 큰 학교인 장목소학교로 옮겼다. 장목소학교 시절 대부분의 학생들은 나보다 나이가 몇 살씩은 많아 대개가 형 같은 사람들이었다. 제때 소학교에 들어가기도 어려운 시절인지라, 나이 같은 것은 별 문제도 아니었다. 심지어 한 반에 장가든 학생이 몇 명씩은 있었다.

나는 할아버지께서 살아 계실 동안 할아버지의 사랑을 독차지했

아버지 김홍조(金洪祚).

어머니 박부련(朴富連).

다. 할아버지께서 66세에 세상을 떠나실 때까지 그랬다. 아버지는 할아버지께서 보시는 데서는 나를 안아 보지도 못했다. 할머니께서는 내가 국회의원이 된 것을 보시고 72세에 돌아가셨다.

아버지께서는 "한 사람의 아버지가 백(百) 사람의 스승보다 낫다"는 말에 어울리는 그런 분이셨다. 아버지께서는 할아버지의 가업을 이어 묵묵히 가족과 어장을 돌보는 일에 평생을 바치셨다. 어장에서는 해마다 커다란 부(富)가 형성되었지만, 아버지께서는 한번도 당신을 위해서 그것을 사용하신 적이 없다. 어장의 산출은 대부분 나의 정치생활에 투입되었고, 내가 오랜 독재 치하에서도 꿋꿋이 버텨 나갈 수 있는 커다란 버팀목이 되었다. 해마다 명절이면 나는 거제에서 잡은 멸치를 야당(野黨) 정치인과 재야인사, 그리고 지인(知人)들과 한 포씩 나누어 먹었는데, 캄캄한 군사정권 시절 멸치 한포 한포에는 포근한 인정이 흘렀다. '민주멸치'는 내 정치인생의 명함 비슷하게 알려졌지만, 사실은 모두가 아버지께서 내려주신 자식 사랑의 징표였다.

어머니는 내 삶의 궁궐

　나라는 존재가 비롯된 어두운 뱃속에서 어머니의 생명이 나를 사람으로 만드셨다. 인간으로 탄생하기까지 여러 달 동안 그녀의 아름다움이 나의 하찮은 흙을 가꾸셨다. 그녀의 일부분이 죽지 않았던들 나는 아무 것도 보지 못했고, 숨도 쉬지 못했을 것이며, 또한 이렇게 움직이지도 못했으리라.

J. 메이스필드

　어머니는 한없이 수더분하고 자애롭고 넉넉하고 괄괄하고 통이 큰 분이셨다. 어머니는 몸도 건장할 뿐만 아니라 건강도 좋으셨다. 남자들이 하는 힘든 일까지 거침없이 하는 분이셨다. 외포리뿐만 아니라 장목, 심지어는 거제도 전체에서도 어머니는 인정 많고 도량이 넓으신 분으로 널리 알려져 있었다.
　특히 어머니는 이웃과 자식의 친구들에게 당신 스스로 장만한 음식 주는 것을 큰 기쁨으로 여기셨다. 천성적으로 남에게 베풀기를 좋아하셨다. 어선이 들어오면 대처로 넘기는 고기를 빼고는 마을 사람들에게 듬뿍 나누어주곤 하셨다. 어머니는 천상 바닷사람, 바다에 어울리는 덕성을 지닌 분이셨다. 어려운 일에 부딪혀도 마다하지 않고 손수 일을 만들어서 해내시면서, 오히려 일에 파묻혀 있을 적에 즐거움을 느끼는 분이셨다.
　하나뿐인 내가 결혼한 후 어머니는 아들의 신접살림을 보살피기 위해 이따금 상경하셨지만, 정작 아들 집에서는 하루를 묵어 가는 법이 없으셨다. 밤 기차로 올라오셨다가는 어장 일이 바쁘다는 핑계로 그 날 저녁이면 내려가시곤 했는데, 실상은 내 신혼살림에 거추장스러울까 해서 피하신 것이다. 내가 아무리 간청해도 어머니는 거제로 돌아가시곤 했다.

가난한 사람, 고통받는 사람들에겐 곡식이든 해산물이든 듬뿍 안겨 주어야 직성이 풀리시던 어머니. 지금도 고향에 가 보면 어머니에 얽힌 추억담이 여러 사람들의 입으로 전해져 내려오고 있다.

"큼지막한 그릇에 먹음직스러운 갖가지 음식을 듬뿍 담아 주시던 그 분이 지금도 그립지요."

고향 사람들은 이렇게 어머니를 기억하곤 한다.

어머니는 여자와 다르다. 천지간 모든 생명, 미물로부터 인간에 이르기까지 어머니는 숭고하다. 어머니, 말만 들어도 눈시울이 뜨거워지는 그런 분이 어머니가 아닐까 한다. 어머니가 되어야 비로소 진정한 여성이 된다는 말이 더도 덜도 아닌 어머니에 대한 나의 생각이다. 애벌레가 부화되어 나비로 질적 변화를 하는 것이 여자에서 어머니로의 승화가 아닐까 하는 생각을 해 본다. 그런 어머니는 내 삶의 궁궐이었다.

2. 추억 속의 앨범, 학창시절

초등학교 때부터 하숙생활

외포리에서 장목소학교(長木小學校)로의 이동은 나의 세계를 확장시켜 준 것이기는 했지만, 당시 나로서는 꽤나 외롭고 힘겨웠다. 무엇보다도 어머니라는 궁궐에서 함께 지낼 수 없게 된 것이 제일 힘들었다. 장목에서 나는 그렇게 어린 나이에 벌써 하숙생활을 해야 했다. 당시에는 하숙집이 따로 없었고 나처럼 하숙하는 학생도 없었다. 아마도 알음알이로 하숙을 했을 것이다. 하숙집에서 차려 준 작은 소반을 받아 혼자 식사를 하던 기억이 난다.

하숙생활을 하면서 나는 할아버지와 할머니, 그리고 어머니·아버지가 보고 싶어 견딜 수가 없었다. 토요일 오후면 외포리로 가서 어른들을 뵙는 것이 그 시절 가장 큰 기쁨이었다. 그러다가 월요일 새벽이면 다시 장목으로 가야 했다. 새벽녘에는 더욱 무서웠다. 인기척조차 겁이 날 지경이었다. 어린아이에게 그건 무척 힘든 일이었다.

장목은 외포리에서도 산길로 40여 리 떨어진 곳이다. 당시에는 우리 집에서 장목으로 가자면 좁고 외진 산길을 따라 몇 시간씩 걸어야 했다. 어린 꼬마가 혼자 다니기에는 으스스한 길이었다. 내 또

내가 다니던 시절의 장목소학교 전경.

래에서는 누구도 그 길을 혼자는 다니지 않았다. 그 조그마한 꼬마가 가족의 품을 떠나 하숙생활까지 하다니, 지금도 가슴이 찡한 아픔 같은 것이 느껴진다. 어쨌든 초등학교 시절부터의 하숙생활은 결혼할 때까지 계속되었으니, 내 인생은 하숙생 같았다고나 할까. 나는 그런 하숙생활을 하면서 자립심과 인내, 그리고 용기 같은 것을 일찌감치 체득할 수 있었던 것 같다.

장목소학교 시절 한 학년의 학생 수는 대개 50여명이었던 것으로 기억된다. 여학생은 4~5명가량 있었지만 모두 중도에 학업을 포기, 내가 졸업할 때는 여학생이 한 명도 남아 있지 않았다.

1937년 여름, 일제(日帝)는 중일(中日)전쟁을 일으켰다. 학교의 교육내용에도 전쟁 색채가 짙어져 갔다. 1941년경부터 일제의 식민지지배는 더욱 폭력적으로 되어 갔다. 한국인들은 일본 왕이 사는 동쪽을 향해서 90도 각도로 허리를 굽히고 경례를 해야 했다. 마을 주민과 각급 학교에서는 매일 아침 이 '궁성요배'(宮城遙拜)를 해야 했다. '칙어봉독'(勅語奉讀)이라는 것도 있었다. 일본 왕이 내리는 일종의 포고문(布告文)이었다.

장목소학교 시절에 찍은 사진. 앞줄 왼쪽에서 두번째가 나. 내가 유달리 작아 보이는 이유는 동급생의 대부분이 나보다 서너 살 많았기 때문이다. 내 뒤편 왼쪽에 서 있는 김치호 학생은 당시 결혼까지 한 상태였다.

　　천우(天佑)를 보유(保有)하며 만세 일계(萬世一系)의 황조(皇祚)를 이어받은 대일본제국 천황은 너희들 충성스러운 신민(臣民)에게 고(告)하노라.
　　…… 짐(朕)은 미국과 영국의 폭역(暴逆)에 대해서 참지 못할 것을 참고 세계의 평화를 원하였으나, 이제 그 참음도 한계에 이르러 이에 영(英)·미(美) 양국에 대하여 선전을 포고하노라.

태평양전쟁이 시작된 것이다.

통영중학 입학

태평양전쟁(太平洋戰爭)이 일어난 이태 뒤인 1943년 나는 통영중학에 들어갔다. 장목소학교를 졸업한 나는 그 해에 동래중학(東萊中學)에 응시했으나 낙방, 장승포(長承浦)에 있던 심상소학교를 다니며 재수(再修)를 했다.

내가 통영중학에 입학했을 때 한 학년 중 일본인 학생은 40명이고, 나머지 20명이 한국인 학생이었다. 그때는 키 순서로 번호를 매겼는데, 60명 중 나는 29번쯤이었던 것으로 기억된다. 중간보다 좀 작은 키였지만 씨름을 하게 되면 언제나 1, 2등을 차지했다. 운동시간이면 모래하고 흙을 섞어서 만든 경기장에서 자주 씨름을 했다. 학교에서는 일본식 씨름을 들여왔다고 생각되는데, 지금처럼 기량이 발달한 것은 아니었다.

수영에는 물론 자신이 있었다. 특히 원거리 수영에서 나는 당시 최고 수준인 3급을 땄던 것으로 기억된다. 원영(遠泳) 때는 하루 종일 바다에서 헤엄쳐야 했다. 식사는 전마선(傳馬船) 가장자리를 붙잡고 입에 넣어 주는 죽으로 때우면서 아침부터 저녁까지 헤엄 칠 수 있어야 하는 3급을 딴 사람은 불과 몇 명에 지나지 않았다.

제2차 세계대전이 막바지에 이르던 때라 당시의 중학과정은 참으로 어수선하기 짝이 없었다. 공부는커녕 훈련이나 근로봉사로 하루하루를 보냈다. 일제는 우리말을 사용하지 못하게 조선어사용 전면 금지령을 내렸기 때문에, 장목소학교 고학년(高學年) 시절에는 이미 조선어가 시간표에서 사라졌다. 조선어사용 금지령에 이어 창씨개명령(創氏改名令)이 내려졌다. 동네 어른들은 저녁마다 모이면 수군거렸다. 일본식 이름은 해방되는 날까지 6년 동안 우리의 몸에 덧씌운 무거운 갑옷과 같았다.

설탕포대 사건

당시 일본인 교장이었던 기타지마(北島)는 한국 학생들에 대한 편견과 차별이 몹시 심했던 인물이다. 그는 점심시간에 교실에 들어와 도시락 검사를 해서, 김치가 있으면 냄새가 난다고 빼앗아 내던져 버리곤 했다. 그는 조회시간에도 입만 열면 한국인 욕을 했다.

"조센징은 더럽다."
"조센징은 세수한 대야에 밥을 해서 식구들이 먹더라."

나는 분해서 견딜 수가 없었다. 마침내 앙갚음을 할 기회가 왔다. 기타지마 교장이 진해여중으로 전근을 가게 되었다. 2학년 학생들이 모두 교장의 이삿짐을 부두까지 나르게 됐다. 그의 이삿짐에서 전쟁 통인 당시로서는 귀하기 짝이 없던 설탕이 몇 포대나 나왔다. 나는 설탕포대를 일부러 내가 멨다. 그리고는 이빨로 포대를 물어뜯어 구멍을 내 설탕을 줄줄 흘리며 부두로 갔다.

진해에 도착해 설탕이 절반 이상 줄어든 것을 본 기타지마는 통영중학 와타나베(渡邊) 교감에게 전화를 걸어 누구의 소행인지 색출해 달라고 했다. 훗날 나는 이렇게 회고한 적이 있다.

조회시간에 교감선생이 "누가 그랬는지 나오라" 하니까, 애들이 다 나를 쳐다보는 겁니다. 그래 할 수 없이 나갔지요. 비록 일인(日人)이었지만 우리들에게 동정적이고 인간적으로도 훌륭했던 와타나베 교감선생님은 나를 교감실로 데려가서, 다른 선생들이 다 들으라고 일부러 큰 소리로 야단을 쳤지요. 그리고는 물이 든 양동이를 들고 서 있으라고 벌을 내립디다. 교감선생님은 그렇게 하고는 금방 수업에 들어갔어요. 그건 적당히 알아서 하라는 뜻이었어요. 수업이 끝나고 돌아올 때는 슬리퍼 소리를 크게 내며 걸어왔어요. 그게 신호 노릇을 했어요.

와타나베 선생은 나의 담임을 맡았던 우루시마(宇留島) 선생과 함께 인간의 선악(善惡)을 민족이나 국적, 인종과 같은 편견의 잣대로 판단해서는 안 된다는 교훈을 준 스승이었다. 두 선생을 통하여 나는 인간적인 것이 무엇보다 우선한다는 생각을 갖게 되었다. 식민통치를 하면서 한국인들에게 공포감과 모멸감을 안겨 주었던 일본의 식민주의자는 미워하지만, 일본인은 개개인을 구별하여 생각하게 되었다.

한국 학생들에게 인정스럽게 대했던 와타나베 선생과는 대한민국 정부수립 이후에도 서신왕래 등 연락을 계속했다. 당시만 해도 한국사회에서는 일본인과의 교류가 금기시되는 분위기였다. 국회의원 선거 유세시 연설의 대부분은 일본이나 친일파에 대한 비난 일색이었고, 거리에서 일본말을 하다가는 두들겨 맞는 일도 다반사였다. 하지만 나는 처음 국회의원에 당선된 3대국회 시절 통영중학 동창들과 함께 와타나베 선생을 한국으로 초청, 반도호텔에서 사제지간에 국적을 뛰어넘는 재회의 기쁨을 나누기도 했다. 당시 우리는 와타나베 선생이 통영과 경주를 여행하시도록 일정을 잡아 드렸다.

나의 대통령 재임시절에 와타나베 선생은 이미 고인이 되셨고, 나는 선생의 아들 내외와 두 딸을 청와대로 초청했다. 오사카(大阪)에서 열린 APEC에 참석했을 때는 그들을 다시 만나기도 했다.

나의 담임이면서 역사를 가르치던 우루시마 선생도 잊을 수가 없다. 우루시마 선생은 한국 학생과 일본 학생을 차별하지 않고 평등하게 대해 주셨기 때문에, 60여년이 지난 지금까지도 나는 선생을 늘 기억하고 있다. 나는 퇴임 후 이 회고록을 쓰며 바쁜 와중에도 일본에서 치과병원을 하고 있는 우루시마 선생의 따님 내외를 상도동으로 초청해 만나기도 했다.

통영중 재학시절.

일본인 반장 두들겨 패기도

통영중학 시절, 특히 우리들에게 힘들었던 것은 밤중에 비상소집령이 내려져 행군을 하는 일이었다. 우리는 집에도 못 가고 학교에서 기다렸다가, 돌이나 흙을 넣은 무거운 배낭을 메고 인근 고성(固城)까지 밤길을 행군해야 했다. 산에 가서 연료로 쓸 솔뿌리를 캐거나 송진을 채취하는 일도 몹시 힘들었다. 통영중학교 동창생 모임의 이름을 '솔뿌리 모임'으로 만든 것도 그때의 기억 때문이다. 사천(泗川)비행장 공사장으로 끌려가 근로보국을 한답시고 강제노동을 당한 것도 부지기수였다.

해방되기 얼마 전의 일이다. 한 번은 사천비행장의 노역에 동원

되었다. 그때 평소에 한국인 학생들에게 온갖 못된 짓을 다하고 우리를 멸시해 속으로 벼르고 있던 일본인 반장을 내가 흠씬 두들겨 패준 일이 있다. 학교에서는 내게 정학처분을 내렸다. 집으로 돌아온 나는 어른들에게, "근로보국대에 나가서 비행장을 닦다가 몸이 약해졌다"고 둘러댔다. 집에서는 외아들의 건강이 걱정되어 탕약까지 지어 주셨다. 아픈 곳도 없으면서 쓰디쓴 한약을 먹자니 고역이었다.

그러던 어느 날 학교에서 정학 통지서가 집으로 날아들어 거짓말이 들통나고 말았다. 집안이 발칵 뒤집혔다. 결국 아버지가 벌을 완화시켜 달라고 부탁하려고 통영중학으로 떠나셨다. 그런 상황에서 해방이 되어 정학처분은 흐지부지되었다.

통영중학 시절 내가 생각한 장래는 문학을 하겠다는 것이었다. 그때 나는 할아버지를 졸라 일본어판 세계문학전집을 몽땅 샀다. 셰익스피어전집도 갖고 있었다. 밤잠을 안 자고 세계문학전집을 읽었다. 톨스토이의 『부활』, 도스토예프스키의 『죄와 벌』을 읽으며 감동해서 눈물을 흘린 적도 많았다.

일제에 대한 반감에서 문학에 심취

나의 어린 시절은 일본 제국주의의 한국 침탈이 최고조에 달했을 무렵이었다. 면소재지인 장목으로 학교를 옮긴 뒤에는 일본인을 종종 볼 수 있었는데, 장목에 있는 지서(支署)의 책임자가 일본인이었다. 그때는 시골 마을에서 남녀노소 구별 없이 두려워하던 존재가 '순사'였는데, 순사가 나타나면 여자나 아이들은 전부 집으로 들어가 숨곤 했다. 아이들이 울면 "네(너희) 순사 온다, 순사 온다"했을 정도였다.
　어린 나이에도 내가 일본에 대해 반감(反感)을 갖게 된 데에는 집안 분위기, 특히 할아버지의 영향이 컸다. 할아버지께서는 언제나 한복 두루마기 차림으로 지내셨고, 왜정(倭政) 관청에는 절대 출입하지 않으셨다. 할아버지께서는 부득이한 일이 생기면 대신 아버지를 보내셨다.
　통영중학에서 잘난 체하는 일본인 급우들은 나에게 얻어맞기 일쑤였고, 나는 일본인 선생이 내리는 벌을 별로 두려워하지 않았다.
　당시 내가 미래의 진로로 문학의 길을 꿈꾸었던 것은 세계문학에 심취한 때문이기도 하지만, 무엇보다도 일본에 대한 반감에서 비롯된 것이기도 했다. 어린 마음에도 우리 민족을 괴롭히는 왜정(倭政)의 관리(官吏)가 되겠다는 생각은 해 본 적이 없다.
　태평양전쟁 발발을 전후해 일제의 횡포는 더욱 심해졌는데, 그 중에서도 기억나는 것이 공출이다. 농가에서는 농사지은 곡식의 대부분을 공출로 빼앗겨, 그렇지 않아도 가난한 살림에 식구들이 연명하기조차 힘들 정도였다. 또 일제는 쇠붙이가 될 만한 것은 무엇이든 가져갔는데, 가정에서 일상적으로 사용하던 놋그릇이나 수저, 심지어 요강 같은 것까지 모두 공출의 대상이 되었고, 내놓지 않으면 뒤져서까지 다 빼앗아가 버렸다. 우리 집에서도 대대로 선조의 제사 때마다 사용해 오던 제기(祭器) 한 벌을 모두 공출당한 기억이 난다.
　어장도 공출에서 예외가 될 수는 없었다. 지금도 생각나는 것은 정어리와 갈치의 기름을 짜던 일이다. 어장에서 잡아 온 많은 생선들을 큰 통에 넣고 삶아서 기름을 짜 냈는데, 이는 어장 사람들에게 큰 고역이었다. 이렇게 짜 낸 기름이 군수품으로 쓰인다는 말도 있었다.

　통영중학 시절에 와타나베, 우루시마 선생 같은 인간적인 분도 있었지만, 국가로서의 일본은 어디까지나 식민지의 지배자였고, 식민지 시절은 우리 민족에게 고통스러운 치욕의 시절이었다.

일본 상선, 마을 앞바다에 침몰

　1945년 초여름부터 역사의 큰 수레바퀴가 지축을 울리면서 한반도를 향해 달려오고 있었다. 미군기의 내습으로 일본 본토가 초토화되고 있다는 이야기가 자주 들려 왔고, 서울까지 B-29기의 폭격 범위에 들어간다고도 했다. 이때쯤엔 거제나 통영에서도 북쪽으로 날아가는 미군기를 종종 목격할 수 있었다.

　해방이 얼마 남지 않은 때의 일이다. 사천비행장에서 일본인 반장을 때려 준 사건으로 정학을 당해 집에 돌아와 있던 나는 마침 외포리 앞바다에서 미군 B-29기의 폭격으로 일본 상선이 격침당하는 장면을 직접 목격했다.

　그 날 낮, 비행기 소리에 놀란 우리 마을 사람들은 대부분 동네 가운데에 있는 숲으로 대피했다. 남녀노소 할 것 없이 모두 흰옷을 입고 살던 때였다. 우리는 미군기의 눈에 띄지 않으려면 울창한 숲 속으로 피해야 한다고 미리 경고를 받고 있었다.

　나는 사람들과 함께 숲 속에서 바다를 바라보고 있었다. 그때 바다에는 우리 정치망의 후장(後場) 바깥쪽으로 커다란 일본 상선이 지나가고 있었다. 대형 수송선들은 대개 큰 바다로 다니지만, 해방을 앞두고 공습이 심해지면서는 내해(內海)로 숨어 다니곤 했다. 그런데 잠시 후 미군 B-29 폭격기가 날아오더니 일본 상선을 향해 폭탄(爆彈)을 떨어뜨리기 시작했다. 바다에 떨어진 폭탄은 커다란 폭발음을 내며 여러 개의 물기둥을 높이 솟구치게 했고, 마침내 배에서도 시커먼 연기가 솟아올랐다. 폭격을 받은 배는 연기를 뿜으며 서서히 바다 속으로 가라앉았다.

비행기가 날아가는 것을 본 일은 몇 차례 있었지만, 폭격 장면을 직접 보는 것은 처음이었다. 내가 대피해 있던 숲에서는 이 모든 광경을 훤하게 볼 수 있었다. B-29나 일본 상선, 물기둥과 검은 연기 등이 워낙 크고 선명했기 때문에, 사건이 마치 우리 어장 바로 앞에서 벌어지는 듯 가까워 보였다. 숲에 모여 있던 마을 어른들은 어장이 피해를 입을까 봐 걱정을 하고 계셨다.

8·15해방의 감격

1945년 8월 15일 정오, 일본 왕 쇼와(昭和)의 항복 발표가 라디오를 타고 흘러나왔다. 당시 외포리에서는 우리 집 정도만 라디오를 가지고 있었다. 일본 왕의 중대발표가 있다고 해서 동네 사람들은 모두들 우리 집에 와 라디오를 듣고는 만세를 부르며 환호작약(歡呼雀躍)했다.

일왕의 떨리는 목소리가 라디오에서 흘러나오던 그 순간부터 세상은 온통 '천지개벽'(天地開闢)하는 것 같았다. 마을 사람들은 미친 듯이 만세를 부르며 뛰어다녔다. 8·15 그 날의 감격은 심훈(沈熏)의 '그 날이 오면' 그대로였다.

  그 날이 오면, 그 날이 오면은
  삼각산(三角山)이 일어나 더덩실 춤이라도 추고

한강 물이 뒤집혀 용솟음칠 그 날이
이 목숨이 끊어지기 전에 와 주기만 하량이면
나는 밤하늘에 날으는 까마귀와 같이
종로(鐘路)의 인경을 머리로 들이받아 울리오리다.
두개골은 깨어져 산산조각이 나도
기뻐서 죽사오매 오히려 무슨 한이 남으오리까.

그 날이 와서, 오오 그 날이 와서
육조(六曹) 앞 넓은 길을 울며 뛰며 뒹굴어도
그래도 넘치는 기쁨에 가슴이 미어질 듯하거든
드는 칼로 이 몸의 가죽이라도 벗겨서
커다란 북을 만들어 들쳐 메고는
여러분의 행렬에 앞장을 서오리다.
우렁찬 그 소리를 한 번이라도 듣기만 하면
그 자리에 거꾸러져도 눈을 감겠소이다.

해방이 가져온 변화

해방을 맞아 내 생활에도 큰 변화가 왔다. 어른들은 하나밖에 없는 아들을 섬에서 큰 도시로 옮겨 주려고 했다. 때마침 부산(釜山)의 명문이던 경남중학(慶南中學)은 반수 이상을 차지하던 일본 학생들이 본국으로 돌아가는 통에 자리가 비어 있었다. 나는 경남중학 3학년에 편입했다.

교통이 불편하던 시절이라 방학이나 명절 때 고향을 오가려면 우리 어장의 배를 타야 했다. 부산에서 거제까지는 뱃길로 4시간쯤 걸렸다. 부산 앞바다는 물살이 센 편이어서 파도가 치면 배를 띄우지 못했다. 부산에서 배를 타고 나오다가 파도가 치면 그야말로 일엽편주(一葉片舟)의 위태로운 형국이 되곤 했다. 당시로서는 견고하게 만든 어선인데도 바닷물을 몽땅 뒤집어써야 했다. 요새는 영화에서나 보는 위험한 장면인데, 생각해 보면 어떻게 다녔는지 신기하다. 그래서 파도가 많이 치는 날에는 마산까지 기차를 타고 가서는 다시 4시간가량 배를 타야 했다. 부산에서 마산을 오가던 기차는 해방 직후에는 물자부족 때문에 대부분 창문이 깨져 나간 채로 운행됐고, 터널을 지날 때면 새카만 매연이 승객들의 얼굴과 옷에 달라붙곤 했다.

경남중학 시절

경남중학 3학년에 편입한 내 가슴은 솜처럼 부풀었다. 해방된 내 나라에서 공부를 할 수 있게 되었다는 생각만으로도 내 청춘에는 축복의 햇살이 비치는 듯했다.

이제는 동급생과 싸울 필요도 없었고, 교사에게 반항할 이유도 없었다. 경남중학에서 나는 평생을 두고 교분을 나눈 절친한 친구들을 사귀었다. 모두 재능과 인격이 훌륭한 친구들이었다. 김우현(金于玄), 김종학(金鍾鶴), 전병기(田炳璣), 서재근(徐載根), 박준양(朴駿陽), 곽원배(郭元培), 배재식(裵載湜), 신정섭(申貞燮), 문병집(文炳鏶), 유영렬(柳永烈), 박정두(朴正斗) 등이 그들이다. 나는 힘든 야당생활에 지칠 때면 이들을 만나 힘을 얻었다. 친구들은 언제나 나를 정신적으로나 물질적으로 후원해 주었고, 그 때문에 박정희를 비롯한 독재자들로부터 갖은 협박이나 세무조사 등 불이익을 당해야 했다. 지금도 이 친구들을 떠올리면 미안한 마음이 앞선다. 어렵고 힘

경남중 재학시절 친구와 함께.

든 일이 있을 때면 만나고 싶은 얼굴들. 내가 대통령에 당선되었을 때 진심으로 기뻐해 주었던 소중한 친구들을 나는 재임 중에도 자주 만났고, 지금도 계속 만나고 있다. 이따금씩 빈소에서 대하는 슬픔을 맛보기도 하지만, 많은 친구들이 여전히 각계에서 활동을 하고 있다.

중학시절 나는 공부와 함께 운동에도 열심이었다. 나는 축구부에 들어가 졸업할 때까지 학교 대표선수로 뛰었는데, 포지션은 주로 레프트 하프였다.

당시 축구부는 정도해(鄭燾海)씨, 김택수(金澤壽) 의원, 고창순(高

昌舜) 박사, 정치근(鄭致根) 전(前)검사, 엄기현(嚴基鉉)씨가 주요 멤버였다. 전국대회 진출을 결정하는 부산·경남지역 예선전에서는 곧잘 결승전까지 진출했으나, 언제나 경남상고(慶南商高)에 우승을 내주고 말았다. 결승전을 할 때면 두 학교 전교생이 운동장에 나와 열렬한 응원전을 펼치곤 했다.

비록 전국대회 출전권은 한 번도 못 땄지만, 나는 축구경기를 통해 협동과 우애의 정신을 익혔고, 선후배간의 따뜻한 인간 공동체를 맛보았다.

'미래의 대통령 김영삼'

경남중학 시절은 무엇보다 외포리(外浦里)에서 장목(長木)으로, 다시 통영(統營)에서 한국 제2의 도시인 부산(釜山)으로 나의 세계를 확장시켜 주었고, 나는 세계와 현실에 대해 정신적으로 눈을 뜨게 되었다.

이즈음 일제시대 때 문학 쪽으로 기울어졌던 내 진로에 대해서도 다시금 생각하게 되었다. 해방공간을 맞아 내 막힌 가슴도 일시에 확 넓어지고 트였는지도 모르겠다. 일본에 대한 반감으로 문학을 꿈꾸던 나였지만, 8·15해방은 나에게 새로운 미래를 설계하도록 자극했다. 해방된 내 조국을 위해 뭔가 기여해야겠다는 마음이 싹트기 시작한 것이다.

당시는 신탁통치 문제 등으로 정국이 소란스러웠지만, 나는 "어차피 우리는 독립이 될 것"이라고 보았다. 특히 장차 우리나라가 미국식의 사회로 갈 것이고, 그렇게 되면 대통령중심제가 도입될 것이라고 보았다. 그래서 나는 기왕 나라를 위해서 뭔가 기여를 하려면 대통령의 꿈을 가져야겠다고 생각했다. 지금 생각해 봐도 정치의식 면에서는 남달리 조숙했던 것 같다.

그래서 하숙방에 '미래의 대통령 김영삼'이라고 붓글씨로 써 붙여놓았다. 친구들은 내 꿈이 너무 황당하다고 보았는지도 모르겠다. 한 번은 동기생인 김우현, 김종학 등이 하숙방에 놀러 왔다가 내가 자리를 비운 사이 그 종이를 떼어 버린 일이 있었다. 내가 다시 써 붙여놓았더니 또 떼어 버리는 것이었다. 나는 "이런 짓을 하려면 내 하숙집에 오지 마라"면서 친구들에게 크게 화를 냈고, 결국 친구들은 나의 포부가 진심임을 이해하게 되었다. 그후 다시는 그런 일이 없었다.

김우현은 이 일을 계기로 평생 나와 가장 절친한 친구가 되었다. 작은 기업체를 운영했고 수필가로도 명망이 있던 우현은 야당 정치인인 나하고 친하다는 이유로 독재자들로부터 말할 수 없는 고초를 겪었다. 그럼에도 불구하고 그의 강한 정의감은 시종 변함이 없었다. 어려울 때면 모든 일을 상의하던 그 친구는, 그러나 내가 대통령에 당선되는 것을 보지 못하고 세상을 떠났다. 대통령 재임 중에도 나는 중요한 결정을 내려야 할 고독한 상황에 처할 때면, '김우현이 살아 있었으면 큰 힘이 되었을 텐데' 하고 아쉬워하며 그를 그리워하곤 했다.

서울대학교 철학과에 입학

경남중학 시절 내게 인상적인 가르침을 주신 분은 안용백(安龍伯) 교장선생님이셨다. 그 분은 경남중학을 오늘의 명문교로 일으키신 훌륭한 분이다. 안(安) 교장선생님은 경성제대(京城帝大) 철학과 출

1946년 경남중 재학시절 경주
수학여행 중 첨성대에서.
왼쪽 최상단이 나.

신으로 공민(公民), 지금으로 말하면 윤리를 직접 가르치셨다. 인간으로서 어떻게 살아가야 할 것인가를 말씀하시는 선생님의 강의는 무척 인상적이었다.

내가 서울대학교 철학과로 진로를 선택하게 된 것은 안(安) 교장 선생님의 영향이 절대적이었다. 안(安)선생님은 대학진학을 앞둔 졸업반 학생들에게 "모든 학문의 기초는 철학"이라는 말씀을 여러 차례 들려주셨다.

1947년 9월(당시 학기는 9월에 시작되었음) 나는 서울대학교 문리과대학 철학과에 입학했다. 해방 직후라서 입시제도나 학제가 어지럽게 바뀌고 했는데, 문교부와 대학에서 주관하는 시험을 각각 한 차례씩 치르고 합격한 것이었다.

서울에 상경한 나는 회현동에서 하숙생활을 시작했다. 오랜 하숙생활에 이골이 난 나였으나, 서울 생활은 또 다른 흥미를 주었다. 회현동 하숙집의 주인은 황해도 출신의 상인으로 우리 어장과 거래가 있던 분이었다. 2층의 다다미방이 내 하숙방이었다. 두번째 하숙은 을지로 입구의 삼각동에서 했고, 학교 근처로 옮긴 신설동 하숙집에서 나는 6·25를 맞았다.

서울 생활 초기에 제일 괴로웠던 점은 추위였다. 따뜻한 남쪽에서만 살아온 나에게 서울의 겨울 추위는 상당히 매서웠다. 그 전에 내가 가 본 가장 북쪽 지방은 중학시절 수학여행지였던 경주(慶州)였다. 회현동에서 처음 맞은 겨울에는 추위로 움직이기가 싫어 바닥에 깔아 놓은 이불 속으로만 들락거렸다.

집에서는 용돈을 넉넉히 보내 주셨지만 내 생활은 검소한 편이었다. 헤진 양말은 더 이상 수선할 수 없을 때까지 겹겹이 꿰매서 신었는데, 바느질을 할 때면 항상 전구(電球)에 양말을 감싸고 했다.

1947년 10월 14일, 서울대 철학과 신입생환영회 기념사진. 앞줄 오른쪽에서 네번째가 나. 내 뒤 왼쪽에 흰 양복을 입고 안경 쓴 분이 최재희 교수, 최교수 왼쪽으로 한 사람 건너 안호상 교수, 안교수 왼쪽으로 한 사람 건너 김두현 교수, 김교수 왼쪽으로 한 사람 건너 박종홍 교수. 사진 오른쪽 끝에 서있는 여성은 철학과 입학 동기 중 유일한 여학생으로 별명이 '소크라테스'였다.

해방 직후 나라 사정이 어려웠기 때문이기도 했지만, 오랜 하숙생활은 나에게 검소함과 절약정신을 몸에 배게 해주었다. 훗날 대통령에 취임할 때나 퇴임해 상도동에 돌아올 때에도 나는 입던 내의(內衣)나 조깅화까지 그대로 가지고 다녔다.

비행기나 고속도로가 없던 시절, 나는 방학(放學)이면 거제와 서울을 오가는 장거리 여행을 해야 했다. 거제에서 마산까지는 배로 나와 삼랑진으로 가는 기차를 탔다. 기차는 삼랑진으로 해서 서울까지 연결되었다. 창 밖으로 비치는 우리 국토는 너무나 아름다웠다. 초가집이 서 있던 들판에는 사람들이 계절에 따라 모를 심고 추수를 했다. 노동요(勞動謠)를 흥얼거리며 열심히 일하던 사람들은 기차가 지나가면 남녀노소 가리지 않고 손을 흔들어 주었다. 이제는 반세기 전의 정감 어린 정경은 찾아볼 수가 없다. 너무나 많은 것이 변했다. 처음 상경했을 때 서울의 인구가 통칭 백만이라고 들었는데, 지금은 어디를 가나 건물과 아파트가 빼곡히 들어찬 인구 1천만의 거대도시로 변모했다. 당시만 해도 동대문 밖에는 민가가 드물었다.

철학과 정치학 수강

학문적 기초를 닦는다는 의미에서 철학과를 선택하기는 했지만, 내 현실적 관심과 미래의 꿈은 여전히 '정치' 쪽으로 쏠려 있었다. 따라서 철학과 함께 정치학 과목을 많이 수강했다.

대학 1학년 때 나는 헌법, 정치학개론, 국제공법, 현대정부형태론, 구주외교사, 국제관계론, 구주정치사, 서양정치사상사, 정치학강독 등 정치학 분야의 9개 과목을 수강했고, 2~3학년 때도 구주외교사, 법학통론, 국가론, 비교정부론, 행정법, 정치학강독, 의회제도론 등의 강의에 더 흥미를 느꼈던 것으로 생각된다. 철학과목 쪽에서는 유식(唯識)철학과 노장(老莊)철학에 관심이 많았다.

서울대학 시절의 강의 중 지금도 기억에 남는 강의와 교수로는 정치학개론을 가르치던 젊은 김상협(金相浹) 교수의 인기가 대단했고, 유진오(兪鎭午) 교수는 헌법을 가르쳤다. 이선근(李瑄根) 교수의 조선사 강의는 학생들을 압도했고 교재도 자신이 직접 쓴 책으로 했다. 철학의 박종홍(朴鍾鴻)·안호상(安浩相), 윤리학의 김두현(金斗鉉), 국어와 국문학을 맡은 이희승(李熙昇)·이병기(李秉岐) 교수의 강의 역시 명강(名講)이었다. 그 밖에도 얌전하게 철학을 강의하던 풍채 좋은 최재희(崔載喜) 교수와 고형곤(高亨坤) 교수 등이 떠오른다.

그 중에서도 박종홍·안호상·이병기 교수의 3대 강의는 학생들로 강의실이 넘쳤다. 학생들은 강의를 듣기 위해 제일 큰 남(南)강의실과 북(北)강의실의 복도에까지 늘어서곤 했다. 나는 특히 박종홍(朴鍾鴻) 교수에 심취했다. 박(朴)교수는 강의 때마다 전력을 다하느라고 애를 써서 얼굴은 땀으로 범벅이 되었고, 백묵(白墨)을 호주머니에 넣고 다니는 습관 때문에 늘 입고 다니던 검은 옷 호주머니가 하얗게 될 정도로 강의에 몰입하셨다. 나는 친구들과 어울려 자주 교수님 댁을 찾아가서는 막걸리를 마시며 밤늦게까지 대화를 나누곤 했다. 하숙집으로 돌아오기가 아쉬울 때도 많았다.

1964년 말 내가 펴낸 『우리가 기댈 언덕은 없다』의 서문에서 박교수께서는 나를 두고 "그가 대학시절에 철학을 전공한 관계로 나는 그의 거취와 활동에 은근히 관심을 가져 왔다"면서, "순후(純厚)한 가운데 웅지를 품은 그의 비범한 태도는 학창생활에 있어서도 역력히 볼 수 있었고, 그만치 철학적으로 터득한 이상을 정치적인 현실에 구현할 사람이 바로 이 분이라고 생각되어 그에 대한 기대가 컸었다"고 나의 정계에서의 활동에 상당한 기대를 보여 주셨다.

순학회 조직

한편 나는 손도심(孫道心), 은종관(殷鍾寬), 오표 등 10여명과 함께 '순학회'(純學會)란 서클을 조직, 학문과 현실의 접점(接點)을 찾으려고 노력했다. 40년대 말의 상황이 워낙 질풍노도의 시대였기 때문에, 나의 대학시절은 격랑에 떠밀려 가듯 지낸 시기였다. '순전히 공부만 하는 모임'이라는 뜻의 순학회도 자연히 우리 국가의 장래와 시국에 대한 토론으로 밤을 새는 일이 잦았다.

순학회 멤버들은 주로 결혼한 친구의 살림집이나 내 하숙집에서 자주 모였다. 토론이 끝난 뒤에는 전차 종점 근처의 간판도 없는 막걸리집에서 한잔씩 마시는 경우도 많았다. 돈 한푼 없이 술을 마시고는 외상을 하곤 했는데, 주인 아주머니는 싫다는 기색 한번 없었고, 외상값을 갚는 날에는 으레 공짜 술을 푸짐하게 주었다. 지금도 그 푸근한 인정(人情)이 그립다.

토론으로 밤을 새고 고민으로 잔을 비우던 열정의 시대였지만, 반세기가 훌쩍 지나가 버린 지금 나의 대학시절은 아름다운 추억으로만 되살아 온다.

봄이 오면 문리대 교정은 물이 오른 나무와 잘 가꾸어진 잔디밭으로 푸르른 생명의 기운이 넘쳤다. 혜화동 로터리나 원남동 전차역에서 내려 문리대까지 걸어가자면, 개천가에 만발한 개나리에 파묻히거나 대학병원의 명물이던 백의(白衣)의 천사들에게 시선을 빼앗기곤 했다. 비를 유달리 좋아하던 나는 일부러 혼자 비를 맞으며 원남동에서 비원(창덕궁)까지 아무도 없는 길을 걸어다니기도 했다.

'문리대'(文理大)라고 쓰인 배지를 가슴에 단 사람에게는 외상도 서슴없이 주던 시절이었다. 한 번은 내가 책을 사려고 혜화동 근처에 있던 오래 된 서점 중의 한 곳을 찾아 들어갔다. 서점 안은 공간이 좁은 데다 천장까지 빼곡히 책으로 들어차 있어 복잡했다. 원하는 책을 발견하지 못한 나는 여학교를 갓 나온 듯한 점원에게 책의 이름을 대며 책이 있는지 물어 보았다.

"네? 뭐라고 얘기했습니까?"

내 말을 못 알아들었는지 여점원은 부드럽고 애교 있는 서울 말씨로 되물었다. 나는 몇 번이고 책이름을 말해야 했다.
"네?" "네?"

여점원의 물음이 반복될수록 내 얼굴은 시뻘겋게 달아올랐다. 책방에 있던 사람들이 모두 이 이상한(?) 문리대생을 쳐다보고 있었다. 그들도 알아듣지 못한 표정이었다. 부끄러움으로 가슴은 두근거렸고 내 목소리는 기어들어 갔다. 점원이 말을 알아듣지 못한 것은 바로 내

서울대학교 문리과대학 재학 시절. 맨 뒷줄 왼쪽에서 두번째가 나. 앞줄 가운데가 김두현 교수. 그 왼쪽이 고형곤 교수.

사투리 때문이었다. 그때만 해도 서울 사람들은 경상도 사투리를 자주 접하지 못했던 것이다. 그 날 이후 서점에 들어설 때마다 나는 그 여점원에게 종이를 한 장씩 내밀었다. 그 종이에는 내가 사려는 책의 제목이 쓰여 있었다.

이승만 박사와 김구 선생

해방 직후 우리 국민에게 뚜렷하게 떠오른 지도자를 꼽으라면 이승만(李承晩) 박사와 김구(金九) 선생을 들 수 있다. 해외에서 임시정부를 만들어 오랜 기간 독립운동을 해 온 두 분 지도자에 대한 국민의 애정과 지지는 절대적이었다. 나 역시 임시정부가 있다는 사실을 해방 전부터 들어 온 터였으므로, 그분들에게는 존경의 마음

을 가지고 있었다. 그런데 이승만(李承晩) 박사나 김구(金九) 선생은 신탁통치 반대에 있어서는 의견이 일치했으나, 정부수립 방법을 놓고서는 중대한 견해차가 생겨났다. 이박사는 남한만의 단독정부론으로, 김구 선생은 남북협상론으로 갈라졌다.

물론 가장 좋은 것은 두 분이 협력하는 것이라고 생각했지만, 한편으로 나는 이박사의 견해에 좀더 가까웠다. 이박사의 견해가 더 낫다기보다는 단독정부 수립이 현실적으로 불가피한 선택이라고 보았던 것이다. 어린 생각에도 나는 우리가 독립국가 수립을 더 늦춰서는 안 된다고 보았다. 자칫 영원히 독립의 기회를 잃어버리거나, 북한에 선전공세의 기회를 주어 우리나라가 공산화될 수도 있다고 우려했다. 남북협상론에 비판적인 것은 아니었으나 처음부터 어려울 것으로 느껴졌다. 무엇보다 남·북 양쪽은 이미 나름대로 상당한 권력기반을 갖추고 있었고, 양측 지도자들의 신념체계나 논리 역시 완강하게 대립하고 있었기 때문이다.

사람들은 김구 선생과 이승만 박사를 곧잘 비교하곤 하는데, 나는 당시 김구 선생보다는 이승만 박사를 더 평가하고 있었다. 국민 정서도 그랬다고 본다. 정부수립 이전에 우익은 서울운동장에서, 좌익은 남산(南山)에서 군중집회를 각기 개최한 적이 있었는데, 나도 서울운동장에 가서 이승만 박사의 연설을 직접 들어 본 일이 있다. 이박사가 대통령이 되기 전이었는데, 이박사의 연설에 대한 군중들의 호응은 대단했다. 나중에 이박사는 장기집권을 위한 부정선거로 독재자가 되어 버렸지만, 해방 이후 상당기간 동안 그에 대한 국민들의 존경심은 매우 컸다. 국회에서 대통령선거를 할 때도 이박사가 압도적이었다.

1949년 6월 26일, 김구 선생이 육군 소위 안두희(安斗熙)에게 피살되었다. 나는 큰 충격을 받았다. 생전에 김구 선생을 한 번도 뵌 적이 없었지만, 선생의 서거(逝去) 소식을 듣자마자 친구들과 함께 경교장(京橋莊)으로 달려갔다. 내가 갔을 때는 이미 많은 사람들이 줄을 지어 서 있었다. 고인은 얼굴을 다 내놓고 있어서 돌아가신 모습을 직접 뵐 수 있었다.

장례식에도 참석했는데, 국민들은 선생의 죽음에 대해 한결같이 하늘이 무너진 듯 슬퍼하고 통곡했다. 쇼팽의 장송곡에 맞춘 김구 선생의 장송가 한 구절은 지금도 잊혀지지 않는다.

삼천만 가는 길이 어지럽고 괴로워도
임이 계시옴에 든든한 성싶더니
돌아와 모진 광풍…….

신생 조국의 혼란상

해방이 되고 3년 만에 정부가 수립되었으나 좌·우익의 대립은 날로 심화되어 갔다. 해방 이후의 무질서와 혼란 속에서 김구 선생은 물론 송진우(宋鎭禹), 여운형(呂運亨), 장덕수(張德秀) 선생 등 이 나라의 숱한 민족 지도자들이 비명에 세상을 떠나야 했다. 그때마다 국민들은 엄청난 충격을 받았다. 해방된 새 나라를 설계해야 하는 중대한 시기에 지도자들이 테러의 희생물이 된 것은 안타까운 일이었다. 나는 우리나라가 진정으로 독립(獨立)하기 위해서는 무정부주의적인 테러와 폭력이 더 이상 난무해서는 안 된다고 생각했다.

대학 역시 어수선한 사회환경의 영향을 받지 않을 수 없었다. 교육제도는 정비되지 않아 학제(學制)가 수시로 바뀌었고, 1946년 국대안(國大案) 파동의 후유증도 남아 있었다. 좌·우익 학생간의 대립과 반목이 심각해 폭력사태가 자주 발생했다. 6·25전쟁이 발발할 때까지도 이런 소용돌이는 계속되었다.

나는 순학회의 친구들과 밤늦게까지 시국에 대해 열띤 토론을 벌이곤 했다. 그러나 당시 만연하던 좌·우익의 폭력행사에는 일부러 거리를 두었다. 나는 매사에 적극적인 성격이었지만, 폭력은 문제해결의 정당한 수단이 아니라는 생각이 확고했다. 이는 내가 평생을 지켜 온 신념이기도 하다.

나중에 창랑(滄浪) 장택상(張澤相) 선생과 인연을 맺어 정치 일선에 뛰어든 바쁜 나날 중에도, 나는 학교 강의엔 웬만하면 빠지지 않았다. 3학년 때까지 거의 모든 학점을 이수했기 때문에 4학년 때는 군사학 한 과목만 수강하면 되었다. 나의 졸업논문인 「칸트에 관한 소고(小考)」는 교수들 사이에서 그렇게 나쁜 평판을 받지는 않았던 것 같다.

창랑 선생과의 조우

내가 창랑 장택상 선생과 관계를 맺게 된 계기는 웅변 때문이었다. 정치를 꿈꾸던 나는 웅변을 잘해야 한다고 생각했다. 학기 중에는 학생 몇 명이 모여서 웅변 연습을 했고, 방학 때는 귀향하여 바닷가나 뒷산에서 큰 소리를 질러 보곤 했다. 연습으로 자신을 갖게 된 나는 서울 명동(明洞) 시공관(市公館)에서 열린 정부수립 기념 웅변대회에 참가, 2등을 차지했다. 1등은 고려대 학생이던 송원영(宋元英)이었고, 나는 2등을 하여 외무부장관상을 수상했다. 당시 외무부장관은 창랑 선생이었다.

3학년이던 1950년 4월 초순의 어느 날이었다. 나는 강의가 끝나 문리대 교정 잔디밭에 누워 대학시절의 한때를 즐기고 있었다. 바로 그때 창랑 선생이 나를 찾는다는 연락이 왔다. 당시 창랑 선생이라면 거물 정치인이었고 반공투쟁의 대명사 같은 인물이었다. 대학생으로서는 쉽게 만날 수도 없는 인물이었다. 그런 거물이 2대 국회의원 선거에 출마하는 자신을 좀 도와 달라고 했으니 내게는 뜻밖의 제의였다. 나는 선생의 제의를 선뜻 수락했다. 그리하여 친구들과 함께 선거 40일 전쯤 선생의 고향이던 경상북도 칠곡(漆谷)으로 내려가 선거운동을 도왔다.

　칠곡의 구석구석을 돌아다니며 나는 열심히 찬조연설을 했다. 군청 소재지인 왜관에서는 여관에서 잠을 잤지만, 시골에서는 서울에서 대학생이 왔다면 서로 묵어 가기를 권하던 시절이었다. 정치의 꿈을 키워 왔던 나에게 창랑 선생을 위한 선거운동은 일종의 '정치 리허설'이었던 셈이다. 나는 칠곡에서 생생한 선거경험을 할 수 있었고, 기회가 오면 고향에서 출마하겠다는 생각을 굳히게 되었다.

　5월 30일, 드디어 투표일이 다가왔고 개표결과가 드러났다. 창랑 선생이 전체 유효투표수의 60%에 가까운 2만 1천여 표를 얻어 제2대 국회의원에 당선되었다. 창랑 선생이 크게 기뻐했음은 물론이다. 그 동안 종로 등에서 수차 보궐선거에 도전했으나 고배(苦杯)를 마셔야 했는데, 고향인 칠곡에서 압도적으로 승리했으니 그 심경이야 말할 수 없었을 것이다.

3. 이천 피난시절

임필수 따라 이천으로

5·30총선이 끝난 지 불과 한 달도 되기 전에 6·25사변이 터졌다. 나는 이승만 대통령의 "서울을 사수하겠다"는 다짐을 믿고 있다가 미처 서울을 빠져 나가지 못했다. 이 때문에 나도 한동안 이(李)박사를 많이 원망하기도 했는데, 아마도 이박사가 주변의 잘못된 보고를 받았거나 연로(年老)해서 판단이 흐려졌기 때문에 비롯된 일이 아닐까 한다.

6월 27일, 신설동(新設洞)의 하숙집에 있는데, 인민군 탱크가 굉음을 울리며 서울 거리에 들어서는 것이 아닌가. 당시 주변에서는 나와 창랑 선생의 관계가 널리 알려진 터여서 좌익의 표적이 되기 십상이었다. 도저히 안 되겠다 싶어, 상경하여 두번째 묵었던 삼각동 하숙집으로 찾아갔다가 친구 임필수(林弼洙)씨를 만났다. 한동안 하숙을 같이 했던 그는 나보다 두세 살 많은 회사원이었다.

나는 임필수씨와 의논하여 그의 고향인 경기도 이천군(利川郡) 대월면 군량리로 함께 떠나기로 했다. 내게 인민군이나 인민위원회에서 발급되는 통행증이 있을 리 없었다. 되도록 국도(國道)를 피했지만 가는 도중에 인민군의 검문을 받아 곤욕을 치르기도 했다. 이천까지 2백 리쯤 되는 길을 낮은 피하고 밤을 이용해서 걸었다.

국도변만 아니라면 실상 밤을 이용하지 않아도 그다지 위험하지는 않았을지 모른다. 그래도 허허벌판에 노출되는 것은 피하고 싶어 될 수 있는 대로 산모롱이를 돌거나 고개를 넘거나 했다. 가는 도중 곤지암(昆池巖)에서 하루를 잔 기억이 있다. 사흘쯤을 걸었을까. 마침내 이천군에서도 후미진 어느 작은 동네에 도착했다. 평지보다는 약간 높은 곳에 자리잡은 그 동네는 꽤 넓은 논을 거느리고 있어서 빈궁해 보이지는 않았다. 40여 채 남짓한 임씨들의 집성촌(集姓村)이었다. 부락 사람들 대부분이 일가친척들이었으니 임씨가 숨겨 주는 한 밀고(密告)할 걱정은 적었다.

마을 사람들은 순박하고 친절했다. 무엇보다 임필수씨가 마을 주민들에게 신임을 받고 있었다. 임씨는 마을 사람들에게는 서울 가서 출세한 사람이고, 그런 인물이 서울대 학생을 데리고 왔으니, 내게 보내는 눈길도 따뜻하고 정(情)이 담긴 그런 것이었다. 나는 마을 사람들의 환대에 늘 고마운 마음을 가지고 겸손하게 대했다.

3개월여에 걸친 이천 생활이 시작되었다. 나는 마을 사람들의 일손을 돕거나 짚신도 짜면서 조용히 지냈다. 밥은 우리의 농촌살이가 그러했듯 보리밥이 위주였고, 늘 고구마가 밥에 섞여 나왔다. 때로는 개울에 가서 물고기를 잡아 매운탕을 해먹기도 했다.

밤중에는 고향 생각이 나서 혼자서 눈시울을 적셨다. 특히 어머니 생각이 나면 베갯머리가 홍건히 젖도록 남몰래 울었다. 누군가가 식칼을 가슴에 품고 잠을 자면 꿈을 꿀 수 있다고 하기에, 수건으로 식칼을 감아 가슴에 품고 자기도 했다. 그러나 끝내 꿈을 꾸지는 못했다. 나는 아직까지도 자면서 꿈 같은 것을 꾸어 본 기억이 없다.

치안대 조직

하루는 임필수씨의 삼촌이 읍내 장터에 다녀오는 길에 술이 거나 해서 느닷없이 뒷동산에 올라 "대한민국 만세"를 외쳐 댄 사건이 발생했다. 온 마을이 삽시간에 발칵 뒤집혔다. 마을 사람들은 얼굴이 새파래져 어쩔 줄을 몰라했다. 이런 광경을 지켜본 나는 은혜를 입은 이들에게 보답해야겠다고 생각했다.

나는 앞장서서 사태에 대처했다. "유엔군은 우리나라를 꼭 지켜줄 것이다," "이왕 일이 이렇게 되었으니 우리가 마을을 사수하자"고 외치며 대책 마련에 나섰다. 마을에서는 젊은 사람들이 대부분 전쟁터로 끌려 나가 있던 때라, 내가 사태수습에 나서는 데 큰 어려움은 없었다. 나는 청·장년 남자들을 모아서 일종의 마을 치안대를 조직했다.

마을 어귀에 보초를 세워 출입을 통제했다. 만약의 사태에 대비, 마을 밖으로는 아무도 내보내지 말도록 하고 수상한 사람이 마을에 들어올 때엔 일단 모두 감금하도록 일렀다. 한 이틀 정도가 지나 해가 어둑어둑해질 무렵 이천군 인민위원장이 부하 몇 명을 데리고 나타났다. 이들을 마을 어귀에서 잡아 흙벽돌로 쌓은 창고 같은 곳에 가두어 두었다. 내친 김에 태극기를 달자는 동네 사람들의 뜻에 따라 마을 복판에 태극기도 달았다.

마을을 지키자면 무기 확보가 시급하다고 판단한 우리는 야음(夜陰)을 틈타 인근 모가면(暮加面) 지서를 습격, 무기를 탈취했다. 지서와 연락이 두절되었으니 인민군측에서는 당연히 문제가 생겼다는 것을 알게 되었다. 때마침 인천에 유엔군이 상륙했다. 인민군들

피난시절 머물렀던 이천시 대월면 군량리를 방문하여 마을 주민과 함께 한 모습. 내 오른쪽에 서 있는 사람이 임필수씨다.

은 유엔군의 반격으로 후퇴하면서도 마을을 압박·포위하면서 공격해 왔다.

추석이 며칠 남지 않은 달밤이었다. 10여명의 인민군이 군량리로 습격해 왔다. 인민군의 수색작업으로 숨가쁜 상황이 전개되었다. 나는 필사의 탈출을 해 위기를 모면했다. 나중에 듣기로는 군량리의 마을 어른들은 도망 못 간 청년 몇 사람을 멍석으로 말아 헛간에 세워 놓아 위기를 모면했고, 나머지는 산 속으로 도망을 쳤다고 한다. 나는 임필수씨의 조카인 임재춘(林栽春)씨의 아우 재문(栽文)군을 따라 20여 리쯤 떨어진 호법면 유산리 임재춘씨의 다락방으로 숨어들었다. 나는 이곳에서 삼베 중의적삼에 밀짚모자를 쓰고 초라한 피난민 행세를 했다.

그러나 유산리는 많은 위험요소가 도사리고 있었다. 먼저 교통의 중심지라 들락거리는 사람들의 통행량이 많았고, 특히 임재춘씨의 집 바로 뒤에는 인민군 수송부 본부가 있어 오래 피신할 곳이 못 되었다. 내가 아는 곳은 서울뿐이었다. 할 수 없이 나는 서울로 가기로 작정을 했다. 당시에는 식량을 들고 다니며 파는 등짐장사가 많았는데, 나도 쌀 한 말을 얻어 상인으로 가장하고 이천 생활 3개월 만에 서울로 다시 피신 길에 나섰다.

그때 이후 이천은 나의 제2의 고향이었다. 1954년 국회의원에 당선된 나는 이천을 찾아가 현지 주민과 재회의 기쁨을 나누고 피난 시절의 회고담으로 꽃을 피웠다. 그후에도 여러 차례 이천을 찾았다. 어려울 때 도와 준 사람들을 잊을 수가 없었기 때문이다. 대통령이 된 뒤 이천을 방문해 내가 피신해 있던 방을 둘러보았더니 그때는 헛간으로 쓰고 있었다.

죽을 고비 넘기기도

서울로 오는 길은 참으로 험난했다. 요소요소에서 인민군이 검문을 했다. 장사꾼이라고 해도 쌀을 담은 자루 속까지 조사를 했다. 왜 서울로 가느냐, 이승만의 첩자가 아니냐고 심문하기도 했다. 군대의 이동처럼 피난길도 될 수 있는 대로 밤의 어둠을 이용해서 걸을 수 있을 때까지 걸었다. 낮에는 민가나 하늘 가릴 만한 데를 찾아내 잠깐씩 잠을 청하거나 음식을 얻어먹었다. 전쟁이 가르쳐 준 상식이었다.

서울로 가는 동안 많은 사람들이 죽는 것을 직접 목격했다. 국도 위로 퍼부어 대는 유엔기(機)의 폭격과 기총소사는 너무하다 싶을 정도였다. 내 눈앞에서 많은 사람이 죽어 갔고, 나 자신 논이나 밭고랑에 고꾸라지듯 숨기도 했다. 움직이는 것은 개미 한 마리 놓치지 않을 기세였다. 그러나 지치고 굶주린 피난민들은 공포감을 느낄 기력조차 없는 듯했다.

이천을 떠난 나는 물이 가슴께까지 차는 어느 강을 건넜다. 다른 사람들도 많이 건너고 있었다. 9·28서울수복 직전이었다. 상경 길은 인민군과 그들에게 잡혀가는 사람들로 살벌하기 이를 데 없었다.

한 번은 달밤에 묘지 근처를 지나는데, 인민군 패잔병들이 나를 붙잡아 세웠다가는 가라고 놓아주었다. 막상 위기를 벗어났다고 안도하면서도, 뒤에서 따발총을 쏠 것 같아 등골이 오싹하기도 했다. 이런 고비를 얼마나 겪었는지 모른다. 빈집도 많았지만, 아무래도 사람 사는 동네가 손때가 묻어 있어 찾아가기가 마음 편했다. 낮에 그런 집에 들어가면 비록 꽁보리밥에 김치 조각뿐이었지만, 인정을 섞어 주어 허기진 배를 채울 수 있었다.

그러기를 얼마나 했는지 모를 어느 날이었다. 광주(廣州) 부근의 한 다릿목에서 나는 인민군 보초의 검문에 영락없이 걸려들고 말았다. 보초는 통행증을 보자고 했지만 그런 게 내게 있을 리 만무했다. 나는 장사꾼이라며 통과시켜 줄 것을 간청했으나 보초에겐 그게 통하지 않았다. 보초의 검문에 걸린 그 다릿목 옆에는 시체가 여러 구(具) 널브러져 있었다.

보초는 나를 시체들 옆으로 끌고 갔다. 순간 죽음의 그림자가 섬광처럼 뇌리를 스쳐 지나갔다. 아니나 다를까, 인민군 보초는 뒤로 몇 걸음 물러서더니 내게 방아쇠를 당겼다. 나는 반사적으로 땅바닥에 쓰러졌다. 보초가 다시 자기 위치로 돌아간 순간, 나는 잠시 아찔했던 정신을 가다듬고 자신이 살아 있음을 확인했다. 참으로 기적과 같은 생존에 나는 스스로를 의심할 정도였다.

가까스로 정신을 차리고는 그 자리를 살그머니 빠져 나왔다. 나중에 알고 보니 총탄은 내 발바닥을 스쳐 간 것이었다. 참으로 하늘의 도움이라고밖에는 달리 표현할 말이 없을 절체절명의 순간이었다.

군번 E134

이렇듯 죽을 고비를 몇 차례나 넘기는 극한체험을 한 후 나는 마침내 서울로 몰래 들어올 수 있었다. 때마침 9월 28일 국군과 유엔군이 인천(仁川)상륙에 성공함으로써 서울수복을 맞게 되었다. 참혹한 전쟁 속에서 짐승처럼 움츠리고 살던 사람들의 얼굴에 비로소 화기가 돌았다.

서울에 와서 보니 하숙집은 폭격을 당했고, 머물 곳도 마땅치 않아 나는 곧바로 전시 수도(戰時首都)인 부산으로 남하(南下)했다. 나는 부산에서 서울대학교 문리과대 동문이며 순학회(純學會) 멤버였던 손도심(孫道心) 등과 학도의용군(學徒義勇軍)에 입대했다. 군번(軍番)은 E134였다.

학도의용군 내부에서는 당장 전선으로 달려가자는 주장과 후방에서 우리가 할 수 있는 일을 하자는 주장 등 의견이 분분했다. 나는 문리대 사학과 주임에서 국방부 정훈국장(政訓局長)으로 옮긴 이선근(李瑄根) 박사(처음에 대령이었다가 얼마 뒤 준장이 됨)와의 인연으로 국방부 정훈국 대북(對北)방송 담당요원으로 배치됐다. 우리는 당시 계급 없는 군인, 곧 문관(文官)으로서 매일 저녁 무렵 1시간 동안 생방송을 내보냈다. 3분의 1가량은 우리가 직접 작성한 원고를 방송했고, 나머지는 행진곡을 틀었다.

거제의 집안 어른들은 나의 생사를 알지 못한 채 거의 석 달이나 지냈다. 어른들은 내가 죽었을지 모른다는 불길한 예감에 시달리고

군대시절 전우들과 함께. 나는 당시 국방부 정훈국에서 대북방송 담당요원으로 활약했다.

있었다. 어머니께서는 사랑하는 외아들을 생각하면서, 매일 새벽 동네 뒷산의 조그마한 개울에서 몸을 씻으신 뒤 기도를 올리셨다고 한다. 어머니는 내가 알던 사람들을 다 찾아 다니셨으나 아무도 내 소식을 아는 이가 없었다. 가슴이 무너지는 고통과 눈물과 기도 속에서 지내셨던 것이다.

고향의 어머니·아버지와 할아버지·할머니 등 가족들을 그리워하는 간절한 마음은 나 역시 마찬가지였지만, 당시에는 전화나 편지로 소식을 전할 수도 없는 상황이었다. 갈 길도 막막하고 전황(戰況)도 알 수 없던 비상시국이라, 함부로 고향을 찾다가 도중에 무슨 일이 벌어질지 몰라 오로지 참고 기다리는 수밖에 없었다.

창랑 선생의 비서가 되다

　고향집에 계시던 할아버지 · 할머니와 아버지 · 어머니를 처음으로 찾아뵌 것은 내가 정훈국에 있을 때였다. 군복 차림에 권총을 찬 내가 고향에 돌아가자, 나를 알아본 동네 사람들이 "니 영샘이 아이가?," "그래, 죽었다 쿠던 니가 우찌 살아왔노?" 하면서 반가워서 소리쳤다.
　손자이며 아들이 살아서 돌아온 것을 본 할아버지 · 할머니와 아버지 · 어머니의 감격이 어떠했을지는 미루어 짐작할 수 있을 것이다. 곧 동네에 큰 잔치가 벌어졌다.
　대북방송을 시작한 지 수개월이 지났을 즈음, 창랑 선생으로부터 "국회에서 내 일을 도와 주어야겠다"는 연락이 왔다. 창랑 선생은 1950년 6월 제2대국회가 개원한 이래 조봉암(曺奉岩)과 함께 국회부의장직을 맡고 있었다. 내가 군(軍)에서 대북방송이란 중요한 일을 하고 있다면서 완곡히 사양하자, 선생은 즉석에서 이선근 정훈국장에게 전화를 걸어 나를 국회로 보내 달라고 했다. 국방부측에선 처음에는 나를 내놓을 수 없다고 하다가, 결국 창랑 선생의 뜻을 따라 주었다.
　창랑 선생의 비서가 된 나는 어깨너머로 정치를 좀더 관찰하고 익힐 수 있는 기회를 갖게 되었다. 두번째의 만남으로 선생과 나의 관계가 한 단계 발전되었음은 물론이다. 선생은 나에게 학업을 계속할 수 있도록 배려해 주셨다. 1952년 봄 창랑 선생이 국회부의장에서 국무총리로 옮겨갔을 때는 나도 국무총리 비서관으로 자리를 옮겨 보좌했다.

창랑 선생의 비서생활은 내게 정계의 거물들을 직접 만나 볼 수 있는 기회를 만들어 주었다. 당시 창랑 선생의 집무실에는 조병옥 (趙炳玉), 이기붕(李起鵬), 윤치영(尹致暎), 이범석(李範奭) 같은 당대의 쟁쟁한 인물들이 자주 들르곤 했다. 나는 그때 특히 유석(維石) 조병옥 박사에 대해 깊은 인상을 받았다.

창랑과 유석의 간담상조

창랑 선생이 국무총리가 된 지 얼마 후 부산정치파동이 발생해 국회의원들이 다수 체포되었다. 그후 조병옥 박사가 감옥에서 출옥한 직후 창랑 선생을 방문한 적이 있다. 창랑 선생은 평상시 나에게 "조박사가 오시면 회의 중이라도 절대 기다리시게 하지 말라"고 지시했다. 창랑 선생은 그 날 선약(先約)을 취소하고 조박사와 함께 저녁식사를 했다. 창랑 선생은 그 무렵 부산 앞바다에 있던 LCI(해군장교구락부)의 선상(船上) 식당에 자주 들렀다.

창랑 선생은 이승만 박사가 조박사를 구속한 일에 대해, "이박사의 오늘이 있는 것은 조박사와 내가 있었기 때문이다"며 조박사를 위로했다. 당시의 정국에서 이승만 대통령은 조박사를 매우 적대시했다. 그런 대통령의 정적(政敵)을 감옥에서 석방되자마자 국무총리가 만나서 위로한 것이다.

그로부터 얼마 지나지 않아 창랑 선생은 국무총리직에서 물러나야 했는데, 그 이면에는 창랑과 유석의 남다른 친교(親交)가 크게 작용했다고 보아야 할 것이다. 창랑 선생이 조박사를 만난 것은 그런 모든 것을 각오하고 이박사에게 시위를 한 셈이었다. 창랑 선생의 인물 됨이 이와 같았다. 일부에서는 창랑·유석 두 분이 서로 경쟁

관계였다고 하는 사람도 있으나, 두 분의 관계는 간담상조(肝膽相照)의 그것이었다. 두 분이 서로를 위하는 마음은 그후로도 계속 이어져 끝까지 변하지 않았다.

창랑 선생과 나의 유대관계도 날이 갈수록 깊어 갔다. 나는 선생의 두터운 신임을 얻어 창랑 선생이 개인적으로 이끌던 국회의원들의 모임인 '신라회'(新羅會)의 운영도 도맡다시피 했다. 나는 일찌감치 정치 입신(立身)의 뜻을 굳혔기에 그런 일들에 매우 적극적이고 열성적으로 임했다. 틈틈이 거제의 지인들에게 편지를 띄웠고, 고향 사람들을 당시의 임시수도였던 부산(釜山)으로 초청하는 등 내 나름으로 출마준비를 해 나갔다.

5·30선거 때의 찬조연설로 정치 세례를 받은 바 있는 나는 1954년 5월에 치러질 제3대 국회의원 선거를 내 정치인생의 출발점으로 삼고자 했다. 입후보할 선거구는 내가 태어나서 자란 거제군으로 일찌감치 점찍어 놓았다.

4. 손명순과의 결혼 이야기

'할아버지 위독' 전보

1951년 음력 설을 앞두고 고향집에서 내게 한 장의 전보가 날아왔다. "할아버지께서 위독하시니 빨리 거제로 내려오라"는 내용이었다. 당시는 할아버지께서 몸이 불편하셨던 때라 놀란 나는 황망히 거제로 내려갔다. 알고 보니 그것은 어른들이 내 결혼을 서두르기 위해서 만든 구실이었다. 할머니께서는 "할아버지께서 돌아가시기 전에 손자며느리를 보고 싶어하시니 소원을 풀어 드려라"고 당부하시는 게 아닌가. 나는 결혼은 최소한 대학을 졸업한 다음에 나 하겠다고 마음먹고 있던 터였다. 그런데 어머니께서도 밤에 내 방으로 오셔서 간곡하게 나를 설득하셨다.

밤새 생각 끝에 아침에 선을 보겠다고 말씀드렸다.

'노력하는 모습만이라도 보여 드리자. 우리 집안 분위기가 있는데, 설마 강제로 결혼이야 시킬까…….'

이것이 내 속내였다.

세 번의 맞선

다음날 아침 일찍 우리 집 배를 타고 아버지와 함께 마산(馬山)으로 갔다. 거제에서 마산까지는 뱃길로 4시간가량 걸렸다. 마산에 도착해서는 학산병원 이(李)원장님, 문창교회 한(韓)집사님과 만나서 계속해서 세 번이나 선을 봤다. 당시 마산에는 간혹 군용 지프차가 다녔을 뿐 차는 거의 없었다. 걸어서 첫번째 집에 들러 커피 마시고 과일 먹고 잠시 처녀하고 이야기하고는 일어나, 또 두번째 집으로 가서 똑같이 커피 마시고 과일 먹고를 반복했다.

세번째 집에 도착했을 때는 마침 점심시간이라 밥상을 차려 왔는데, 푸짐하고 융숭한 대접이었다. 처녀와 잠깐 동안 얘기한다는 것이 조금 길어졌다.

맞선을 본 세 명의 처녀들은 우연히도 모두 이화여대 재학생들이었다. 나는 아마도 최근에 어떤 책을 읽었느냐, 문학을 좋아하느냐 같은 것을 물어 보았던 것 같다. 이(李)원장은 다음 집에 가서 또 맞선을 보자고 했으나, 나는 피곤하기도 하고 난처하기도 해서 한사코 사양했다.

다음 계획을 취소하고 거제 집으로 돌아온 내게 할머니, 어머니께서는 꼬치꼬치 캐물으셨다.

"어떤 규수가 네 배필로 마음에 들더냐?"
이틀쯤 지나서는,

"너 누구네 집 큰일났다. 총각측에서 맞선 본 뒤 아무 말도 안 하는 것은 예의가 아니다."
하시는 것이었다.

맞선을 보긴 보았으나 사실 내 마음은 국회 부의장실로 가 있었다. 그때까지 결혼에 대해서 생각해 본 적이 전혀 없었고, 창졸간에 당한 일이라 마음의 준비가 되어 있을 턱이 없었다.
 "국회 부의장실 일이 너무 바빠, 한시라도 자리를 비우면 지장이 큽니다."
 일을 핑계 대고 일단 난처한 처지에서는 빠져 나왔지만, 나는 무언가 결정을 내려야 했다. 마산으로 나오면서 나는 세 처녀와의 맞선을 곰곰이 돌이켜 보았다. 편안하면서도 밝은 모습이 유난히 인상 깊었던 한 사람이 떠올랐다.

평생 반려와의 만남

 마산을 거쳐 부산으로 간다고 생각했는데, 막상 배에서 내리자 내 발길은 세번째 맞선을 본 손(孫)씨 댁으로 가고 있었던 것이다.
 손씨 댁에서는 완전히 사위가 다 되었다는 듯 나를 극진히 맞아 주었다. 세번째 간 그 집 처녀가 바로 나의 평생 반려가 된 손명순(孫命順)이었다. 마산에서 '경향고무'라는 고무신공장을 경영하던 장인 손상호(孫相鎬)씨의 2남 7녀 중 맏딸로 태어난 손명순(孫命順)은 당시 마산여고를 나와 이화여대(梨花女大) 약학과(藥學科) 3학년에 재학 중이었다.
 집에는 아무 말도 없이 들른 나에게 처녀의 어머니·아버지·할머니 모두 결혼식은 언제 했으면 좋겠느냐고 자꾸 물어 보는 것이었다. 난감해진 나는 아무 말 않고 부산으로 갔다. 그러자 양가에서는 두 달쯤 뒤인 3월 6일로 서둘러 결혼날짜를 잡아 버렸다.
 정부가 아직 부산에 있던 때였다. 결혼식을 올리기 전까지 나는 토요일이면 부산에서 마산으로 찾아갔다. 우리는 영화구경도 가고 바닷가를 산책하기도 했다. 당시만 해도 남녀가 바닷가에 나란히 앉아 있는 것은 보기 드문 일이었다. 그래서인지 "좋겠다"며 희롱(戱弄)을 하고 지나가는 젊은이가 많았다. 나는 우리를 놀리며 지나가는 사람들을 그냥 내버려두지 않았다. "너, 뭐라 했어?" 하며 큰소리로 싸워서 아내가 몇 번씩 놀라곤 했다. 데이트 시절, 나는 아내에게 주로 나의 정치관이나 국회의원 출마문제, 대통령이 되고 싶은 포부 등에 관해 얘기를 많이 한 것 같다.

1951년 3월 6일 우리는 결혼했다. 결혼식은 마산 문창교회(文昌敎會)에서 올렸다. 아내 명순(命順)과 나는 모두 대학 재학 중이었고, 나이도 내가 불과 이틀 빠른 동갑내기 스물세 살이었다.

이화여대생과 결혼하기

이미 말한 바와 같이 결혼 당시 아내는 재학 중이었다. 그런데 이화여대의 학칙(學則)은 재학생들의 결혼을 허용하지 않았다. 할 수 없어 학교에는 알리지 않고 결혼을 했다. 아내는 재학 중 첫아이를 임신하고 출산까지 하게 되었는데, 고맙게도 친구들이 많이 감싸주어 졸업을 할 수 있었다. 결혼식 때 들러리를 서 준 두 사람도 아내의 동창생들이었다.

하지만 내가 처음 국회의원에 당선되었을 때 우연한 계기로 '몰래 한 결혼'(?)의 대가를 치르게 되었다. 최연소 의원에 당선되었다는 이유로 신문과 방송에서 인터뷰 요구가 쏟아졌다. 아직 텔레비전 방송이 생겨나기 전이었다. 한 번은 KBS 라디오에서 생방송으로 인터뷰를 했는데, 난데없이 "결혼은 언제 했는가" 하고 묻는 것

1951년 3월 6일, 마산 문창교회에서 가진 결혼식 장면.

이었다. 나는 무심코 나는 물론 아내도 대학 재학 중에 결혼했다고 사실대로 대답했다.

방송이 나간 직후부터 우리 집 전화에 불이 나기 시작했다. 항의 전화였다. 어떤 여자는 자기는 "결혼 때문에 학교를 그만두었는데 억울하다"고 항의를 하기도 했다. 지방에서 서울로 전화 연결이 힘들었던 때인데도 며칠 동안 전국에서 걸려 온 항의전화에 시달려야 했다. 아내의 학교에는 미안하지만, 나는 그때 이미 이화여대 재학생과 결혼한 대가를 톡톡히 치렀다고 생각한다.

1951년 9월, 서울대학교 문리과대학 졸업사진. 맨 뒷줄 왼쪽에서 두번째가 나.

아내는 결혼 후 거제도에서 반년 남짓 시집살이를 했다. 귀한 집 딸로 자란 아내가 물동이를 이고 오물통을 져 나르기도 했으니, 신혼살이가 여간 고역이 아니었을 것이다. 그러나 아내는 차분하고 조용하게 모든 것을 해냈다.

지금까지 50년을 함께 살아온 나의 아내 손명순(孫命順)은 나의 사랑하는 연인이자 정다운 벗이며 모진 고난을 함께 겪어 온 고마운 동지이기도 하다. 아내는 번잡한 나의 정치생활에 한 번도 불평 없이 조용히 격려를 보내 주었고, 다섯 아이들의 방파제가 되어 주었다. 그녀는 우리 가족의 드러나지 않는 중심이며, 나는 그녀에게서 또 다른 어머니를 느낀다. 내 인생의 오랜 고난과 짧은 영광의 시절은 덧없이 흘러갔지만, 50년의 반려와 함께 산(山)에 오르는 기쁨을 지금도 맛볼 수 있어 나의 인생은 감사하다.

1953년 3월 3일, 아내 손명순의 이화여대 졸업사진.

5. 최연소로 정계에 진출

약관 26세에 국회의원 출마

　1954년, 만 26세로 피선거권을 얻게 된 나는 그 해 5월 20일로 예정된 제3대총선에 출마하기로 마음을 굳혔다. 당시 나는 거제에선 유일하게 서울대학을 나왔고, 국회부의장·국무총리 비서관을 역임하면서 꽤 알려진 인물이 되어 있었다. 무엇보다 거제도에 대해선 갖가지 매개체를 통해서 나 나름으로는 연결고리를 종횡으로 갖고 있었다.
　사회적 통념상 나이가 어리고 정치적 경륜과 사회적 기반이 국회의원이란 꿈을 이루기에는 미흡한 면이 없지 않았지만, 그 점은 어떤 의미에서는 강점도 될 수 있다고 나는 생각했다. 무엇보다 국가와 민족을 위해 신명을 다 바치겠다는 열정만은 용광로처럼 뜨겁게 달아올라 있었다.
　3대 국회의원 선거에 나서기로 결심한 나는 거제도로 향했다. 때마침 1952년 9월 말 총리직을 사임한 창랑 선생도 국회의원직만을 가진 채 3대 국회의원 선거 채비를 하고 있었다. 국회의원 선거를 2개월 앞두고 거제군에서는 일본대학(日本大學) 법과를 졸업하고 제헌의원을 역임한 서순영(徐淳永)씨와 통영수산학교(統營水産學校)를 졸업한 현직 국회의원 이채오(李采五)씨가 출마한다는 소문이 파다했다.

바로 이러한 시점에서 가족과 친지들이 참석한 자리에서 내가 "이번 국회의원 선거에 입후보하겠습니다"라고 했으니, 하나의 '폭탄선언'이었다. 모두들 이구동성으로 내 결심에 반대를 했다.

아버지 역시 마찬가지셨다. 아니 어쩌면 가장 완고하게 반대하셨는지도 모르겠다. 아버지의 눈에는 나이 어린 내가 아직 세상물정을 너무 모른 채 무모하게 국회의원에 도전하는 것으로 비쳤을 것이다. 또 아버지께서는 다른 출마자들과도 친분이 두터웠기 때문에 아들의 출마가 부담스럽기도 했을 것이다. 그러나 내 결심의 굳기도 만만찮아서 결국 출마 만류를 포기하시기에 이르렀다. 어머니께서 처음부터 내 편이 되어 주신 것도 대세를 바꾸는 데 큰 영향을 미쳤다.

나는 대학시절 고향에 내려올 때면 야학을 열곤 했다. 문맹이 많던 시기였다. 나는 호롱불 밑에서 글을 가르치고 사람들에게 세상 돌아가는 얘기를 들려주었다. 야학을 하러 가면, 동네 사람들이 모두 대학생인 나를 구경하려고 나올 정도였다. 창랑 선생의 비서 시절에도 고향 사람들과 많은 교류를 해 왔다. 이런 이유들로 해서 입후보할 당시 나는 거제도 내에 제법 알려진 편이었다.

4월 9일, 정부에서 총선거를 5월 20일에 실시한다고 발표함에 따라 본격적인 선거운동이 시작되었다. 후보등록 마감일인 4월 25일까지 나와 서순영·이채오씨 등 3명 이외에 반성환(潘星煥)씨가 등록했지만, 반씨는 도중에 사퇴하여 결국 세 사람이 대결하게 되었다.

2년여 동안 나름대로 전력을 다해 조직기반을 다져 온 나는 초등학교 · 중학교 동창들의 지원을 받아 가면서, 젊은 기세로 초반부터 바람을 일으켜 나갔다. 아내도 선거 두 달 전쯤부터는 외포리 집에서 살림을 하는 틈틈이 선거운동에 나서 주었다.

김씨(金氏) 일가의 평판도 한몫 톡톡히 했다. 할아버지께서 신명교회(新明教會)를 세우신 것을 비롯해서 동네 인근에 말없이 뿌려 주신 덕행(德行)의 씨앗과, 어머니께서 이웃과 가난한 이들에게 베푸신 사랑이 인근에 구전(口傳)되어 발 없는 선거운동원 노릇을 한 것이다. 선거전의 양상은 이렇게 해서 초반부터 나에게 유리하게 전개됐다.

자유당 공천

5·20선거를 앞두고 자유당(自由黨)과 야당이던 민주국민당(民主國民黨, 약칭 民國黨)은 정당정치와 양당정치를 확립하기 위해 처음으로 공천제를 도입했다. 4월 9일 선거일자가 공고됨에 따라 자유 · 민국 양당은 전국의 후보자에 대한 공천심사에 박차를 가했다. 자유당에서는 무엇보다 당선 가능성을 최우선의 공천심사 기준으로 삼았는데, 거제 등 몇 개 지역의 공천은 늦게까지 확정하지 못하고 있었다.

이런 상황에서 자유당 총무부장 이기붕(李起鵬)씨가 서울에서 한 번 만나자고 내게 전보를 쳤다. 이기붕씨는 창랑 선생과 친분이 두터워 창랑 선생의 총리시절 총리실에 자주 드나들었다. 이기붕씨는 나를 '김비서'라고 부르며 따뜻하게 대해 주었다. 이기붕은 인사성이 있고 친절한 인상이었다. 작달막한 체구에 혼자서 여기저기 곧잘 걸어다니던 모습이 떠오른다. 나중에 그는 이승만정권의 몰락을 불러온 1960년 3·15부정선거의 주역으로 비참한 최후를 맞았다.
　이기붕씨가 보낸 전보에는 왜 만나자고 하는지 내용은 없었지만, 공천 때문이라는 느낌을 받았다. 나는 선거참모들을 모아 놓고 의견을 물었다. 2명은 무소속, 나머지 10명은 자유당 공천 쪽이었다. 나는 일단 서울로 올라왔다.
　종로 근처의 농협 자리에 있던 자유당 중앙본부에서 이기붕씨를 만났다. 예상했던 대로 나에게 자유당의 공천을 받으라는 요청이었다. 나는 창랑 선생과 상의할 시간을 달라고 했다.
　창랑 선생은 이기붕씨와 개인적인 친분은 두터웠으나 자유당과는 다른 길을 가고 있었다. 무소속이었다. 창랑 선생은 당시 칠곡에서 한창 선거운동 중이었다. 나는 선생에게 찾아가 "어떻게 하면 좋겠는가" 하면서 의견을 구했다. 선생은 "그 문제는 자네가 알아서 하라"고 하셨다. 나는 그때나 지금이나 민주주의는 정당정치를 통해서 이루어질 수 있다는 게 소신이다. 당시 실질적인 정당이라고는 자유당과 민국당뿐이었기 때문에, 공천을 선택한다면 길은 자유당과 민국당 둘 중 하나일 수밖에 없었다. 결국 나는 자유당 공천을 받겠다는 전보를 쳤고, 공천은 당장 이루어졌다.
　오랜 망설임 끝에 자유당 공천을 선택한 나에게 선거 도중 뜻밖에도 골치 아픈 사건이 기다리고 있었다. 고무신공장을 경영하던 장인께서 사위를 돕는다고, 장인의 공장에서 생산한 흰고무신 1만 켤레를 보내 온 것이 말썽이 된 것이다. 그때만 해도 흰고무신은 최고의 신발이었다. 고무신 소문은 삽시간에 거제 온 섬으로 퍼져 나갔다.
　고무신을 나눠주었다간 선거법에 걸려 당선무효가 되기 십상이었다. 그것도 모르고 유권자들은 "고무신을 왜 나눠주지 않느냐"고

난리였다. 우리 집은 어장을 했기 때문에 선거를 치르기에 충분한 여력이 있었다. 더구나 선거는 내게 유리한 국면이었다. 나는 1만 켤레의 고무신 전부를 우리 배에 실어 마산 처가로 돌려보냈다. 소문이란 게 늘 그렇듯이, 고무신이 왔다는 소문은 요란스러웠으나 돌려보냈다는 이야기는 잘 알려지지 않았다. 고무신 소문은 선거기간 내내 나를 괴롭혔다.

최연소 국회의원 탄생

4월 27일 후보자의 기호순위 결정이 있은 뒤 면단위로 합동유세가 시작되자, 선거의 열기가 달아올랐다. 나는 아름다운 거제의 작은 오지 마을까지도 빠짐없이 찾아 다녔다. 나의 웅변과 젊은 열정은 유세과정에서 유권자들의 커다란 호응을 받았다. 합동유세 광경을 지켜보시던 아버지께서도 처음에는 애송이 정치인의 연설을 애교로 봐주시다가, 나중에는 마음에서 우러나오는 박수를 쳐 주셨다고 한다.

5월 20일, 개표를 한 결과 내가 2만 770표, 민국당의 서순영 후보 1만 4,110표, 무소속의 이채오 후보 1만 1,509표로 나의 압승이었다. 약관(弱冠) 26세의 최연소 의원이 탄생한 것이다.

정부수립 이래 가장 젊은 국회의원이 된 나는 중앙 정계에서 집중적인 조명을 받게 되었다. 신문은 젊은 나에게 스포트라이트를 비추었다. 〈조선일보〉(朝鮮日報)는 5월 30일자에서 최고령자인 전상요(全相堯) 의원과 최연소자인 나를 묶어 박스기사를 마련했다. 「반세기를 격(隔)한 두 선량(選良)」이란 큰 제목에 '금년 72세의 전상요옹(翁), 금년 26세의 청년 김영삼'이란 소제목이 붙은 당시의 기사는 다음과 같다.

이번에 새로 국회의원에 당선된 최고령자와 최연소자를 비교하면 그 차이는 실로 46세나 틀려 할아버지와 손자와 같은 느낌을 주게 하고 있다. 강원도 정선군 출신의 금년 72세의 전상요 의원과 경남 거제군 출신의 금년 스물여섯 살 난 김영삼 의원은 연령으로 보아서는 의정단상에 대치된 노인측 대표와 젊은이의 대표인 동시에, 시대로 따져 보면 한편은 지나간 보수세력의 대표자라 할 것이며, 또 한편은 이제 새로 일어나는 새 세대의 대표라 할 만한 차이를 보이고 있다. 더구나 긴 수염을 쓰다듬으며 한복의 옷깃을 가다듬는 전의원이 "한문공부를 했을 따름이오"라고 점잖게 말할 때, 산뜻한 넥타이에 머리까지 기름을 발라 싹 빗어 넘긴 김의원이 서울문리대를 나온 젊은 청년답게 세계 사조를 말하고 세기말적인 사조를 비분강개해서 통탄하는 모습은 앞으로 국회에서 활약할 두 의원의 길을 미리 예고하는 듯…… 반세기를 격한 두 사람의 세대가 새로운 국회에서 어떤 조화를 가져올는지?

〈조선일보〉 1954년 5월 30일자 보도내용.

제3대 국회의원에 최연소로 당선된 직후 고향 거제도 장목면에서 지역 어른들과 함께 기념촬영을 했다. 앞줄 오른쪽에서 두번째가 나.

내가 당선된 1954년 한 해 동안 아버지는 우리 어장에서 "놀랄 정도로 많은 생선을 잡아 올렸다"고 떠올리곤 하셨다. 그 무렵 우리 집은 10여 척의 어선과 상당량의 논을 소유하고 있었다.

3선개헌은 안 됩니다

제3대 국회의원 선거가 끝나자 자유당은 1956년에 있을 대통령 선거를 앞두고 이승만에 대한 3선의 길을 트기 위해 소속의원 단속에 나서는 한편, 무소속 의원에 대한 포섭에 박차를 가하기 시작했다. 당시 개헌을 하려면 재적의원 3분의 2 이상의 찬성이 있어야 했는데, 자유당 당선자 114명으로는 개헌선인 136명에서 22명이 모자라는 숫자였다.

그러던 어느 날, 아마도 9월 초순경으로 기억된다. 하루는 자유당의 2인자이던 이기붕씨가 나하고 김철안(金喆安), 김상도(金相道) 의원을 데리고 지금의 청와대인 경무대(景武臺)로 갔다. 우리가 앉아서 기다리는데 이승만 박사가 들어왔다. 그 자리에서 나는 이(李)박사한테 간곡하게 말했다.

"박사님, 삼선개헌을 해서는 안 됩니다. 삼선개헌만 안 하시면 박사님은 위대한 국부(國父)로 역사에 영원히 남으실 겁니다."

순간 이(李)박사의 안면근육이 실룩이더니 아무 소리도 없이 문을 열고 나가 버렸다. 이기붕은 전혀 예상 못했던 내 직언(直言) 때문에 한참 당황해하다가 볼멘 소리로 내게 쏘아붙였다.

"김의원, 왜 그런 말씀을 드려?"

당시는 사람들의 이(李)박사에 대한 존경심이 대단하던 때였다. 언론에 3선개헌설이 보도되기 시작했지만, 나는 처음에는 주변 사람들이 문제라고만 생각하고 싶었다. 하지만 참모가 아무리 많아도 결국 최종 결정은 지도자 자신의 판단력에 달려 있는 것이 아닌가.

이대로는 도저히 안 되겠다 싶었다. 그때부터 나는 개헌 반대운동을 시작했다. 나는 현석호(玄錫虎), 한동석(韓東錫), 이태용(李泰鎔) 의원 등 자유당 내 개헌 반대파 의원 20여명을 규합, 무교동(武橋洞)의 작은 호텔에서 대책을 의논했다. 치안당국의 미행·감시가 워낙 심해, 한동석 의원이 서울대 병원에 입원했을 때는 문병을 핑계 삼아 그곳을 몰래 만나는 장소로 이용하기도 했다.

이기붕씨는 나를 개헌 대열에 합류시키기 위해 온갖 수단과 방법을 다 동원했다. 아버지를 회유하는 우회적인 방법을 쓰기도 했다. 다음은 아버지께서 당시의 사정을 누군가에게 술회하신 한 토막이다.

그 해 9월이든가 10월이든가, 하여간 거제로 연락이 오기를 서울로 올라와 이기붕씨를 한번 만나 보라고 했다. 서울로 올라와 조선호텔 커피숍에서 이기붕씨를 만났더니, "당신 아들이 이박사를 위한 개헌을 적극 반대하고 있으니, 당신이 잘 설득해서 개헌을 지지하도록 해주면 좋겠다" 하면서, 거제에 내려가지 말고 서울에 꼭 남아서 그 일을 성사시켜 달라고 신신 당부했다. 그래서 내가 깊은 생각 없이 그 애 집으로 가서 전후 사정을 말했더니, 아들은 "아버지, 그러면 절대 안 되는 겁니다"라고 했다.

3선개헌 반대투쟁

1954년 11월 27일, 초대 대통령 연임제한 철폐를 골자로 한 개헌안이 숱한 반대여론에도 불구하고 표결에 붙여졌다. 개표결과는 총 투표 202표(재적의원은 203명. 梁一東 의원은 투표 반대) 중 찬성 135표, 반대 60표, 기권 6표, 무효 1표로 부결되었다. 개헌안이 부결되자 나는 현석호(玄錫虎), 민관식(閔寬植) 의원 등과 함께 그 날 밤 술집에서 자축연까지 가졌다. 반대투표를 약속했던 자유당 의원이 몇 사람 더 있었기 때문에 우리는 표결 전에 부결 후의 파장까지 미리 생각해 보기도 했었다. 그러던 것이 경무대와 자유당 지도부의 협박 등 집요한 단속으로 인해 아슬아슬한 결과가 나온 것이었다.
그러나 부결로 선포된 개헌안은 하룻밤 사이에 가결로 둔갑하고 말았다. 다음날인 1954년 11월 28일, 최순주(崔淳周) 부의장이 "203명의 3분의 2는 135.333…인데 0.333…은 한 사람이 될 수 없으므로 사사오입(四捨五入)해서 결국 203명의 3분의 2는 135명이 타당하다"는 해괴한 논리를 펴고 나선 것이다.

개헌안이 사사오입에 따라 통과되자 여론이 들끓었고, 원내에서도 반발이 거세게 일어나 자유당 의원들의 탈당이 잇달았다. 12월 4일 김두한(金斗漢) 의원에 이어 12월 6일 손권배 의원이 탈당했고, 10일에는 김재곤(金載坤)·김재황(金載晃)·도진희(都晋熙)·민관식(閔寬植)·성원경(成元慶)·신정호(申正浩)·현석호(玄錫虎)·황남팔(黃南八) 의원과 내가 탈당했으며, 정해영(鄭海泳) 의원은 1958년 1월 11일에 탈당했다. 나의 자유당 생활은 그렇게 해서 7개월 만에 종지부를 찍게 되었다.

민주당 창당에 참여

자유당의 사사오입 개헌에 분개한 민국당과 무소속 및 자유당을 탈당한 의원 등 60여명은 원내교섭단체로 호헌동지회(護憲同志會)를 구성하고 이것이 모체가 되어 신당창당을 서두르게 되었다. 이때부터 나는 호헌동지회의 중요 멤버로 뛰어다니며 신익희(申翼熙), 조병옥(趙炳玉), 장면(張勉), 곽상훈(郭尙勳), 박순천(朴順天) 등 야당가의 거물급들과 접촉을 가졌다. 나는 유석(維石) 조병옥(趙炳玉) 박사의 선(線)이 굵은 정치 스타일에 더욱 호감을 갖게 되었다.

1955년 7월 17일 신당 발기준비위원회가 구성되었다. 나는 현역의원 33명 중의 한 사람으로 발기준비위원회에 참여했다. 신당 발기위원회는 그 해 9월 19일 시공관(市公館)에서 전국 대의원 2천여 명이 참석한 가운데 민주당(民主黨) 창당대회를 가졌다. 현대사에 큰 획을 그은 정통야당이 출범하는 순간이었다.

이 날 창당대회에서 선출된 4백명의 중앙위원들은 대표최고위원에 신익희, 최고위원에 조병옥·장면·곽상훈·백남훈씨를 각각 선출했다. 대표최고위원 등을 선출하는 중앙위원은 25명의 전형위원에 의해 선출됐는데, 나는 전형위원 25명 중의 한 사람으로 뽑혔다. 나는 서범석(徐範錫) 의원에 이어 중앙당의 청년부장을 맡았으며, 경남도당 부위원장을 겸했다. 중앙당 부장급들의 면면을 보면 총무부장 홍익표, 조사부장 최희송, 조직부장 현석호, 선전부장 조재천, 섭외부장 정일형, 노동부장 유진산, 의원부장 윤보선 등으로, 20대의 최연소 의원으로서는 상당한 중책을 맡은 셈이었다. 어쩌면 새 바람을 몰고 올 젊은 청년으로서 장래가 촉망된다고 주위에서 키우려고 생각했는지도 모르겠다.

창랑은 민주당에 불참

민주당 창당까지는 숱하게 어려운 고비를 겪었다. 자유당의 방해 속에서 진행된 데다, 과거의 정파와 개인이 헤쳐 모여 전혀 새로운 하나의 당으로 결집하는 것은 쉬운 일이 아니었다.

창랑 선생이 민주당 창당에 불참한 일에 대해서는 아직도 많은 오해가 있는 줄 안다. 해공 선생이나 조병옥 박사와의 불화설, 또 대표최고위원에 대한 욕심 등 잘 모르는 사람들은 억측도 많이 했다. 그러나 해공 선생과 조박사, 조박사와 창랑 선생은 모두 절친했다. 특히 조박사와 창랑은 서로의 능력을 인정하고 존중해 주었다. 창랑 선생이 유석보다 한 살 많았지만 두 사람은 서로 말을 놓았고, 조박사의 말이라면 창랑도 거의 수용하는 편이었다.

민주당 창당세력은 당초 창랑을 5명의 최고위원 중 한 사람으로 추대해 놓고, 인쇄물까지 모두 그렇게 만들어 놓았다. 그렇지만 창랑은 최후까지 거절했다. 창당대회 하루 전날 조박사가 나를 불러,

"친구지간이라 말을 들을 줄 알았는데"하고 창랑의 불참을 아쉬워하면서, "마지막으로 김의원이 한번 부탁해 달라"고 당부했다. 나는 조박사가 내게 말하기 전에도 창랑 선생을 자택으로 찾아갔지만 승낙을 얻지 못했다.

나는 마지막으로 창랑 선생을 찾아갔다. 나는 "민주당이 서면 우리나라가 산다고 생각합니다," "이박사의 독재도 막을 수 있다고 생각합니다"라고 하면서 끈질기게 설득했다. 창랑은 이승만 박사가 독재라는 데에는 동의하면서도 민주당 창당에 대해서는 마땅치 않다는 뜻을 표시했다. 창랑의 단호한 태도 앞에서 밤 열두 시가 다 돼서 나의 설득은 결국 무위로 끝났다.

창랑 선생은 결국 무소속으로 남고 말았다. 창랑은 이후 신라회 활동에 주력하기도 했지만, 결과적으로는 곡절 많은 정치 생애를 지속해야 했다. 나는 한동안 창랑 선생이 그때 민주당에 합류했어야 한다는 아쉬움을 가지고 있었다. 그랬으면 민주당도 훨씬 힘을 키울 수 있었고 창랑 선생 본인에게도 도움이 되지 않았을까 한다.

나는 정당정치에 대한 신념이 확고한 사람이다. 하지만 창랑은 특별히 정당을 꺼려했다. 헌정(憲政)이 시작된 지 오래 되지 않은 시기였다. 마치 친목회를 만들 듯이 수백개의 정당이 포말(泡沫)처럼 명멸(明滅)했고, 정통야당인 민주당이 창당되었지만 여전히 무소속이 민주당보다 다수를 점하고 있었다. 더구나 창랑 선생은 무소속 구락부의 대표를 맡고 있었는데, 무소속 의원들 중에는 선생에게 민주당 입당 반대의견을 개진하는 사람이 많았다. 이런 환경들로 인해 창랑은 끝내 민주당을 택하지 않은 것이다.

초선의원 시절 대정부 질의를 하는 모습.

국회에서의 처녀발언

내가 국회 본회의장에서 처녀발언을 한 것은 3대국회가 개원한 지 5개월째 되어 가던 1954년 10월 18일이었다. 당시 국회는 해운공사, 조선공사, 조선운수주식회사 등 말썽 많던 3개 국영기업체에 대한 국정감사를 벌인 바 있었다.

이 날 이철승(李哲承) 의원에 이어 등단한 나는 "우리나라에서 가장 큰 해운공사 내부가 완전히 썩어 버렸다는 것을 생각할 때 개탄하지 않을 수 없다"고 전제, 인사·경리·해외여행 등의 문제점을 추궁했다. 나는 "그 동안 해운공사 사장이 아무런 경험도 없는 사람들을 선원으로 신규 채용한 숫자가 무려 1천여명에 이르고 있다"고 밝히고, "감사 당일 장부상으로는 350만환이라는 돈이 현금으로 마땅히 있어야 될 텐데도, 8,010환만이 금고 안에 남아 있었다는 것은 언어도단"이라고 공격했다.

해운공사법 20조를 보면 교통부장관은 해운공사의 잘못이 발견될 때에는 처벌할 수 있음에도 불구하고, 이를 묵인하는 통에 정운수(鄭雲樹) 사장 등이 방만하게 회사를 경영, 해운공사를 망쳐 놓았다고 교통부장관을 몰아세우기도 했다. 또 해운공사 감독규정에 따르면 동(同)공사 사장 등 간부들이 해외에 여행할 때에는 반드시 감독관청인 교통부장관의 승인을 얻도록 돼 있음에도, 수차에 걸쳐 아무런 승인도 없이 해외여행을 한 사실이 밝혀졌다며, 여기에 대해서도 장관은 책임을 지라고 질타했다.

해외여행은 그 무렵 하늘의 별 따기였다. 교통부장관은 이종림(李鍾林)씨였다. 나는 수십 척의 거대한 상선을 가지고 있는 해운공사가 완전 휴업상태에 있고 모든 직원들이 월급을 받지 못하고 있는 것이 현실이라며, 가장 말썽 많던 제1천지호(天池號) 사건에 대해 변영태(卞榮泰) 총리를 향해 공격의 포문을 열었다.

가장 문제가 되는 제1천지호 사건, 그것은 샌프란시스코 총영사와 관계가 있는 것인데, 이태리(伊太利)에 가서 새로 사 가지고 온 배가 1년 이상을 걸려서 겨우 일본의 고베(神戶)에 도착되었습니다. 이것도 또한 내부가 완전히 썩어 버려서 7천 몇백만환의 거액의 수리비가 필요한 배라고 합니다. 처음 사들여 온 게 썩은 배를 사들여 온다는 것이 말이나 됩니까? (웃음소리) 국무총리에게 묻습니다. 샌프란시스코 총영사를 즉시 소환할 용의가 있는지를 묻는 것입니다. 그 사람은 마땅히 거기서 우리 동포들을 보호하고 우리 동포의 이익을 보호할 의무가 있는데도 국가재산에 손해를 끼쳤으니, 우리는 그런 사람을 그 자리에 둘 수 없는 것입니다. 그러므로 국무총리에게 즉시 소환할 것을 요청하는 것입니다.

제19회 국회 임시회의 속기록 중 해당 부분을 그대로 옮긴 것이다. 이렇게 옮겨 본 것은 이것이 나의 첫 국회발언이라는 개인사적 중요성 때문이기도 하지만, 한편으로 나는 여당의원이면서 야당의원 못지 않게 시시비비를 분명히 따지려고 국회 등원 첫날부터 각오한 바 있었기 때문에, 그런 결심에 비추어 보기 위해서이기도 하다.

김의원, 바둑 두지 마시오

자유당을 탈당한 뒤인 1955년 1월 18일 열린 국회에서도 나는 자유당에서 제안한 정부조직법 개정안의 문제점을 조목조목 따져 정부·여당을 곤혹스럽게 만들었다. 개헌안 제안 당시에는 국무장관제를 채택하겠다고 약속했다가, 개헌이 일단락된 뒤에는 이것을 흐지부지 빼 버렸다고 나는 비판했다. 그리고 법제처같이 중요한 부서를 법무부에 소속케 하고 공보처를 책임추궁이 어려운 대통령 직속으로 두는 것은 분명히 잘못된 것이라고 지적했다.

초반부터 나의 의정활동을 유심히 지켜보던 의원들 중에는 나의 정치적 장래에 기대를 거는 의원들도 있었던 모양이다. 3대국회 초반 이런 일도 있었다. 주변에서는 나에게 바둑 같은 것을 하나쯤 배워 두라고 권유했고, 서울대학교 동기인 양회수(梁會璲) 의원이 바둑을 가르쳐 주겠다고 했다. 한 2, 3일쯤 무교동에 있던 민주당 연락사무소에 앉아 바둑판을 들여다보는데, 목포에서 당선된 정중섭(鄭重燮) 의원이 들어와서 보더니 바둑판을 확 쓸어 버렸다.

"김(金)의원 같은 사람은 이런 것 두지 마시오."

한참 뜸을 들였다가 이유를 설명했다.

"보아하니 김의원은 큰일을 할 사람 같은데, 바둑을 두면 시간낭비도 많고 또 시간관념도 없어져서 약속도 안 지키게 되고 실수를 하기 쉽소. 내가 지금도 제일 후회하는 것이 바둑을 배워 끊지 못하는 일이오."

당시에는 국회의원들이 바둑을 두거나 해서 본회의에도 시간을 지키지 못하는 일이 많았다. 60대인 정(鄭)의원의 충정 어린 얘기를 듣고 그때부터 나는 아예 바둑판과 마주하지 않았다. 나는 지금까지 바둑이나 화투 같은 것과는 담을 쌓고 지내 왔다. 그 당시 사람들은 술집이나 사무실 같은 데서 자주 바둑을 두거나 화투를 치곤 했지만, 나는 언제나 예외였다. 너무나도 인상적인 선배의 충고 덕분이다.

　내가 평생 가장 중요하게 지켜 온 원칙 중의 하나가 시간 약속을 엄수하는 일이다. 시간을 낭비하는 것은 곧 자신에게 주어진 삶을 낭비하는 것과 마찬가지라는 게 나의 생각이다. 시간 약속과 관련된 화제가 나올 때면 나는 항상 "나의 오랜 경험을 볼 때, 시간을 잘 안 지키는 사람은 반드시 지켜야 될 다른 약속도 지키지 않더라"는 말을 해준다. 특히 5, 60년대까지만 해도 '코리안 타임'이라며 10~20분쯤 늦는 것을 예사로 생각하는 잘못된 풍조가 있었다. 그러나 나는 항상 약속시간보다 일찍 약속장소에 도착해 있었고, 시간이 늦는 사람은 누구든지 나한테 한마디씩 충고의 말을 들어야 했다.

제2부
야당시절의 초상화

1. 야당의 맹장

유석 조병옥 박사에 매료

3대국회 4년 재임 중 나는 법사위(54년 7월~55년 6월), 내무위(55년 6월~56년 2월), 국방위(56년 2월~58년 5월) 등 상임위에 소속돼 있으면서 폭넓은 지식과 경험을 쌓았다. 처음 소속된 법사위에는 현석호(玄錫虎)·장경근(張璟根)·이충환(李忠煥) 의원 등이, 내무위에는 한희석(韓熙錫)·조재천(曺在天)·김의택(金義澤)·유진산(柳珍山) 의원 등이, 국방위에는 임흥순(任興淳)·안동준(安東濬) 의원 등이 배치돼 활약하고 있었다. 국회의원 중 막내였던 나는 이들 선배 국회의원들로부터 적지 않은 것을 배울 수 있었지만, 누구보다도 유석(維石) 조병옥(趙炳玉) 박사에 매료돼 있었다.

유석 조병옥 박사는 외관이 호랑이같이 무섭게 생겼지만 정이 매우 많은 분이셨고, 나와는 특별히 개인적으로도 가까웠다. 아마도 조박사는 나이 어린 나에게 많은 것을 기대했던 것 같다.

조박사는 당시 돈암동(敦岩洞)에 살고 계셨다. 조박사는 아침 일찍 불쑥 전화를 해서는, "김의원, 아침이나 같이 하지" 하시곤 했다. 그러면 나는 지프차를 타고 돈암동으로 갔다. 아침은 간단했다.

계란 프라이 하나, 토스트 한 쪽, 커피 한 잔이었다.

아침을 먹으면서 우리는 주로 시국과 나라의 앞날에 대해 얘기를 나누었다. 유석과 이야기하면서 나는 유석의 나라와 민족에 대한 신념과 철학, 그리고 그 분의 인간 됨과 그릇의 크기에 차츰 빠져 들었다. 민주당이 나중에 신파(新派)·구파(舊派)로 갈라섰을 때 내가 구파를 선택한 데는 조박사와의 평소의 교분이 크게 작용했다.

나의 야당생활은 실상 조박사와의 관계를 빼고는 생각할 수 없었다. 1974년 9월 『신동아』(新東亞) 인터뷰에서 나는 조박사를 이렇게 회고한 바 있다.

> 역시 정치가로는 유석 조병옥 박사를 좋아합니다. 이 양반은 과단성 있는 참다운 용기를 가진 정치가였습니다.…… 대담하게 대여(對與)투쟁도 했었지만 협상도 한 그런 분이었는데……. 당수로 모시고 상당히 오랜 기간 그 분과 가까이 지낼 수 있었습니다. 우리나라 정치인 중에서는 제일 멋있게 하다가 돌아가셨다고 생각해요. 많은 비난도 받고 했습니다만…….

조박사 외에도 해공 신익희 선생이 나를 자주 불러 주셨고, 장면 박사 역시 순화동(巡和洞) 부통령 공관으로 자주 초대해 주었다.

불온문서 투입사건

제3대국회는 사사오입 개헌파동의 후유증으로 바람 잘 날이 없었다. 이승만 박사는 자신의 정적(政敵)이 될 만한 정치인에 대해서는 가혹한 탄압을 가했다. 1954년 말 신익희 선생은 좌익(左翼)으로

자유당정권을 대상으로 반독재투쟁을 할 때 어느 연설장에서 유석과 함께 한 모습이다. 유석은 나를 각별히 사랑했고, 나는 유석의 영향을 가장 많이 받았다.

몰릴 위기를 겪었다.

첫번째 사건은 1954년 10월 26일 민국당 선전부장 함상훈(咸尙勳)이 신익희(申翼熙)·조소앙(趙素昻)의 '뉴델리회담'설을 발설함으로써 시작되었다. 이른바 '뉴델리사건'은 1953년 엘리자베스 2세 현(現) 영국 여왕의 대관식에 참석했던 신익희 선생이 귀국 도중 경유지인 인도의 뉴델리에서 북한에서 온 조소앙과 만났다는 주장이었다. 물론 근거 없는 비방이었다. 신익희 선생은 자유당의 방해로 국회에서 발언 기회를 얻는 것도 쉽지 않을 정도였다.

그러던 차에 1954년 12월 '불온문서 투입사건'이 발생했다. 12월 18일 밤 신익희(申翼熙), 곽상훈(郭尙勳), 김준연(金俊淵), 소선규(蘇宣奎), 김상돈(金相敦) 등 야당의원들의 집에 '인민공화국 최고위원회' 명의로 된 소위 '평화통일호소문'이라는 이름의 불온문서가 배달되는 사건이 발생했다. 자유당은 이를 야당의원들에 대한 공격의 수단으로 삼으려 했으나, 조사가 진행되면서 이 사건이 북한 공작원이 아니라 헌병총사령부의 소행임이 드러났다.

이 사건을 조사하기 위해 국회는 1955년 1월 15일 본회의 의결에 따라 여·야 동수로 '불온문서배부사건 특별조사위원회'를 구성했다. '특별조사위원회'는 위원장 유진산(柳珍山) 의원을 비롯하여 양일동(梁一東)·김의준 등 호헌동지회 소속 의원 3명, 당시 무소속이었던 나와 김재곤 의원, 그 외 자유당 의원 5명으로 구성되었다. 조사결과 사건의 주모자는 당시 이승만 대통령의 신임을 한 몸에 받고 있던 원용덕 헌병총사령관으로 밝혀졌다. 국회 특별조사위원회는 원용덕 중장에게 사건의 진상을 추궁하려 했으나, 이승만 박사의 신임을 배경으로 군(軍)은 물론 정치권에까지 무소불위의 힘을 과시하고 있던 원용덕은 끝내 '비밀'이라며 진상을 증언하지 않았다. 국회 '특별조사위원회'는 "불온문서 투입을 직접 지령한 헌병총사령관 원용덕 중장은 이 사건의 책임자로서 의법 처단되어야 한다"고 정부에 촉구하는 것으로 조사를 마쳤다.

국회 조사위원회 활동이 끝나고 한참 지난 후의 일이다. 당시 군(軍) 최고수뇌부의 한 사람이었던 모(某) 장군이 나에게 여러 차례 사정을 해 왔다. 원용덕을 한 번만 만나 달라는 것이었다. 나는 청운각에서 원용덕과 그 장군을 만났다. 수전증 때문에 떨리는 손으로 원용덕은 나에게 정종 잔을 권했다. 한참 잔을 권하며 이야기하던 원용덕은 내게 이렇게 말했다.

"김의원님, 이박사 같은 애국자가 어디 있습니까? 이박사를 욕하지 말아 주십시오."

이승만 박사를 일방적으로 칭송하는 원용덕의 말에 나는 참을 수가 없었다. 나는 그의 말이 채 끝나기도 전에 술상을 뒤엎으며 일어났다. 술상 위에 차려졌던 음식들이 맞은편으로 소리를 내며 쏟아져 내렸다.

"내가 너희들하고 술을 먹은 게 처음부터 잘못이다."

내가 밖으로 뛰쳐나오자, 함께 있던 장군이 쫓아 나오며 내 팔을 붙들었다.

"형님! 가시면 어찌 됩니까!"

그는 나보다 훨씬 연상이었지만 연방 "형님" 하면서 나를 붙잡았다. 결국 그 날은 청운각 문간방에서 밤늦도록 두 사람이 술을 마셨다. 이 날 원용덕과의 만남은 내가 지금까지 살아오면서 유일하게 상을 뒤엎은 사건이기 때문에 아직도 생생하게 기억하고 있다.

대구매일 테러사건

1955년 10월 10일 국회에서 열린 〈대구매일신문〉(大邱每日新聞) 피습사건 진상조사·보고의 질의·응답을 통해 이 사건 조사단장이던 자유당의 최창섭(崔昌燮) 의원은 "〈대구매일신문〉은 반국가적이며 반민족적인 테러행위를 사설로 실었다"는 적반하장식 논리를 들고 나왔다. 그는 "애국심에 불타서 테러행위를 한 청년에게 국가의 훈장을 수여하고 싶다"고 강변했다. '테러'와 '강탈'을 옹호하고 민주주의와 언론의 자유를 말살하려는 듯한 작태였다.

〈대구매일신문〉 피습사건이란 그 해 9월 최석채(崔錫采) 주필이 자유당정권에 대해 "학생들을 정치 도구화하지 말라"는 요지의 사설(社說)을 쓰자, 자유당 간부가 포함된 수십명의 괴한들이 각목 등 흉기를 들고 대낮에 대구매일신문사에 난입하여 기자를 폭행하고 집기를 부수는 등 난동을 부린 사건이었다.

다음날인 11일, 나는 '대구매일신문사 피습사건 진상조사·보고'의 의사일정에 앞서 의사진행에 관한 발언을 했다. 다음은 당시 내 의사진행발언의 국회 속기록 중 일부분이다.

도대체 우리가 최주필 한 사람이나, 혹은 대구매일신문사 하나를 편을 든다든가, 이러한 기업체를 살리기 위해서 이렇게 며칠 동안을 우리 국회가 이것을 문제시하고 중대시해서 본회의에서 문제로 삼고 있는 것은 결코 아닙니다. 이것은 분명히 이 나라의 민주주의를 살리기 위해서 하고 있는 것입니다. 그러나 백주에 공공연하게 대구(大邱) 같은 대도시에서 테러를 감행하는 이 사건을, 테러뿐만 아니라 강도 이상의……, 어제 유진산(柳珍山) 의원이 얘기한 것처럼 폭도, 무리 도자(徒字)가 아니라 그야말로 도둑놈 도자(盜字) 테러를 하고 또한 물건을 빼앗아 간 이러한 사건을 우리는 중대시 아니할 수 없는 것이올시다. 특히 놀라운 것은 보고서의 말미(末尾)에 붙여져 있는 각급 치안책임자란 문제에 대해서는 이것은 남대문(南大門) 경찰서장 이하 사찰주임·경비주임 몇 사람을 가리켜 하는 말이다, 이런 얘기를 했어요. 언어도단입니다. 내가 오늘 아침 조사위원 몇 분에게 물어 보았습니다. 그렇게 합의를 보았는가. 결코 그렇지 않다고 합니다. 적어도 이번 문제는 정치적으로 내무장관이 불신임을 받아야 될 것입니다.

이처럼 중요한 문제에 대해서 경찰서장 정도가 책임을 지고 물러 난다거나 좌천을 당하는 것으로 끝낸다면 그것은 일시적 봉합에 불과 할 것이고, 앞으로 비슷한 사태가 얼마든지 재발할 수 있다는 것이 내 주장이었다. 〈동아일보〉(東亞日報)나 〈조선일보〉(朝鮮日報), 〈경향신 문〉(京鄕新聞) 같은 데서 〈대구매일신문〉(大邱每日新聞) 테러 같은 사 태가 발생할 경우 종로서장(鐘路署長)이나 중부서장을 징계하는 선에 서 사태가 종결될 수 있겠느냐고 나는 강하게 반문했다.

결론적으로 나는 주장했다.

어저께 최창섭 조사위원장의 답변을 들으니까, 이번 조사위원 회의 이 보고서를 접수할 수 없습니다. 그러한 위원장의 답변을 듣고서 우리는 그대로 묵과할 수 없는 것입니다. 우리는 분명히 다시 새로이 조사를 하든지 다른 방법에 의해서 이것을 조사하지 않고서는, 결코 이 나라의 민주주의를 살릴 수 없다는 것을 본의 원은 여러 선배의원들에게 말씀드립니다.

국회에서의 거침없는 발언 덕분에 나는 '야당의 맹장(猛將)'이란 별칭을 얻게 됐다.

김창룡 암살사건

1956년 초, 나는 국방위원회로 자리를 옮기자마자 김창룡(金昌 龍) 특무대장 암살사건 진상규명 활동을 벌였다.

김창룡사건이란 1956년 1월 30일 김창룡 육군 특무대장이 피살 된 일을 말한다. 이승만 박사의 총애를 받으며 군(軍)은 물론 정치권에까지 막강한 권력을 휘두르던 김창룡의 피살은 당시 굉장한 정치적 파란을 일으켰다. 2월 27일에는 허태영(許泰榮) 대령 등이 범인으로 지목되어 구속되었는데, 국회 차원에서도 국방위원회 멤버들로 진상조사위원회가 구성되었다.

김창룡 암살사건의 조사과정에서 제일 인상 깊게 남아 있는 일이 하나 있다. 나를 비롯한 국회 조사단이 김창룡을 암살한 허태영 대령의 증언을 듣기 위해 서대문형무소를 방문했을 때의 일이다. 조사가 끝나고 돌아올 무렵 내가 허(許)대령 옆에 잠시 섰을 때 그는 나에게 조용히 말했다.

"만일 내가 김창룡이를 죽이지 않았다면, 그는 야당의 주요 인사들을 절반 넘게 죽였을 겁니다. 그러면 우리나라의 민주주의는 완전히 말살이 됐을 겁니다."

놀랍고도 인상 깊은 얘기였다. 나는 지금도 그 말을 사실이라고 생각한다. 김창룡이 정말 무소불위의 힘을 휘두르던 때였다. 방향 잃은 권력이 얼마나 무서운 재앙을 낳을 수 있는지를 생생한 사례를 통해 보여 주는 일이었다.

김창룡사건은 당시 정계와 군 내부의 판도를 바꿔 놓은 큰 사건이었다. 조사활동을 하면서 나는 소석(素石) 이철승(李哲承) 의원과 호흡을 맞추었다. 같은 민주당 초선(初選)의 국방위원으로서 소석과 나는 사전에 모든 것을 함께 의논하고 발언도 분담하는 등 조사위원회를 주도했다.

소석의 활동은 대단히 열정적이었다. 나는 고려대학 출신의 소석과는 대학시절부터 알고 지냈다. 나중에 나는 구파, 그는 신파의 길

제3대 국회의원 시절 전방시찰에 나선 모습. 내 바로 옆에 유옥우 의원이 보인다.

을 걸었고 오랜 정치생활에서 굴절도 있었지만, 인간적인 정(情)은 지금도 변함이 없다. 나보다 연상(年上)이지만 그때나 지금이나 우리는 말을 놓고 지내며 집사람끼리도 친한 사이다.

정일권 총장

조사가 진행되면서 암살사건의 배후 문제가 당연히 관심의 초점이 되었다. 그 결과 강문봉(姜文奉) 2군사령관의 개입이 드러났는데, 강문봉의 상급자는 정일권(丁一權) 참모총장이었다. 두 사람이 가까운 사이라는 것은 널리 알려진 사실이었다. 그러나 조사를 거듭해도 정일권이 개입한 증거는 없었다. 그럼에도 자유당 조사위원들은 정일권이 개입했다는 결론을 내리려 했다. 아무런 증거도 없이 단순히 가깝다는 심증만으로 일국의 참모총장을 잡으려 하다니, 나는 이승만 박사의 의도가 개입된 것으로 생각했다. 정의감이 강하게 발동했다. 소석도 강하게 반발했다. "정일권 총장을 봐주려는 것이 아니다. 국회의 공식 보고서가 심증만으로 결론을 내서는 안 된다"는 것이 우리의 주장이었다. 결국 사건은 강문봉의 개입을 밝히는 것으로 일단락되었다.

진실을 찾아 어려운 길로 가기보다는 편한 길로 가려는 태도는 그때나 지금이나 우리 정치의 병폐로 남아 있지만, 세상을 정의롭게 살겠다는 것은 변하지 않는 나의 신념이다.

정일권 총장은 누명은 쓰지 않게 되었지만 결국 이승만 박사로부터 곤욕을 치러야 했다. 몇 년 뒤 나는 우연히 정일권씨로부터 직접 후일담을 들었다. 사건이 일단락된 직후 이박사가 그를 호출해서는, "아무리 그래도 정(丁)장군이 그만두어야 되겠다"면서 외국 대사직을 제의했다고 한다. 정씨가 "저는 평생 군인이란 외길만을 걸어왔는데, 어떻게 대사로 나갑니까"하며 거절했다. 이박사는 며칠 후 다시 불러 "아무래도 가야 되겠다"고 했다. 끝내 거절하자, 얼마 안 돼서 당시로서는 한직(閑職)이던 연합참모본부로 발령이 났다. 결국 그는 옷을 벗고 외국 대사로 나갔다.

정일권씨는 어찌 됐든 나한테 평생 감사하기를 잊지 않았다. 1992년 대통령선거 때 하와이에서 암으로 투병하고 있었음에도 불구하고 정씨는 귀국하여 나를 지지하는 찬조연설을 해주었다. 그런 얼마 뒤 그는 고인이 되었다.

모윤숙 댁에서

정일권 장군이 연합참모본부장으로 발령이 날 즈음이다. 하루는 국회에서 조병옥 박사가 내 자리로 다가왔다.

"김의원, 오늘 저녁에 약속 있나? 없으면 나하고 저녁에 술이나 한잔하지."

저녁에 모윤숙(毛允淑)씨 댁에서 만나자는 것이었다. 조병옥 박사는 정부수립 직후 이승만 대통령의 특사로 UN을 방문한 적이 있는데, 여성계의 대모(代母) 격이던 모윤숙씨도 이때 대표단의 일원이었기 때문에 두 사람은 일찍부터 교류가 있었고, 나는 조박사와 함께 모윤숙씨 집에서 종종 반주를 곁들인 저녁을 들곤 했다. 회현동에 있던 모윤숙씨 댁은 일본식 양옥집이었다. 내가 도착하니 이미 조박사와 모윤숙씨, 그리고 뜻밖에 사복을 입은 정일권 장군이 둘러앉아 있었다. 술상이 새로 차려졌고, 조박사는 나를 보며 말했다.

"김의원, 이번에 수고했네. 여기 정(丁)군 같은 사람은 우리 군에 꼭 필요한 사람이야. (이박사가) 그렇게 억지로 사람을 잡으려고 하면 되나! 앞으로 두 사람이 잘 지내시게."

조박사는 이박사가 김창룡사건을 계기로 정일권을 제거하려 한 것을 두고 말한 것으로, 유석 특유의 정의로운 성품을 드러낸 말이었다.

이 일을 계기로 나는 정일권 장군과 더욱 친해지게 되었고, 가끔 모윤숙씨 댁에서 자리를 함께 했다. 모윤숙씨는 문인답게 말솜씨가 좋았고 자상한 성품이었는데, 세간에 알려진 것과는 달리 술은 전혀 입에 대지 못했다.

3대 대통령선거 회고

　1956년 5월 15일 실시되는 정·부통령선거를 앞두고 민주당은 3월 29일 전국대의원대회를 개최, 대통령후보에 신익희, 부통령후보에 장면을 내세우기로 했다. 선거자금이나 조직 면에서 열세일 수밖에 없었던 민주당은 선전과 바람몰이로 취약점을 보완하려 했다. 그리하여 당내 거물급 국회의원을 단장으로 하는 선거유세반을 편성, 지역을 분담하여 선거전에 나섰다.

　그때 나는 해공·유석 등 민주당 지도자들과 함께 유세반에 편성되어 안 다닌 데가 없을 만큼 전국을 돌아다녔다. 거물급 국회의원들은 "당내에 이런 젊은 국회의원이 있다"거나, "우리 당의 샛별 같은 인물"이라고 하면서 나를 내세우는 일이 많았다. 당시 도로사정은 말도 못할 만큼 열악해서 유세시간에 2~3시간 늦기가 일쑤였다. 차는 주로 지프를 이용했는데, 유세길은 고생길이었다. 그러나 나는 그런 고생을 마다 않고 어디고 가리지 않고 다녔다.

　민주당에 대한 지지는 도시에서 농촌으로, 나아가 벽지로 차츰 확산되어 갔다.

　그 날은 나의 정치생애를 두고 잊을 수 없는 날이다. 나는 민주당의 막내동이라 해서 해공(海公)·유석(維石) 등 지도자들의 유세반에 따라다녔다. 우리가 동부 경남으로 가고 있을 때였다. 벌써 몇 곳의 유세에 지쳐 있었고 시장기까지 겹쳐 있었다. 저녁때가 되었는데, 목적지까지는 먼 길이 남아 있었다.

　한참을 달리는데, 조그만 산촌마을에 막걸리집이 보였다. 해

1956년 민주당 중앙당사. 5월 15일로 예정된 제3대 정·부통령선거에 민주당 후보로 출마한 신익희, 장면 선생의 선거 포스터를 행인들이 쳐다보고 있다.

공 선생이 일부러 자동차를 세워 막걸리나 한잔 마시고 가자고 했다. 우리 일행은 주막집에 들어가 앉거나 서거나 엉거주춤 자리를 잡았다.

주인은 우리 일행을 알아보고 몹시 반기면서도 당혹해했다. 너무 누추하고 대접할 것이 없다는 민망함 때문이었다.

"막걸리나 좀 주시오"라는 해공의 말에, 주막집 주인은 "대접할 게 없어서 우짭니까" 하면서 막걸리 독을 가져오고 술잔을 씻느라 부산을 떨었다. 해공은 "막걸리는 바가지로 떠 마셔야 제 맛이 나지" 하면서 막걸리를 맛있게 마셨다.

우리 일행은 막걸리로 허기와 갈증을 채웠다. 우리가 그 집을 나설 때 주인은 한사코 막걸리 값을 사양했다. 들러 준 것만도 두고두고 자랑할 선물이라는 얘기였다. 우리는 술값을 놓고 목적지를 향해 떠났다.

　밀양에서의 유세를 끝내고 저녁식사를 마쳤을 때는 밤이 깊어 있었다. 나는 피로 때문에 곧바로 깊은 잠에 빠졌다.
　얼마쯤 잤는지 알 수 없었다. 누군가가 조심스럽게 창호지를 바른 문을 노크했다. 누구냐고 했더니 "경찰서장입니다" 하는 것이었다. 한밤중에 무슨 일이냐고 했더니, "인사도 드리고 긴히 드릴 얘기가 있다"는 것이었다.
　방에 들어온 그는 직위와 성명을 밝혔다. 상부의 지시로 민주당에 대한 방해와 자유당 조직지원 등 선거에 간여는 하지만, 마음으로는 민주당을 지지한다는 얘기였다. "이번 선거에서는 반드시 민주당이 승리할 것입니다. 우리들은 상부의 지시로 어쩔 수 없이 자유당을 도와 주지만, 투·개표 때는 절대로 부정을 저지르지 못하도록 하겠습니다"하고 말했다. "선생님께 인사를 드려야겠지만, 낮에는 사람들의 눈 때문에 찾아뵐 수 없습니다"라고 하면서, 그런 자기의 속마음과 인사를 대신 전해 달라고도 했다.
　서장의 방문을 받은 나는 오랫동안 잠을 이루지 못했다. 현직 경찰서장이 주위의 눈을 피해 몰래 담을 넘어 야당의 유세반을 찾아온 용기에 감동을 받았다. 까맣게 그을린 주막집 주인의 정치에 거는 간절한 기대와 소망, 한밤중에 여관으로 민주당 유세반을 찾아온 경찰서장, 나는 민심의 흐름이 만들어 내는 위대한 힘을 느꼈다.

　이 내용은 5·16 후 정치활동이 정지되어 있을 때, 명동의 어느 음식점에서 내가 털어놓은 3대 대통령선거 회고담의 한 부분이다.

신익희 선생 서거

 민주당의 선거유세는 대도시를 중심으로 국민들의 열렬한 호응을 받았다. 특히 1956년 5월 3일의 한강 백사장 유세는 절정을 이루어 서울 시내 상가가 거의 문을 닫다시피 했다. 수많은 군중이 구름처럼 모여들어 한강 백사장을 가득 메웠다. 유세장 분위기는 최고조에 달했다. 정권교체가 눈앞에 다가온 듯한 분위기였다. 민주당이 내건 "못살겠다 갈아보자"는 구호는 국민들의 가슴 저 밑바닥의 체증을 훑어 주는 한 줄기 시원한 바람 같은 것이었다.
 그러나 국민들의 그토록 간절한 소망을 뒤로한 채 신익희 선생은 갑자기 세상을 떠나셨다. 5월 5일, 호남지방 유세를 위해 이리(裡里)로 가는 열차간에서 선생은 과로로 인한 뇌일혈(腦溢血)로 쓰러지고 말았다. 청천벽력과 같은 비보(悲報)를 접하고 온 국민은 통곡했다. 오죽하면 '유정천리'란 노랫말을 해공 선생을 애도하는 가사로 바꾸어 불렀을까.
 일반에 알려진 것과 달리 해공 신익희 선생은 술을 매우 좋아하셨고 또 많이 드셨다. 조병옥 박사는 물에 탄 위스키 두세 잔이면 취했지만, 신익희 선생은 주로 정종을 드셨는데 굉장히 셌다. 아침이면 해장, 점심에는 반주(飯酒)를 했고, 저녁에는 정종을 두 되 가까이 드셨던 것으로 기억된다.
 신익희 선생은 또 저녁 내내 이야기하는 것을 좋아하셨다. 유세 때 시골에 가면 당원 집이나 여관에서 주무셨는데, 식사 때면 항상 많은 당원들과 함께 이야기하기를 즐기셨다. 나중에 건강문제로 술과 담배를 끊기 위해 가는 곳마다 당원들에게 금주·금연을 선언했다. 그러나 술 담배를 끊자 체중이 많이 늘어났다. 해공 선생은 나에게 체중이 늘어 고민이라는 말씀을 자주 하셨는데, 이리로 가는 열차 속에서 불행한 일을 당하신 것도 그것이 하나의 원인이 된 것이 아닌가 하는 생각도 든다.

장면 박사의 당선을 위해 최선 다한 유석

신익희 선생의 갑작스런 서거(逝去)로 인해 민주당은 정권교체의 기회를 눈앞에서 놓치게 되었다. 허탈한 기분이란 이루 말할 수도 없었다. 그러나 선거를 포기할 수는 없었다. 부통령선거가 남아 있었다. 이승만 박사는 고령이었다. 만약의 경우 대통령직을 승계하게 될 부통령후보에 민주당에서는 장면 박사가 입후보해 있었다. 최후까지 최선을 다해야 했다.

해공 선생의 서거라는 비보(悲報)에 접한 나는 거제에서 급히 상경, 장례식 일을 거들었다. 장례식 다음날, 당의 중앙상무위원회가 끝나고 나서 임시대표최고위원이 된 조병옥 박사는 나를 불러 단둘이 점심을 하자고 말했다. 조박사의 단골집인 단성사 건너 뒷골목에 있던 중국집이었다. 당시 중국집은 외상이 쉬웠고 1년에 한두 번 명절 때 갚아 주는 식이었기 때문에, 자금이 풍족하지 못한 정치인들이 자주 애용하던 곳이었다.

식사 중 조박사가 이야기를 꺼냈다. "해공 선생이 불행하게 돌아가셨지만 장면 박사라도 최선을 다해 부통령에 당선시켜야 된다"고 하면서, 호주머니에서 집문서를 몇 통 꺼내시는 것이었다. "선거에는 현금이 필요한데, 사람들은 이런 것만 갖다 준단 말이야." 우리 집에서 어장을 하니 현금을 조달할 수 있지 않겠느냐는 뜻이

젊은 정치인
시절의 나의 모습.

었다. 나는 집문서를 건네주려는 조박사를 만류하고 서둘러 자금을 조달했다. 선거가 끝난 후 조박사는 "김의원이 조달한 돈을 정말 요긴하게 사용했다"면서, 투·개표 참관인 비용으로 지출했다고 말씀하셨다. 야당의 정치자금이라야 자신의 가산(家産)이나 지인(知人)들이 건네준 집문서 같은 것을 팔아 쓰는 것이 전부였던 시절이었다. 임시대표최고위원으로서 자신이 맡은 일에 최선을 다하는 조박사의 모습에 나는 적지 않게 감동을 받았다. 결국 부통령에는 장면 박사가 무난히 당선되었다.

지방의원 등록 방해사건

1956년 8월의 지방선거를 앞두고 자유당은 관권과 폭력을 동원하여 곳곳에서 야당의원들의 지방선거 후보등록을 방해하고 있었다. 나는 입후보등록 방해사건을 조사하는 한편, 의정사상 최초의 의원 집단 가두시위에도 앞장섰다. 당시 언론은 나에게 상당한 관심을 보였다. 1956년 7월 23일자 〈동아일보〉는 1면에 「의사당 내서 단식농성, 도의원 등록도 방해」라는 큰 제목 아래 '김영삼 의원 부산서 언명'이란 작은 제목을 뽑고 다음과 같은 기사를 실었다.

김영삼 의원은 "금번 선거에 있어 야당원들에 대한 관권 간섭 사건은 세계 선거사상 그 유례가 없다"고 지적하는 동시에 조사 내용을 중앙당부에 보고하겠다고 말하였다. 이 날 상오 본(本) 도당(道黨) 부위원장 김용진(金溶珍)씨와 함께 길(吉)경찰청장을 방문하고 야당원들에게 감행되고 있는 등록 방해사건에 대한 선처를 요청하고 나온 김의원은 이어 "방해사건은 근간 정식 발의될

이(李益興) 내무장관 불신임안에 첨가될 것"이라고 말하였다. 또한 도의원 등록이 시·읍·면의원 등록과 같이 방해되는 경우, 민주당에서는 의사당 내에서의 집단 단식농성투쟁을 전개할 것이라는 비장한 결의를 피력하였다.

부산에서 출마

3대 국회 임기 말인 1958년 새해를 맞아 나는 중앙당으로부터 민주당 기반이 취약한 부산(釜山)에서 출마하라는 끈질긴 종용을 받고, 선거구를 거제에서 부산 서(西) 갑구(甲區)로 옮겨 출마하게 되었다. 그때는 야당 활동이라는 게 참 어려웠을 때였고 지방은 더욱 어려웠다. 특히 부산지역은 선거구가 10개였는데도 민주당은 당선자를 내기가 힘들었다. 중앙당에서 보기에는 부산·경남 일대에 야당의 교두보라 할까, 전진기지 같은 게 필요한데, 그게 나라고 판단한 것 같다. 부산이 중심이 돼서 경남 일원에까지 세력을 확산시켜 나가자는 것이었다.

도당(道黨) 위원장이나 당원들도 내가 지역구를 옮겨 주길 기대했다. 나는 최연소 의원으로서 꽤 유명세를 타고 있었고, 부산은 물론 경남지역의 타(他) 선거구에서도 나의 찬조연설 등 지원활동에 대한 요청이 쏟아졌다. 실제로 나는 부산은 물론 마산이나 진주, 또 경남 일대의 시골까지 누비며 밤낮으로 유세모임을 가졌다. 자연히 내가 지역구인 거제에 머무르게 되면 아무래도 발이 묶이니, 부산으로 지역구를 옮겨 달라고 요청하는 사람들이 늘어났다.

내 입장에서도 지역구를 옮겨 보려는 생각이 차츰 커졌다. 거제에서 출마한다면 당선은 따 놓은 당상(堂上)이긴 하지만, 정치적 입지를 넓혀야겠다는 꿈이 싹텄다. 내 모교인 경남중고(慶南中高)라는 막강한 기반을 토대로 이 나라 제2의 도시인 부산출신 의원이 되는 것은 중앙무대의 진출에 속도를 가하는 것이 될 뿐만 아니라, 중앙에서 중심을 잡는 데 커다란 배경이 될 수 있다는 판단이었다.

여기에 중앙과 거제를 오가는 데 따르는 불편함도 고려했다. 선거구인 거제에는 부산이나 마산에서 배를 타야만 들어갈 수 있었고, 파도라도 치게 되면 열흘씩 갇혀서 빠져 나오지 못하는 경우도 잦았다.

투표일은 5월 2일로 공고되었다. 그런데 막상 선거구를 옮기고 보니 사방에 덫이 깔려 있었다. 자유당을 탈당한 데 따른 '괘씸죄'가 선거운동의 올가미가 되어 나를 죄어들었다. 당시 부산 서 갑구에 입후보등록을 마친 사람은 자유당에선 경남도지사를 지내고 내무부차관을 하고 있던 이상룡(李相龍)씨, 노동당 공천으로 장인달(張仁達) 후보, 무소속의 강봉수(姜奉守) 후보와 민주당 공천의 나 등 4명이었다.

환표에 환함까지

선거전 양상은 초반부터 이상룡 후보와 나 사이의 2파전으로 좁혀져 있었다. 선거전이 본격적으로 불붙자 내게 보내는 부산 시민들의 지지와 성원은 날로 상승세를 탔다. 누구의 눈에도 내가 대승(大勝)을 낚아챌 것이라는 것이 당시의 일반적인 분위기였다.

그런데 투표가 끝난 5월 2일 오후 6시 무렵, 한 경찰관이 "개표 전에 투표함을 바꿔치기 위해 가짜 투표함을 실은 스리쿼터(소형트럭)가 서구청으로 가고 있다"는 제보를 해 왔다. 내 선거운동원들이 개표장인 서구청으로 갔을 때는 새끼줄을 쳐 놓았을 뿐 아니라, 카빈총으로 무장한 헌병과 경찰관들이 일반인들의 출입을 막고 있었다. 계엄령을 내린 것도 아닌데 헌병이 개표소를 장악하고 있는 것이었다. 그러는 사이에 포장을 친 스리쿼터가 들락거렸다. 투표함이 바꿔치기되고 있는 순간이었다.

이 날 밤 개표가 시작되었다. 33개의 투표함 가운데 16개의 함에선 내가 7대 3의 비율로 앞서 나가고 있었다. 그런데 나머지 투표함을 열자 나의 지지표가 투표함 1개당 7표, 심지어는 3표나 2표밖에 안 나오는 '해괴망측한 이변(異變)'이 일어났다. 그 결과 자유당 이상룡 후보가 2만 2,131표, 민주당의 내가 1만 8,858표, 노동당 장(張)후보가 2,119표, 무소속 강(姜)후보가 761표로 자유당 후보가 당선되었다. 이러한 환표(換票) 부정사건은 나의 4대국회 진출의 길을 봉쇄했을 뿐만 아니라, 나의 국회의원 생활 가운데 유일한 '낙선' 기록을 남겼다.

4대 국회의원 선거는 한마디로 말해 자유당의 금권·폭력이 판을 친 '추악한 선거'였다. 선거가 끝난 후 당선 및 선거무효 소송이 76건이나 제기됐다는 사실이 당시의 불법·타락선거 양상을 웅변하고 있다. 나도 참모들과 상의, 부산지방법원에 투표함에 대한 증거보전신청을 냈다.

5월 7일자 한 신문은 내 선거구의 부정사례를 보도하면서, "가(假)차압된 투표함의 봉인지(封印紙)가 파훼(破毁)돼 있었다"고 밝혔다. 5월 9일 새벽엔 정체불명의 괴한들이 나의 집과 선거사무장이었던 강호선(姜鎬璇)씨의 집을 기습, 주먹만한 돌멩이들을 던지고는 도주했다. 집 뒷문을 열었을 때 돌을 던지고 달아나는 괴한들을 나는 분명히 목격했다. 내가 무효소송을 더 이상 진행하지 못하게 하려는 협박이었다.

2개월 후인 7월 10일자 신문들은 내가 선거무효 소송을 낸 서갑구에 대한 대법관들의 재검표 및 증인신문이 있었다고 보도했다. 「환표(換票)에 환함(換函)까지!」라는 제하의 한 기사는 여러 가지 의문점을 적시(摘示)한 뒤, "이러한 속에서 투표함을 바꿔쳤다"고 밝히고 있다. 그러나 그 뒤 주심인 고재호(高在鎬) 대법관은 선거부정이 없었다고 판결해 버렸다.

비록 부정선거였지만 이때의 낙선은 내 정치인생에 큰 약이 되었다. 자신의 인기나 실력만 믿고 자만하는 사람은 성공할 수 없다. 나는 이때의 일로 모든 일에 마지막까지 최선을 다해야 한다는 뼈저린 교훈을 얻었다.

유석의 서거로 상심

난관에 부딪쳤을 때 우선 확신을 가지고 절대로 굴복하지 않는 신념으로 정면 충돌하라. 이 신념이야말로 패배하지 않는 중요한 재질이다.

윈스턴 처칠의 말처럼 나는 정권의 탄압과 부정선거에 굴복하지 않았다. 용기 있는 자는 역경에 의해서 단련된다는 다짐으로 나는 다가올 대통령선거에 대비, '유석청년동지회'(維石靑年同志會)를 조직하는 데 나의 정열을 다 쏟았다. 이 모임은 조병옥 박사를 대통령 후보로 내세우는 데 여러 가지 기여를 하게 되었다. 하지만 애석하게도 1960년 대통령선거를 앞두고 조박사마저 갑자기 세상을 떠나 최종적인 뜻을 이루지는 못했다.

이승만 박사는 끝까지 조병옥 박사를 꺼려했다. 조병옥 박사가 민주당 전당대회에서 대통령후보로 선출되었을 때 조박사의 건강상태는 그다지 좋지 못했다. 이승만 박사는 선거시기를 갑자기 앞당겼다. 조박사의 건강상태를 겨냥한 것이라고밖에 볼 수 없었다. 참으로 당당하지 못한 일이었다.

해공(海公) 신익희(申翼熙) 선생과 유석(維石) 조병옥(趙炳玉) 박사의 잇단 서거는 우리 헌정사의 비극이었다. 두 분과 나는 특별히 관계가 깊었다. 두 분은 일찍이 나에게 정치인으로서 가능성의 싹을 발견하고 항상 따뜻한 배려와 관심을 기울여 주었다. 그러던 두 분이 이 나라 역사의 중대한 고비에서 타계하셨으니, 내 비탄은 형언할 길이 없었고, 국민들은 희망과 꿈을 빼앗긴 채 허탈해하기만 했다.

대학생 공명선거위 결성

민주당 시절 나는 중앙당의 청년부장과 경남도당 부지부장을 맡고 있었다. 요즘과는 달리 당시 정당의 부장은 약관의 초선의원이 맡는 일이 없었다. 그만큼 중요한 자리였다.

이승만정권의 2인자였던 이기붕이 3대선거 당시 자유당 총무부장이었다는 것은 앞서도 말한 바 있다. 조직부장은 당원조직을 담당했는데 당원의 숫자는 그리 많지 않았다. 청년부장은 다른 말로 학생부장이라고 하면 적절할 것이다. 당시만 해도 대학이 몇 개 되지 않았고, 정당에서는 학생조직을 매우 중요시했다. 내가 늘 접촉하는 사람도 학생회장들이었다. 당시 건국대학교 학생회장이던 복진풍(卜鎭豊)군은 아예 우리 집에서 한 3년여쯤 하숙을 하고 있었다.

조병옥 박사가 신병치료차 미(美) 월터리드 육군병원으로 떠나기

하루 이틀 전쯤의 일이다. 당시 조박사의 바쁜 일정에도 불구하고 나는 조박사에게 서울의 대학생 회장단과의 만남을 주선했다. 돈암동 자택에서 조박사는 학생회장단과 이야기하던 도중 갑자기 나에게 "김부장, 내가 갚아 줄 테니까 자금을 좀 만들어 줘" 하시는 것이었다. 학생들이 일을 하려면 돈이 좀 있어야 되는 것 아니냐는 것이었다.

조박사가 말한 금액은 당시로서는 대단히 큰 액수였다. 그러나 나는 거절하지 않고 틀림없이 만들어 주겠다고 약속했다. 자금 동원령(?)이 내리면 나는 으레 거제도 어머니에게 에스오에스(SOS)를 쳤고, 그러면 특별한 일이 없는 한 고향집에서는 돈을 보내 주셨다. 나는 상당액을 마련해 학생들에게 주었다.

그런데 정작 놀라웠던 것은 대학생 대표단을 만난 자리에서 한 조박사의 말씀이었다.

"이봐, 학생들. 내가 지금 돈을 준다고 해서 내 선거운동을 해달라는 것으로 생각하면 절대 안 돼. 학생들의 선거운동은 필요 없고 해서도 안 돼. 그 대신 공명선거만 주장하는 거야."

조박사가 특유의 큰 목소리로 "우리가 공명선거만 하면 민주주의가 돼" 하시던 모습이 아직도 내 눈에 선하다. 어쨌든 그후 전국적인 학생조직이 생겨났다. 그것이 당시 대학가에 크게 확산됐던 '대학생 공명선거추진위원회'였다.

이승만정권, 역사 속으로

자유당정권은 이제 마음껏 선거부정을 자행했다. 3·15선거는 사상 최대의 부정선거였다. 그들에게는 이미 국민이니 역사니 하는

1960년 부산 서구에서 연설하는 모습.

야당시절의 초상화 ··· 135

것은 '죽은 말'에 지나지 않았다. 거리낌 없이 부정과 폭력을 총동원한 것이다. 그들은 승리의 축배에 취해 민심의 물굽이가 얼마나 거센 역류(逆流)의 흐름으로 그들을 휩쓸어 갈 것인지를 뒤돌아보지 않았다. 마침내 4·19혁명이라는 화산이 폭발, 이승만정권은 삽시간에 붕괴하고 말았다.

이승만 박사는 건국(建國)을 한 초대 대통령이었지만, 민의(民意)에 귀를 기울이지 않아 하야(下野)라는 몰락의 길을 걷고 말았다. 어찌 보면 가슴 아픈 일이었다. 국부(國父)로서 존경받는 가운데 경무대를 떠났으면 얼마나 좋았을까. 그렇게 되었다면 본인은 물론이요 국가도 잘되고 역사도 잘되었을 것이다.

국민의 마음이 이박사로부터 결정적으로 떠난 것은 억지로 강행한 삼선개헌이 가장 큰 계기가 되었다. 삼선개헌 이후 이박사의 독재체제는 더욱 강화되었다. 정치적 반대파에 대한 탄압이 심해졌고 부정선거와 부패가 만연했다. 민주당 창당과정 역시 이박사의 탄압으로 우여곡절을 겪었다.

한 번은 국회 내에 깡패가 권총을 차고 들어오는 해프닝까지 있었다. 내가 다른 의원들과 함께 국회의원 휴게실에 앉아 있는데, 누군가 들어오더니 김두한(金斗漢) 의원을 불러 한쪽 구석으로 데리고 가서는, 자신의 옷 속에서 권총을 꺼내 김의원에게 보이며 무슨 말을 했다. 그는 당시 이박사로부터 비호를 받던 정치깡패 이정재(李丁載)였고, 김의원에게 무어라고 협박을 했던 것이다. 김두한 의원은 의분심이 강한 사람이었는데 이때 일은 더 이상 문제 삼지 않았다. 이 해프닝은 정치사건으로 크게 비화되지는 않았지만, 이승만정권의 말기 상을 단적으로 보여 주는 한 토막 삽화였다.

4·19 직후의 '학생내각' 구상

　4·19는 사회 전반에 변화의 소용돌이를 몰고 왔다. 그런 중에서 이른바 '혁명주체'인 학생회 간부들의 정치의식은 과잉 상태로까지 나아갔다. 허정(許政)이 과도정부 수반으로 이승만정권이 붕괴한 후 빈 자리를 메우고 있었으나 어디까지나 과도기였다.

　4·19 직후 한때 학생회 간부들을 중심으로 이른바 '학생내각'을 구성하자는 발상이 나오기도 했다. "혁명을 완수하려면 혁명을 일으킨 학생들이 내각을 구성해야 한다"는 것이었다.

　총학생회 연합조직의 부회장을 맡아 바쁘게 다니던 복진풍이 하루는 내게 와서, "형님, 우리가 혁명을 일으켰으니 학생들이 내각을 맡아야 하지 않겠습니까?" 하고 의논을 해 왔다. 그게 무슨 소린가 물어 보았더니 학생들이 국무총리와 각부 장관을 맡아야 하며, 학생회장단 전체의 분위기가 그렇다는 것이었다. 나는 놀라움을 금할 수 없었다. 나 자신도 장관은 생각조차 해 본 적이 없던 시절이었다. 그래 내가 한마디 해주었다.

　"진풍아, 너 말이지, 정신 좀 차려라. 국무총리에 모(某) 대학생 23살, 문교부장관 21살, 이렇게 죽 나가다가 복진풍 장관 21살, 이렇게 되면 우리나라가 도대체 어떻게 되는 건가?"

　설사 그런 내각이 구성된다고 해도 한 달이 아니라 며칠을 지탱하지 못할 것이었다. 더구나 대학간에 공과(功過)를 놓고 자리다툼이 벌어질 것이 불 보듯했으니, 한마디로 실현되지도 못할 발상이었다.

　"하여튼 합의가 됐는데요."

"합의가 아니라 합의의 할아버지가 되어도 안 된다."

4·19는 학생들로부터 비롯된 일종의 국민적 혁명이었다. 그것도 이제 막 시작된 미완(未完)의 혁명이었다. 구(舊)정권은 붕괴되었지만, 국민적 합의로 새 정부를 탄생시키는 일은 지난(至難)한 일이었다. 소박하지만 섣불렀던 '학생내각' 구상은 책상서랍 속의 해프닝으로 끝났지만, 이는 민주주의의 경험이 일천했던 우리의 현실을 반증해 주는 한 편의 소극(笑劇) 같은 것이기도 했다.

학생들에게 하고 싶은 말

학생내각 구상에서 보듯 4·19 이후 학생들의 힘은 대단했다. 혼란했던 이 시기에 대학생들과 자주 접촉해 오던 나는 후배 대학생들을 위한다는 마음으로 번역서를 한 권 처음으로 출간했다. 미국의 윌리엄 J. 래이리 박사가 미국 백여 개 대학의 재학생과 졸업생에 대한 연구를 통해 작성한 『대학생의 인생계획』(Life Planning for College Students)을 번역한 것이었다. 신조(新潮)출판사에서 1960년 8월에 출간되었던 이 책은 나중에 『인생을 뜻있게 보내려면』이란 제목으로 다시 출간되기도 했다.

나는 역자(譯者)의 말을 통해 이렇게 이야기했다.

독재(獨裁)를 쓰러뜨린 공(功)에 취하여 호언장담만 일삼고, 키워야 할 실력과 처신할 방편을 모르는 학생들이 있다면, 앞날이 걱정되는 것입니다. 정·부정(正不正), 미·추(美醜), 선·악(善惡), 진·위(眞僞)가 혼연(渾然)된 이 세상에서 그의 본질을 직시하는 용기, 자기 언행에 대한 책임, 타인을 존중하는 관용의 정신에서 인류적 양심을 지녀야 될 것입니다.

　개인이나 사회에 있어서의 금일의 현상에 불만을 품고 비약(飛躍)을 기하려고 기도한다면, 개혁을 완수할 수 있는 행동의 원칙을 차례로 밟아 가야 됩니다. 바른 행위는 훌륭한 사고방식에서 찾게 될 것입니다. 좋은 '아이디어'를 진안(眞眼)하고 이를 입안하여 목적 성공에의 비법을 찾아야 되지 아니하겠습니까. '아이디어'는 특수한 천재(天才)의 영역(領域)이라든가 특별한 행운에 다다랐을 때에만 얻어진다고 생각하면 큰 잘못입니다.

　'아이디어'에는 일정한 순서와 과정의 원칙들이 있고, 거기에 따라서 생각하며 행할 것 같으면 성공은 반드시 당신 앞에 찾아오고 마는 것입니다. 학생들이 학원 생활에서부터 이러한 창작과정의 원칙, 즉 사회나 개인생활에서 보다 현명한 행동을 찾아 배워 알고 이에 능숙해 나갈 것 같으면, 우리들 선배의 10년 생활을 헛되게 뒤따라 반복하지 않고 1년으로 단축하여 놀라운 발전을 가져올 확신을 얻게 될 것입니다. '아이디어'는 현상 타파·개량의 원동력입니다. 모든 직업인이 자기 맡은 능률을 배가하여 많은 경쟁을 이겨서 성공하는 명안을 얻으려면, 이 책에서 실마리를 풀어 갈 수 있을 것 같습니다.

허정 과도정부

　이대통령이 하야하고 허정(許政)씨가 대통령 권한을 승계, 4월 28일 과도내각이 구성됐다. 정국은 4·19의 수습국면으로 접어들었다. 과도내각은 5월 1일 3·15선거의 무효를 확인했고, 이어서 최인규(崔仁圭)를 시작으로 전(前)각료와 자유당 인사들이 줄줄이 구속되었다. 5월 29일에는 이승만 박사가 하와이로 망명의 길을 떠났

지프차 위에 올라 거리유세를 하는 장면.

고, 6월 15일에는 내각책임제 개헌안이 국회에서 통과됐다. 7월 29일 제2공화국 헌법에 의해 민·참의원 양원(兩院)을 뽑는 총선거가 치러졌고, 8월 12일 국회에서 제5대 대통령에 윤보선(尹潽善)씨가 선출됨으로써 허정내각은 수명을 다하게 된다.

허정내각은 3개월 남짓의 짧은 기간을 통해 과도기적인 혼란과 무질서를 힘겹게 치러 냈다. 부정선거와 시위진압의 원흉을 처단하라는 국민의 요구가 폭발하는 가운데, 이승만 박사를 망명시키고 큰 폭력사건이나 혼란 없이 개헌과 총선을 신속하게 치러 내 민주당으로 정부를 이양한 것은 허정(許政)내각이 나름대로 최선을 다

한 결과였다. 이 때문에 일부에서는 2공화국의 총리로 허정(許政)씨를 옹립하자는 얘기까지 나오기도 했다.

내각제로 헌법을 바꾸는 일은 나중에도 사례가 드물 정도로 너무 쉽게 이루어졌다. 민주당은 창당시부터 내각책임제를 당론으로 채택했는데, 이는 전적으로 이박사에 대한 반감 때문이었다. 대통령제를 선호하는 사람들조차 이박사를 보면, "대통령제는 정말 안 되겠다"는 심정을 갖게 되었다. 하지만 내각책임제는 정당정치의 연륜과 경험이 부족한 우리 풍토에서는 어울리지 않는 제도였다. 결국 내각책임제는 쿠데타를 부른 채 수개월 만에 종말을 고하게 된다.

1960년 7월 29일 치러진 제5대총선에서 민주당은 233석의 전체 의석 중 무려 175석을 획득, 3분의 2 이상의 의석을 확보하는 대승(大勝)을 거두었다. 무소속이 49석, 구(舊)집권당이었던 자유당은 2석에 불과했다.

나는 부산 서구에서 2만 9,754표를 얻어 당선됐다. 나는 자유당 시절 법무부장관을 지낸 차점자 서상권(徐相權) 후보의 6,987표보다 무려 4배 이상을 득표해 사람들을 놀라게 했다. 2년 전의 환표(換票) 부정사건에 대한 유권자들의 심판이었다.

민주당의 신파와 구파

이제 민주당정권은 출범을 눈앞에 두고 있었다. 국민들은 모두 기대에 부풀었고 감회에 젖었다. 그런데 3분의 2 이상의 의석을 확보한 민주당 내에서 새로운 쟁점이 떠올랐다. 민주당 내의 신파(新派)와 구파(舊派) 중 어느 계파가 헤게모니를 잡느냐 하는 것이었다.

민주당에 파벌이 생겨나게 된 것은 창당과정에서부터라고 할 수 있다. 1954년 이승만 박사가 사사오입 개헌을 통해 강압적으로 헌법을 개정한 뒤 이에 대항하기 위해 야당 각파는 연합을 추진했다. 조병옥 박사가 이끌던 한민당과 신익희 선생의 민주국민당, 그리고 호헌동지회 소속의 무소속 의원 다수가 반(反)이승만의 깃발 아래 헤쳐 모여 새로운 당인 민주당을 창당한 것이었다. 나라가 독립한 지 얼마 안 되어 정당정치에 대한 경험이 일천했던 때라, 사람들은 자연히 자신이 선호하는 지도자를 중심으로 당내 인맥을 구성하게 되었던 것이다. 그러므로 그때까지만 해도 파벌에 대단한 정치적 의미는 없었다.

신·구파의 경쟁이 처음 표면에 드러난 것은 1956년 5·15 정·부통령후보 선출에서부터였다. 그때 신익희 선생을 추대했던 사람들을 구파로, 장면 박사를 추대했던 사람들을 신파로 부르게 되었다. 신익희 선생 서거 후 조병옥 박사가 장면 박사의 부통령 당선을 위해 선거를 총력 지휘한 것을 보더라도, 그때까지는 신·구파의 마찰이 심했다고 할 수는 없었다.

일부에서는 신파와 구파를 굳이 이북(以北)이니 호남(湖南)이니 하며, 출신지역으로 나누거나 종교 또는 출신성분 등으로 나누어 구별하기도 하지만, 변화가 많고 사람마다 개성이 살아 있는 정계에서 정치인을 그렇게 분류하는 것은 오판을 부르기 십상이다.

1960년에 실시된 제4대 대통령후보 선출과정에 이르러서 양파의 내분은 좀더 심화되었다. 구파에서는 조병옥 박사를, 신파에서는 장면 박사를 밀었는데, 결국 대통령후보에는 조병옥 박사를, 부통령후보에는 장면 박사를 선출했다. 그러던 것이 7·29총선에서 민주당이 압승을 거둔 후 집권경쟁 과정에서 신·구파는 돌아올 수 없는 다리를 건너게 된다.

바야흐로 민주당정권의 출범을 앞두고 신파와 구파의 세력은 우열을 가리기 힘들었다. 문제는 대통령과 총리의 배분을 어떻게 할 것인가에 있었다. 내각책임제하에서 대통령은 상징적인 자리였고, 내각을 구성하는 총리에게 실권이 돌아갈 것이었다. 신파는 장면 박사를 총리후보로 내세웠고, 구파 지도부는 대통령에 윤보선, 국무총리에 김도연씨를 내세워 모두 당선시키고자 했다. 나는 구파에 속해 있었지만, 양파의 세력이 엇비슷한 상황에서 대통령과 총리를 구파에서 모두 차지하려는 것은 합리적인 생각이 아니라고 주장했다.

그러나 양파는 끝내 타협을 이뤄 내지 못한 채 치열한 세력다툼 속에 국회 개원을 맞았다. 8월 8일 의장단 선거에서는 신파의 곽상훈(郭尙勳) 의원이 무난하게 국회의장에 선출되었다. 이어서 12일 열린 민·참의원 합동회의에서 윤보선씨가 압도적인 다수로 제5대 대통령에 선출되었다. 사전합의가 없었음에도 압도적인 표결이 나오게 된 것은 신파에서 총리직을 겨냥했기 때문이었다.

윤보선 대통령은 8월 16일 김도연(金度演) 박사를 총리로 지명, 국회인준을 요청했는데, 김도연 박사는 그렇게 대중적인 인물은 아니었다. 다음날 투표결과 김도연 박사는 총투표수 224명 중 찬성 111, 반대 112, 무효 1로 통과선에서 3표가 부족하여 부결되었다. 결국 윤보선 대통령은 장면 박사를 총리로 지명했고, 8월 19일 본회의 표결에서 총투표수 225표 중 찬성 117, 반대 107표가 나왔다. 인준 통과선인 115표를 2표 넘은 것이었다.

신민당 창당, 부총무로

우여곡절 끝에 8월 23일 장면 박사를 총리로 하는 제2공화국의 초대내각이 출범했다. 그런데 장면 박사는 초대내각을 신파 일색으로 구성했다. 이로써 하나의 당내에서 두 개 파벌의 감정대립은 극(極)에 이르게 되었다.

신파내각이 발족한 지 얼마 안 되어 구파 지도부는 새로운 노선을 모색하기 시작했다. 윤보선을 중심으로 한 구파 지도부는 원내의 3분의 2 이상의 의석을 차지할 정도로 비대해진 민주당에서 분당(分黨)해 나와, 집권세력을 견제하고 양당정치를 구현해 나가는 것이 의회민주주의를 구현하는 길이라는 명분을 내세웠다. 1960년 8월 31일, 구파는 86명의 의원 이름으로 '구파동지회'(舊派同志會)라는 원내교섭단체를 정식으로 등록했다.

장면내각은 처음 조각하고 나서부터 안정을 잃고 표류하는 모습을 보였다. 신파는 원내에서 제1의 정파로서 장면내각 출범 초기부터 구파와 무소속 등에 대한 광범한 개별영입 공세를 펼쳤으나, 9월 23일 원내교섭단체로 등록한 의원수는 과반수에 22석 못 미치는 95석에 불과했다. 신파 내부에서조차 장총리에 대한 비판이 제기되었다. 장총리는 조각 불과 하루 만에 개각의사를 표시하기도 했다.

내각제 자체가 대통령중심제와 달리 정부가 강한 집행력을 갖기 어려운 제도인 데다가, 신파의 독주에 대한 타(他) 정파의 반발과 새 정부에 대한 국민들의 기대심리 등이 얽혀, 장면내각은 출범 한 달이 못 돼 정책수행이 어려운 상황에 빠지게 되었다. 내각제의 취약성이 장면정부 초기에서부터 드러난 것이다.

견디다 못한 장면 총리는 정국안정을 위해 구파에 손을 내밀었고, 구파 역시 민주당정권의 안정을 위해 협조한다는 차원에서 협상에 응했다. 8월 23일의 조각 이후 불과 20여일 만인 9월 12일 장면 총리는 첫 개각을 단행했다. 구파 출신 장관들이 입각을 했다.

권중돈(權仲敦) 국방, 김우평(金佑枰) 부흥, 나용균(羅容均) 보사, 박해정(朴海楨) 교통 등이었다.

구파 출신 장관의 입각은 일종의 당내연합이었으나 효과를 보지 못했다. 신·구파의 갈등은 결국 분당으로 치달았고, 구파는 내각에 파견된 5부 장관의 철수를 결의했다. 이듬해인 1961년 2월 20일 구파는 신민당(新民黨)을 창당했다. 나는 유진산 원내총무에 이어 원내부총무 겸 중앙당 청년부장을 맡았다. 당시 내 나이 33세,

1960년 9월 6일, 동료의원들에게 둘러싸여 숙의를 하는 모습.

이민우(李敏雨) 부총무는 46세였다.

장(張)박사는 나를 몇 번이나 관저로 초대해 둘이서 식사를 함께 하곤 했다. 장면 박사가 한창 구파와 무소속 의원들에 대한 영입을 추진하고 있을 당시였다. 장박사가 함께 일을 해 보자고 제의하기 전에 나는 장면정부가 잘되기를 바라지만, 현재 국회의원으로 만족한다면서 완곡하지만 분명하게 장박사의 뜻을 사양했다. 자리를 놓고 파벌의 세 불리기가 횡행하던 시절, 나는 그런 물결에 휩쓸려 들

어가지 않았는데, 그때의 정치적 처신에 대해서는 지금도 잘했다고 생각하고 있다.

한편 제5대국회에서 나는 그 동안 지연되고 있던 부정축재자 처리법의 조기 입법을 위해 부심했다. 대한중석(大韓重石) 부정사건의 진상파악을 위해 진상조사단을 구성, 사건의 전모를 밝힘으로써 정계에 경종을 울리기도 했다.

청조운동 전개

신민당의 소장의원들은 당시 시대의 요청에 부응하는 절절한 '운동'을 통해 혼탁한 사회를 바로잡고자 했으니, 청조운동(淸潮運動)이 바로 그것이었다. 청조회(淸潮會)는 이철승(李哲承), 김재순(金在淳) 의원 등 집권 민주당 소장파들이 만든 정치서클 신풍회(新風會)에 자극받아 서둘러 발족시킨 면도 없지 않으나, 우리 사회에 청신한 기풍을 진작시키고 정치적으로는 노장파(老壯派) 중심의 정국운용에 새로운 바람을 불어넣고자 한 성격을 띠고 있었다.

신민당의 소장파 의원들과 무소속의 민정구락부(民政俱樂部) 의원 등이 갈색의 코르덴제복을 입고 등원, '청조운동'을 선언한 것은 1961년 1월 26일이었다. 20여명에 가까운 우리 소장의원들은 청조운동 선언을 통해 "용기 있는 분별심과 전투적인 민주정신으로 마음을 무장한 우리는 생명보다 귀중한 자유에 자제를 가하여 양단된 국토를 역사의 악순환에서 해방시켜야 할 것이며, 자유와 번영이…… 보장되는 태평성세의 옥토(沃土)를 가꾸는 역군이 되고자 한다"고 취지를 밝혔다. "생명보다 귀중한 자유에 스스로 자제를 가한다"는 대목을 선언에 포함시킨 것은 극단적인 무질서와 방종에

제5대 국회의원 시절인 1960년 12월 2일 국회에서 대정부 질의를 하는 모습. 뒤는 곽상훈 국회의장.

휩쓸려 있던 당시의 세태에 경종을 울리려는 뜻이 함축된 것이다.
 아울러 우리는 ① 자가용차 폐지, ② 요정출입 금지, ③ 이권(利權)운동 금지, ④ 깨끗한 선거를 보장하는 선거제도 개혁, ⑤ 학생생활혁신운동 지지, ⑥ 자유민주주의와 인간의 존엄성이 보장될 남북통일에 대한 노력, ⑦ 노동의 권리쟁취 등 맹약7장(盟約七章)의 실천사항도 발표했다. 정치운동과 새생활운동이 청조운동의 양대 수레바퀴임을 알 수 있다.
 청조운동에 참여한 국회의원은 신민당에서는 나와 박준규(朴浚圭) 의원을 비롯, 홍춘식(洪春植)·김창수(金昌洙)·김옥형(金玉衡)·황인원(黃仁元)·이상신(李尙信)·조윤형(趙尹衡) 의원 등 8명이, 민정구락부(民政俱樂部)에서는 서태순(徐泰淳)·전휴상(全烋相)·장익현(張翼鉉)·한상준(韓相駿)·장춘근(張春根)·신준원(申駿遠) 의원 등 6명이 동참했으며, 순수 무소속에서는 이필선(李必善) 의원이 참여했다. 참의원 가운데는 신민당의 강재량(康才良), 백남억(白南檍), 김용성(金龍星), 정상구(鄭相九) 의원 등 4명이 참여했다.

〈동아일보〉는 2월 5일자 신문 한 면을 할애,「번져 가는 청조운동」이라는 제목으로 각 회원들이 벌이고 있던 청조운동 사례를 사진을 곁들여 대대적으로 보도했다. 나와 관련해서는 내가 집사람과 동대문(東大門) 밖 보문동(普門洞) 자택에서 구두를 닦으면서 이런 대화를 나누었다는 사진설명을 곁들였다.

"또 구두를 안 닦아 놨군."
"당신이 닦는다더니 자꾸 나만 시키면 무슨 청조운동예요.…… 구두닦이에게 내는 돈, 나에게라도 내놔야 할 꺼 아뇨?"
"시간 없는데 빨리 좀……. 버스에선 신이 금방 더러워지는 바람에……, 빨리 빨리."
"그럼 한 짝씩 닦읍시다."

대화는 여기서 끝난 것으로 돼 있다. 사진에는 나도 구두를 닦고 있는 모습이 나와 있었다. 구두를 같이 닦자는 집사람의 제의를 선뜻 받아들인 모습이었다.

본문 기사에는 "청조운동이 꾸준한 물살로 서울을 중심으로 지방에까지 퍼져 가고 있다"고 보도했다. 또 "시작할 땐 원내(院內) 신민당·민정구락부·무소속의 소장의원들이 중심이었지만, 어느새 민·참의원 내(內) 다수 의원과 지방의회와 정부·사회단체의 호응을 받기 시작했다"고 이 운동의 확산 추세에 대해 언급했다.

비명에 가신 어머니

　장면내각이 발족할 당시의 그 난마와 같이 얽힌 정치상황 속에서 내 개인사적으로는 '비창'(悲愴)의 극점(極點)과 같은 사건이 발생했다. 그 일은 바로 1960년 9월 25일 밤 9시경 외포리 나의 생가(生家)에서 발생했다. 어둠의 악령이 소리 없이 우리 집을 내려 덮었으니, 그것은 곧 나의 생명과 다름없던 어머니의 생명을 빼앗아 간 청천벽력과 같은 사건이었다.
　서울에 있던 나는 그 날 밤늦게 어머니에게 사고가 생겼다는 급한 연락을 받았다. 거제로 가는 가장 빠른 방법은 비행기였다. 뜬눈으로 밤을 지샌 나는 대한항공의 전신(前身)인 KNA 비행기로 부산의 수영비행장으로 내려가서, 다시 진해를 거쳐 해군 배로 거제까지 갔다. 사건이 나던 날은 교통도 나쁘고 파도도 세서, 어머니는 부산이나 마산으로 못 가고 장승포(長承浦)에 있는 병원으로 옮겨지셨다. 장승포의 병원은 요즘 같은 병원이 아니었다. 시설도 기술도 형편없이 낙후한 그런 병원이었다. 대수술은 기대할 수조차 없었다. 어머니께서는 결국 불행하게도 돌아가시고 말았다.
　그때가 추석 하루 이틀 전쯤으로 생각된다. 어장에서는 추석을 매우 중시했다. 추석 때는 선원들에게 상당한 보수를 지급했다. 우리 집에서도 그때 선원들에게 줄 돈을 부산의 은행에서 찾아 가지고 있었던 모양이다.
　사고가 나던 그 날 밤 아버지, 어머니께서 주무시는데, 총을 가진 괴한 두 놈이 들이닥쳐 두 분을 발로 툭툭 차면서 깨웠다. 그리고는

남파간첩의 흉탄에 돌아가신 어머니의 장례식.

"돈 내라"고 했다. 주무시던 중에 갑자기 당한 일이라 너무 놀라 잠깐 멍하게 앉아 계시던 아버지에게 괴한 한 놈이 총을 쐈다. 소리는 컸고 연기가 자욱한 방에 아버지께서는 쓰러지셨다. 총에 맞은 것이 아니고 잠시 정신을 잃으신 것이었다.

어머니께서는 순간 아버지가 돌아가신 줄 아셨던 것 같다. "돈을 주면 됐지, 왜 사람을 죽이느냐"고 어머니께서 소리를 지르며 괴한에게 매달리자, 괴한은 어머니를 마루까지 끌고 나와서는 어머니 복부에 세 발의 총을 쏘았다.

누구나 강도인 줄 알았는데, 알고 보니 괴한은 간첩이란 것이었다. 하기는 거제에는 강도사건이 거의 없었다. 그런데 어떻게 하다가 간첩이 거제도에 상륙, 숨어서 지내다가 더 이상 견디기가 어려워지자 일본으로 밀항하려고 한 모양이었다. 밀항하자니 배가 필요했던 것이다. 그 자금을 마련하려고 우리 집으로 와서 그런 끔찍한 사건을 저질렀다.

어머니의 극진한 사랑을 한 몸에 받고 자란 나는 당시 엄청난 충격을 받아 마음의 안정을 찾을 수가 없었다.

그때의 자세한 사건의 진상은 1992년 『월간중앙』 9월호에 실린 「수사비화, 거제도 무장간첩사건과 김영삼 모친의 죽음」에 비교적 소상하게 나와 있다. 당시 경남도경 정보과 순경으로 사건해결에 결정적 역할을 했던 성춘봉(1992년 현재 62세)씨는 이 「수사비화」에서, 경찰이 이들 무장간첩 일당 10명을 모두 검거한 것은 어머니께서 변을 당하신 지 만 1년이 지난 1961년 9월이었다고 밝혔다. 그러나 이 사건이 발표돼 지상에 보도된 것은 1961년 11월 7일이었다. 공범 수사상의 필요에 따라 한 달 이상 발표가 늦춰진 것 같다. 자칫 미궁으로 빠질 뻔했던 사건은 일본 밀항을 기도하던 고정간첩을 경찰이 체포하면서 진상이 백일하에 드러나게 된 것이었다.

어머니의 산소자리

어머니가 자연사(自然死)하셔도 충격을 흡수하기 힘들 텐데 하물며 그렇게 불의의 죽음을 당하셨으니, 그 엄청난 충격은 내 전신을 갈가리 찢어 놓는 것 같았다. 어머니가 돌아가셨을 때는 민주당 신·구파간의 갈등의 골이 패일 대로 패여 각자 딴살림을 준비하는 등 시국이 급박하게 돌아갈 때였다. 나는 한동안 나의 모든 것, 정치 자체까지도 포기하고 싶은 절망에 빠졌다. 어머니의 모습이 아른거려 오랜 세월 지옥과도 같은 고통을 겪었다. 인근 마을 사람들이 목놓아 울부짖던 모습이 지금도 내 눈에 선하다. 어머니를 죽음

어머니 산소를 찾아 아내와 함께 성묘하는 모습.

으로 몰아넣은 그 흉탄 자국은 지금도 외포리 내 생가의 장롱에 그대로 남아 그 날의 상처를 보여 주고 있다.

어머니의 산소는 내 생가에서 마주 보이는 산 중턱에 위치해 있다. 할아버지께서 명당(明堂)이라고 해서 일찌감치 점찍어 둔 곳이었다.

사실 할아버지께서는 그곳에 묻히시기를 원하셨다. 어느 날 새벽에 할아버지께서 아버지를 깨워 어느 산에 데려가서 앉으라고 하시더니, 바로 이 자리다, 그러니 당신이 돌아가시면 여기 묻어 달라고 하셨다. 그러나 산 주인이 눈치를 채고 너무 비싼 값을 요구해서 그 때는 살 수 없었다. 할아버지께서는 결국 지금의 자리에 묻히셨고, 그 산은 나중에야 외포리 너머의 큰 산을 주고 바꿀 수 있었다.

그런데 갑자기 어머니께서 돌아가셨다. 내가 내려가니 친척들이 할아버지를 이장(移葬)하고 어머니를 딴 곳에 모시자고 해서, 내가 이장은 안 된다고 크게 반대했다. 그래서 현재의 어머니 산소자리가 마련되었다. 어머니 산소는 바다와 마을이 한눈에 내려다보이는 참으로 좋은 자리라고 생각한다.

　어머니께 제대로 효도하지 못한 것이 나는 아직도 죄스럽다. 요즘도 산에 올라 단풍 든 나무들을 보면서, "어머니께서 살아 계시면 업어 드려서라도 보여 드릴 텐데" 하는 생각을 하곤 한다.

2. 5·16쿠데타 전면 부정

5·16, 와서는 안 될 쿠데타

　민주·신민의 양당체제가 그런 대로 자리를 잡아 갈 무렵이었다. 나는 국회가 휴회 중일 때 고향에 내려오면 배를 타고 바다로 나가 어장 일을 돌보는 것을 좋아했다. 태평양을 향해 열린 거제 앞바다는 나를 키워 준 스승이요 친구였다. 망망한 바다는 거대한 산과 같아서 그 속에 뛰어든 인간에게 커다란 교훈을 준다. 우리 배는 당시로서는 제법 커다란 어선이었지만 넓은 바다에 나가면 일엽편주와도 같았다. 바다에서 높은 파도를 만나면, 키를 잡은 조타수는 넘실대며 다가오는 큰 파도의 한복판으로 뱃머리를 고정시켜야 한다. 높은 파도에 겁을 먹고 우회하거나 회피하려 하면, 제아무리 튼튼하게 만든 배도 뒤집히고 만다. 거친 바다를 항해하려면, 바닷물을 온통 뒤집어쓰더라도 다가오는 파도에 정면으로 맞서 타고 넘어야 하는 것이다.
　1960년 5월 16일 새벽, 그 날도 나는 거제도 앞바다 어장에서 뱃사람들과 함께 어로(漁撈)작업을 둘러보고 있었다. 그때 바다의 일기를 듣기 위해 틀어 놓은 커다란 트랜지스터 라디오에서 일본 방송 아나운서의 목소리가 흘러나왔다. "포고령 몇 호(號)······." 나는 어느 나라의 이야기인지 귀를 의심했다. 너무나 엄청난 일이었다.

다이얼을 돌려 서울 중앙방송에 맞추었다. 행진곡 조의 음악이 한동안 흘러나오더니 음악이 멎으면서 아나운서가 톤이 높은 목소리로 말을 하고 있었다.

"군사혁명위원회에서 알려 드립니다. 거리의 차량들은 속력을 늦추어 주시기 바랍니다."

군사쿠데타가 일어난 것을 내게 알리는 최초의 신호였다.

신민당 부총무였던 내가 국회를 해산한다는 소위 군사혁명위원회의 포고령을 들은 것은 그 날 오후였다. 나는 급하게 서둘러 우리 어선을 타고 부산으로 갔다. 서울행 열차에 몸을 실은 것은 그 이튿날이었다. 국회가 해산되고 탱크가 밀려들어 왔다는 소식에 모두들 은신처를 찾기에 정신이 없었을 때였다.

서울로 올라와 보니 시내 중심가와 주요 건물에는 군인들이 탱크를 앞세운 채 삼엄하게 지켜 서 있었다. 나는 앞이 캄캄해지는 것을 느꼈다. 이승만 독재정권을 무너뜨리고 세운 민주정부가 군대의 총칼 앞에 맥없이 무너지다니!

쿠데타세력은 역사의 죄인

나는 분노를 억누를 수 없었다. 내 눈에는 5·16이 나라를 구하기 위한 '혁명'이 아니라 정권탈취 행위에 불과했다. 5·16 때문에 갖은 풍상 속에서 겨우 싹을 틔운 이 나라의 민주주의가 뿌리째 뽑힌 것이다. 군사쿠데타가 역사의 시계바늘을 거꾸로 돌려 버린 것이다.

가난과 무지, 정치적 무관심, 폭력과 전제(專制)의 전통, 행정능력의 부족, 여기에 더해서 정치만능의 풍조 등 악조건 속에서 정치적 정통성을 확립하는 일은 결코 단기간에 성취할 수 없다. 장면정권의 고통과 시련은 바로 여기에 있었다.

제2공화국의 집권자 장면 총리, 그에겐 어느 것 하나 난제(難題)가 아닌 것이 없었다. 모든 것이 난마처럼 얽혀 있었다. 그러나 민주당정권에 좀더 시간이 주어졌다면 보다 많은 것을 해낼 수 있었을 것이다.

자유주의체제는 흔히 비능률로 통한다. 국민의 자발적 의욕이란 곧잘 난맥으로 나타난다. 그렇다고 그것을 정형화하려고 한다면 국민의 활력을 질식시키게 된다. 자유는 더 높은 목표를 향한 수단이 아니다. 자유 그 자체가 가장 높은 가치이고 목표이다. 그 어떤 것도 스스로 선택한 것 이상일 수는 없다. 자유민주주의의 질서를 뿌리 내릴 수 있는 기회를 박탈한 것만으로도 쿠데타세력은 역사의 죄인(罪人)으로 단죄받아 마땅하다. 어떤 상황하에서도 쿠데타는 결코 정당화되어서는 안 된다는 것이 나의 확고한 신념이다.

쿠데타를 일으킨 박정희는 18년 동안 우리 사회를 빈익빈 부익부의 황금만능 사회로 만들었고, 독재정권을 유지하기 위해 천문학적인 돈을 끌어 모았다. 고도성장이라는 허울 아래 인권과 민주주의를 짓밟은 가치전도의 시대가 시작되고 있었다.

쿠데타에 맞서지 못한 지도자

박정희의 쿠데타가 발생했을 당시 해위 선생과 장면 박사는 지도자다운 처신을 하지 못했다. 나는 정치인은 최소한 국민으로부터, 역사로부터 수임을 받은 책무가 있다고 생각한다. 내각책임제하에서의 국무총리라든가 대통령은 죽음을 각오하고라도 국민을 지켜야 한다는 생각을 갖지 않으면 안 된다. 그러나 두 분은 박정희의 쿠데타로부터 국민을 지킬 책임을 저버렸다. 물론 우리 국민의 시련은 이승만 박사 때부터 시작되었지만 군사독재는 불행의 시작이었다. 박정희의 쿠데타로 인해 우리 국민은 큰 시련을 맞게 된 것이다.

내각제하의 실권자인 장면 총리가 수녀원으로 숨어 버린 것은 있을 수 없는 일이었다. "올 것이 왔다"는 해위 선생의 말도 감정이 앞선 것이었다.

만약 그때 두 사람 중 한 사람이라도 분명한 태도를 취했다면, 쿠데타는 충분히 막을 수 있었다고 나는 생각한다. 나는 박정희가 5월 16일 밤, 서울 6관구사령부에서 밤새 위스키 잔을 쥔 손을 떨며 불안해했다는 말을 현장에 있던 군 지휘관으로부터 직접 들은 바 있다. 사실 박정희의 불순한 기도는 성공하기가 대단히 어려운 일이었다. 당시 군대 내에는 광범한 쿠데타 반대세력이 존재했고, 실제로 한동안 쿠데타에 저항하기도 했다. 1군사령관이던 이한림 장군 같은 사람은 쿠데타에 맞설 태세를 갖추고 있었다. 이한림 중장은 쿠데타 발생 직후 박정희가 보낸 한 대위에 의해 서울로 압송되었는데, 군(軍)의 기본을 무너뜨린 이러한 '하극상'의 행위는 20년 후인 1979년 12월 12일 박정희의 후계자들에 의해 똑같이 자행됨으로써 불행한 역사가 되풀이되는 선례가 되었다.

또한 미국 정부는 애당초 쿠데타를 허용하지 않았다. 그때 우리나라에 지대한 영향력을 갖고 있던 미국의 케네디 대통령은 처음에 쿠데타를 인정하지 않는다고 분명히 밝혔다. 마샬 그린 대리대사에게

1961년 미국 방문시 미국의 여러 정치지도자들을 만날 때 실내에서도 검은 색안경을 벗지 않은 박정희의 부끄러운 얼굴.

케네디 대통령이 직접 전화를 해서 "장면 박사는 어디 있나"하고 물었지만, 총리의 행방은 묘연했다. 만약 그때 장면 박사가 살아 있다고 확신했다면, 나는 미국이 끝까지 버텼을 것이라고 생각한다. 미국이 인정하지 않으면 쿠데타는 성공할 수 없었다.

쿠데타 초기에 유엔군사령부는 장면정부에 대한 미국의 계속적이고 확고한 지지를 표명하고, 작전지휘권에 의거해 쿠데타군의 원대복귀를 종용하는 방송을 되풀이해서 내보냈다. 혼미상태가 이삼일간 지속되었고 그 이후에야 장면 총리가 혜화동의 한 수녀원에서 나타났다. 윤보선 대통령은 5월 16일 밤 매그루더 사령관과 마샬 그린 대리대사가 청와대를 방문했을 때, 쿠데타를 진압하기 위한 병력동원을 거부했다.

그때 나는 젊은 사람의 입장에서 너무나 가슴이 아팠다. 어떻게 지도자들이 이렇게밖에 못하는가, 통곡하고 싶은 마음뿐이었다. 국회가 해산되고 여·야 정당도 해체되어 버렸다. 쿠데타였다.

공화당 창당 참여 거절

　세상은 이제 정치군인들의 손아귀에 들어갔다. 쿠데타세력은 그 후 세대교체와 체질개선이라는 명분을 내세워 수많은 정치인에 대해 체포 · 감금 · 연금 · 감시를 했다. 나도 수사당국에 불려 가 조사를 받고는 집에서 감시를 받는 몸이 되었다.

　쿠데타세력은 1962년 3월 4,374명의 정치인들에게 이른바 '정치활동정화법'이란 재갈을 물려 놓고 공화당 사전조직을 서둘렀다. 그 과정에서 신민당의 일부 인사, 특히 나와 청조회 멤버를 끌어들이기 위해 온갖 협박과 회유를 다했다.

　하루는 중앙정보부 서울시 지부장이라는 자가 내게 한밤중에 찾아와, 청조회 동료들이 서명한 것이라며 5·16쿠데타에 대한 지지성명 문안(文案)을 보여 주었다. 그들의 필적을 잘 알고 있던 터라 나는 깜짝 놀랐다. 나는 절대 서명할 수 없다고 딱 잘라 거절했다. 쿠데타세력에게 협력하지 않겠다고 철석같이 맹세하고는 변절하다니, 나는 배신감에 치를 떨었다.

　며칠 뒤 중앙정보부의 서울시 지부장이 다시 찾아왔다. 내일 지지성명을 발표한다면서 설득 반 협박 반으로 내 동의를 구했다. 물론 싫다고 거절해서 돌려보냈다. 다음날인 1962년 4월 11일자 〈동아일보〉 1면 광고란에는 일부 청조회 멤버들의 군정지지 성명이 실렸다. 물론 내 이름은 들어 있지 않았다.

　이렇게 쿠데타세력은 눈에 불을 켜고 자기들 구미에 맞거나 흠집이 덜한 사람을 찾아 회유를 했다. 쿠데타의 객관성을 담보해 낼 인물들이 그들에게는 절실한 것이었다. 그 날 이후 나는 청조회 멤버

〈동아일보〉 1962년 4월 11일자 광고란. 일부 청조회 멤버들의 군정지지 성명이 실렸다.

들이 자주 모이던 '희다방'에도 발길을 끊어 버렸다.

김종필과 심야에 대좌

공화당 사전조직이 거의 마무리돼 가던 1962년 초겨울, 국가재건최고회의 내무위원장 조시형(趙始衡) 소장이 자꾸 만나자고 요청을 해 왔다. 당시 그는 공화당 창당의 중요한 책임을 맡고 있었다. 을지로에 있던 일식집 '새마을'에서 그를 두 번 만나 저녁을 먹었다. 그는 나에게 신당창당에 참여해 중요한 역할을 맡아 달라고 했다. 나는 장면정권이 수립된 지 20일도 못 돼 쿠데타를 기도한 사실을 지적하면서, "군(軍)은 처음부터 쿠데타를 하려 했다. 쿠데타로 정권을 탈취한 것은 잘못된 일이며, 나는 참여할 수 없다"고 잘라 거절했다.

그후 불쾌한 일이 이어졌다. 당시는 자정(子正)이면 통금(通禁)이 시작되었다. 그런데 자정을 조금 넘길 무렵이면 앞서 말한 중앙정보부 서울시 지부장이란 자가 예고도 없이 집으로 들이닥쳤다. 모두들 잠에 빠져 있는 한밤중에 그는 마구 벨을 눌러 댔다. 벨 소리가 이웃집에까지 다 들릴 정도로 그는 아랑곳하지 않고 무례를 범했다. 그는 내게 강요했다.

"신당을 창당하는 데 김(金)의원 같은 이가 절대 필요합니다. 도와 주십시오."
"정치 안 하면 안 했지, 싫소."

단호하게 거절했지만, 그는 그후로도 유령처럼 한밤중이면 예고 없이 모습을 나타내곤 했다. 불시에 방문하여 심리적으로 위협해 보자는 것이 분명했다.
어느 날인가, 서울시 지부장이 미제(美製) 세단을 몰고 나타났다. "부장(部長)이 한번 보자고 합니다" 하는 것이었다. "좋소, 갑시다" 하고 타고 갔더니, 한남동 유엔빌리지에 있는 안가(安家)로 들어갔다. 김종필 중앙정보부장이 현관에 나와 있다가 나를 맞아들였다. 나와 김종필의 첫번째 대좌(對坐)였다.
김종필은 내게 신당 동참을 권유했다. 그러나 나는 그에게 "쿠데타세력과는 절대 손을 잡을 수 없다"고 거절했다. 나의 분명한 태도에 김종필은 "술이나 한잔합시다"라고 했다. 두 사람은 새벽까지 술잔을 기울였다. 첫 만남에서 나는 그에게서 낭만파, 기분파라는 인상을 받았다.

백조그릴 사건

내가 정치활동정화법에서 해금된 것은 1963년 2월 1일이었다. 함께 해금된 사람은 백남훈(白南薰), 조한백(趙漢栢), 이상돈(李相敦), 이충환(李忠煥)씨 등이었다. 1월 27일 창당준비 발기인대회를 가진 민정당(民政黨)은 이들을 포함한 3백명의 발기인을 추가 발표했다. 민정당에서는 전열을 정비, 2월부터는 군정(軍政)에 대한 정치공세를 펴 나갔다.

쿠데타세력들은 1963년 2월 18일 돌연 민정(民政) 불참을 선언했다가 이를 번의, 3월 16일에는 군정을 4년 연장할 것을 제의, 재야 정계는 큰 충격을 받았다. 미국측은 강력하게 번의를 촉구했고, 재야세력은 전면적인 반대투쟁에 돌입했다.

이런 소용돌이 속에서 3월 22일 12시 5분 전까지 변영태(卞榮泰), 김준연(金俊淵), 김도연(金度演), 박순천(朴順天) 등 정계 인사 150여명이 약혼식장으로 예약된 무교동(武橋洞)의 백조그릴로 모여들었다. 얼마 뒤 윤보선(尹潽善)씨가 정해영(鄭海泳), 서범석(徐範錫), 유진산(柳珍山)씨와 함께 입장하면서 모임은 눈 깜짝할 사이에 정치집회로 돌변했다. 각파 인사 88명이 서명한 「민주구국선언」이 낭독되고 만세삼창을 끝낸 참석자들은 곧바로 가두시위에 나섰다.

백조그릴에서의 행사는 거의 내 집에서 준비했다. 이틀 밤에 걸쳐 플래카드 등 시위용품을 만들었는데, 복진풍군이 열심히 작업을 했다. 유인물은 등사기를 사다가 밤중에 일일이 한 장씩 밀었고, 광목을 끊어 와서 플래카드도 만들었다. 내가 하나하나 꼼꼼히 준비했기 때문에 백조그릴 사건은 너무나도 생생하게 나의 기억에 남아 있다.

참석자들은 근처 다방 같은 곳에 앉아 있다가 12시 정각에 식장으로 일제히 모여들었다. 군정(軍政)에 대한 협조자가 많았던 시절, 수백명이 모이는 집회가 성공할 수 있었던 것은 그만큼 비밀을 엄수했고, 군정에 대한 비판의식도 고조되어 있었기 때문이다.

백조그릴을 출발, 을지로(乙支路)를 돌아서 태평로(太平路)를 거쳐 광화문(光化門) 근처로 시위가 계속되는 동안 연도에 있던 학생과 시민들이 합류, 시위대는 2백여명으로 늘어났다. 그러나 시위대원 1명에 3, 4명의 헌병과 사복경찰관이 달라붙었으니, 시위는 오래갈 수 없었다. 시위대원들은 한 사람씩 열 밖으로 끌어내져 모두 시경(市警) 소속 대형버스에 태워졌다. 나는 화신(和信) 앞에서 종로경찰서로 연행됐다. 이 날 종로경찰서에 연행된 사람만도 56명에 이르렀는데, 그 중에는 서범석(徐範錫)·유옥우(劉沃祐)·유청(柳靑)·서정귀(徐廷貴)·김윤식(金允植)·윤형남(尹亨南) 전(前)의원 등이 포함돼 있었다.

서대문형무소에 수감

경찰은 수도방위사령부(首都防衛司令部) 보통군법회의 관할관으로부터 포고령 위반으로 구속영장을 발부받아 우리들을 모두 서대문형무소에 수감했다. 데모는 서울 이외에 부산(釜山)·대구(大邱)·광주(光州)·전주(全州) 등지에서도 일어나, 서울 87명을 포함해 모두 110명이 군사재판에 회부되었다.

계엄령으로 군인들이 모든 것을 장악한 살벌한 시기였다. 나는 서대문형무소에 수감되어 처음에는 김동영(金東英), 김상흠(金相欽), 복진풍, 서정귀 등 10여명과 큰 방 하나에 같이 있게 되었는데, 얼마 안 있어 독방으로 옮겨졌다. 일제 때 함흥감옥에 갇힌 적도 있다고 자랑삼아 얘기하던 김상흠이 어느 날 면회를 하고 와서는, "사형 아니면 무기래요" 하는 것이었다. 군사재판은 빠르게 진행되었고, 우리는 남산 근처에 위치한 군사재판정에 계속 불려 다녔다.

지금도 그렇지만 나는 당시에도 군사쿠데타는 절대 용납 못할 최고의 정치악(政治惡)이라고 생각했다. 5·16쿠데타가 일어난 이후 나는 커다란 의분심(義奮心)을 가지고 있었고, 그래서 군정에 끝까지 저항한 것이었다.

박정희(朴正熙)는 4월 8일 비상사태 수습을 위한 임시조치법을 폐지하고 정치활동을 재개한다는 내용의 4·8성명을 발표했다. 4·8성명에 따라 나는 22일 만에 서대문형무소에서 풀려났다. 내가 풀려나던 날 우리를 영접하는 인파가 형무소 앞 광장을 가득 메웠다. 나중에 안 일이지만 박정희는 케네디 미국 대통령이 '구속정치인 석방'을 요구하는 성명을 발표하자, 미국의 눈치를 보느라고 정치인들을 서둘러 석방한 것이었다. 서슬 퍼렇던 군사재판이 하루아침에 중단되고 구속됐던 사람들이 졸지에 풀려난 우스꽝스러운 일이었다.

민정으로 복귀하기까지 박정희는 군정을 단축하겠다고 했다가는 며칠 만에 다시 번복하는 등 소동을 벌였다. "박정희 최고위원께서 기자회견을 하겠습니다" 해서 들어 보면 입장이 바뀌었다는 것이었고, 때로는 회견 도중에 울기도 했다. 욕심 때문에 쿠데타를 한 박정희로서는 처음부터 당당하게 정치를 할 자신감이 결여되었던 것이다.

민정당은 박정희의 3·16성명으로 일시 중단됐던 창당작업을 재개, 그 해 5월 14일 서울 시민회관에서 창당대회를 가졌다. 이 날 대회는 윤보선씨를 대통령후보로 선출했으며, 이어 대표최고위원에 김병로(金炳魯), 최고위원에 김도연(金度演)·백남훈(白南薰)·이인(李仁)·전진한(錢鎭漢)·서정귀(徐廷貴)씨 등을 선출했다.

야당 대변인이 되다

　민정이양을 위한 대통령선거는 1963년 10월 15일에 실시되었다. 군복을 벗은 박정희가 공화당 후보로 출마해 민정당의 윤보선 후보에 간신히 승리했다. 15만이라는 근소한 표차였다. 특히 서울 등 대도시에서는 박정희가 윤보선씨에게 큰 차로 패배해, 국민이 군정에 대하여 얼마나 준엄한 심판을 내리고 있는가를 보여 주었다.

　그러나 민정당으로서는 전국적인 투·개표 감시체제를 가동하기 어려운 처지였다. 공정한 선거였다면 박정희는 당선되기 어려웠을 것이다. 나는 민정당의 대변인으로서 대선 승리를 위해 분주하게 뛰어다녔고, 이후 2년간 대변인을 맡아 활동했다.

　이어서 11월 26일 제6대 국회의원 선거가 실시되었다. 공화당은 33.5%의 득표율만으로도 의석의 3분의 2에 육박하는 110석을 차지했다. 선거제도가 잘못된 탓이었다. 나는 부산 서구에서 입후보, 3만 9,797표를 얻어 압승을 거두면서 3선의원이 되었다. 나는 당시 부산의 10개 선거구 중에서 유일하게 당선된 야당 후보였다

　사실 선거기간 동안 내가 지역구에 머물렀던 시간은 얼마 되지 않았다. 부산·경남지역 전체를 다니며 유세 지원활동을 했기 때문이다. 그런데도 부산 시민들은 나를 지지하고 성원해 주었다. 부산 시민들의 이러한 배려에 대해서 나는 진심으로 고마워했다.

〈조선일보〉 1963년 12월 5일자 1면에 실린 「당락의 변」.

굴욕적 한일회담 비판

　공화당정권이 추진해 오던 한일회담(韓日會談) 문제는 1964년 벽두부터 최대의 정치현안으로 비화되었다. 야당과 재야인사들은 3월 9일 '대일(對日)굴욕외교반대 범(汎)국민투쟁위원회'를 결성했으며, 서울대·고려대·연세대생들은 3월 24일 굴욕외교를 반대하는 대규모 시위를 벌였다. 특히 6월 3일의 반정부데모는 매우 격렬해서 서울시 일원에 비상계엄령까지 선포되었다.

　야당 대변인으로서 나는 당시의 한일회담과 한국군의 베트남 파병문제에 대해 강력한 반대논조를 폈다. 한일회담과 관련, 일본측의 망언(妄言)과 정부의 매국적 협상자세를 비판하는 글을 잇달아 발표했다.

"40년간의 일본통치는 선정(善政)이었으며 조선의 근대화에 기여했다"는 망발은 과연 무엇을 노린 것인가. 40년간 일제 통치 하에서 유린당한 한국은 6·25 공산침략으로 짓밟히면서 아이러니컬하게도 '특수경기'로 전후(戰後) 일본 부흥에 간접적으로 크게 공헌했다. 부흥에의 공헌만이 아니라 한국은 일본 적화(赤化)의 방파제가 되고 있다. 그럼에도 불구하고 일본은 참을 수 없을 만큼 우리의 감정을 촉발시키고 있다. 과거 십수년 지속되어 온 평화라인(이승만라인)에 대한 공공연한 침범 이외에도, 피의 대가인 청구권문제를 독립축하금 운운하는가 하면, 이른바 '김(金)·오히라(大平)메모'를 구실로 극소액(極少額)을 주장하면서 고자세를 취하고 있다. (〈동아일보〉, 1965년 3월 23일자)

한일협정 조인 직후에도 나는 박정희를 신랄하게 비판하는 글을 발표했다.

우리 정부는 야당과 학생, 국민 대다수가 아무리 반대해도 그 소리에는 귀를 막고 무엇엔가 쫓기는 듯이 스케줄에 맞추어 한일 국교정상화 조약에 조인하고야 말았다. 야당이나 학생, 그리고 대다수의 국민도 결코 한일회담 자체를 반대한 것은 아니다. 다만 현정부가 굴욕적인 내용으로 조인하는 것을 반대한 것이다. 일본은 과거의 잔학한 한국 수탈행위를 반성하고 앞으로는 호혜평등(互惠平等)의 입장에서 새로운 관계를 출발시키고자 하는 노력을 해야 함에도 불구하고, 조약에 나타난 내용은 반대로 일본의 이익에만 역점을 둔 감이 역력하다. (〈부산일보〉, 1965년 6월 24일자)

1960년대 초반 유세장면.

어떤 사람은 강변할 것이다. "한일국교정상화 교섭은 결과적으로 한국의 경제발전에 도움이 되었던 것이 아닌가"하고. 우리나라는 가난했고 박정희로서는 당장 돈이 필요하니까 협상을 빨리 추진한 면이 있다. 그러나 결과적으로 박정희는 불과 수억불의 돈과 과거 36년을 맞바꾼 셈이었다. 수십년 동안 한 나라를 송두리째 집어삼킨 대가가 고작 몇억달러로 계산될 수는 없는 일이었다.

박정희는 국민의 반대의 소리를 억압한 가운데 협정을 강행했다. 박정희는 협상에 미숙하면서도 지나치게 서두른 반면, 일본은 도도하고 여유가 있었다. 한일관계는 과거의 불행했던 시절을 거울 삼아 새로운 관계를 정립함에 있어 평등하고 우호적이어야 하는데, 조약은 전혀 그렇지 못했다. 결국 두고두고 한·일 양국간에 문제의 불씨가 남게 되었다. 1965년 정국에 '태풍의 눈'이었던 한일협정은 그 해 6월 22일 전국민적 반대여론에도 불구하고 기어코 정식으로 조인되고 말았다.

월남전 과잉개입 반대

한일협정이 조인된 직후인 1965년 7월 14일 박정희는 국군 전투부대의 월남 파병안을 국회에 상정, 8월 13일 야당이 불참한 가운데 단독으로 국회 본회의에서 통과시켰다. 이로써 청룡(靑龍)부대와 맹호(猛虎)부대가 전투부대로서는 처음으로 월남에 파병되었다. 월남전에 대한 한국군의 개입이 본격화된 것이다.

그런데 1965년 말 전황이 악화되자 박정희는 미국과 협의해 월남에 또다시 대규모 전투부대를 증파하려 했다. 6·25로 우리가 사활의 기로에 섰을 때 자유우방들이 군대를 보내 싸워 준 데 대한 도덕적 부채와 의리, 그리고 월남전선이 갖는 전략적 측면을 고려한다 해도, 대규모의 증파(增派)는 문제가 있었다.

나는 명백하게 반대의사를 밝혔다. 병력의 증파는 '과잉개입'일 뿐만 아니라 우리 국력에 비해서도 무리였다. 아시아에서 반공국가는 한국만이 아니었다. 그런데 필리핀, 태국, 말레이시아, 뉴질랜드, 오스트레일리아 같은 나라는 파병에 소극적이었다. 한국만이 국력에 비해 월남전에 너무 깊이 개입한 것이다.

〈조선일보〉 1966년 3월 10일자 「월남증파(增派)에의 증언(證言)」에서 나는 이렇게 제시했다.

…… 주한(駐韓) 유엔군사령관 비치 장군이 "동남아에서 미국의 관여가 증가하면 월남에서 압력을 해소시키고, 우리들이 광범위하게 분리된 두 개의 전선에서 전쟁을 하지 않으면 안 되는 불

〈조선일보〉 1966년 3월 10일자에 실린 나의 글 「월남증파에의 증언」.

리한 입장으로 몰아넣기 위한 수단으로서, 공산주의자들이 동북아에서 공격을 하는 것이 그들의 논리적인 전술이 될 것"이라고 말한 것을 인용한 〈뉴욕타임스〉 보도를 우리는 심각하게 음미하지 않을 수 없다. 비치 장군은 바로 우리 휴전선 방위의 책임을 맡은 고위 군사전략가라는 사실을 상기할 필요가 있는 것이다.

북괴가 중공 및 소련과 맺은 방위조약은 공격을 받았을 때 자동적으로 군사적 행동을 취하게 되어 있음에도 불구하고, 우리와 미국 사이의 상호방위조약은 그렇지 못한 것이다. '대한민국과 미(美)합중국 간의 상호방위조약' 제3조는 "각 당사국은 타당사국의 행정지배하에 있는 영토와 각 당사국이 타 당사국의 행정지배하에 합법적으로 들어갔다고 인정하는 금후의 영토에 있어서 타 당사국에 대한 태평양지역에 있어서의 무장공격을 자국의 평화와 안전을 위태롭게 하는 것이라고 인정하고 공통

된 위험에 대처하기 위하여 각자의 헌법상의 수속에 따라 행동할 것을 선서한다"고 규정하고 있는 것이다.

지난 2월 말 험프리 미국 부통령이 두번째로 내한(來韓)하여 여·야 원내간부들과 간담회를 가졌을 때, 내가 한미방위조약의 수정·강화의 필요성을 강력히 강조했던 이유도 여기에 있었다. 험프리씨는 "한국에 미국인 한 사람이 남아도 미국 본토와 같이 지키겠다"고 한국민들을 안심시키려고 애썼지만, 그것은 어디까지나 외교적인 발언일 뿐, 그것이 '외교문서'로 확약되는 것과는 다른 것이다.

이와 같이 우리 자체의 안전보장에 어떤 '구멍'이 생길 위험을 무릅쓰고 우리의 젊은이들을 자꾸만 '끝없는 월남전선'에 투입하려 하고, 거기에 언필칭 '경제적 실리'를 운위하는 것은 집권자의 올바른 자세가 못 되는 것이다. 경제적 실리가 아무리 크더라도 우리 자체의 안전이 확고히 보장되지 않은 상태에서 이 이상의 월남 증파는 반대하지 않을 수 없다는 것을 명백히 해 두는 것이다.

공보다 많은 과

한일회담 파동을 거치면서 박정희는 점차 노골적으로 힘에 의존하는 정치를 선호하게 된다. 쿠데타 이후 5년의 세월 동안 박정희는 점점 더 국민과 야당을 무시하게 됐고, 각종 정치테러와 부정부패가 빈발했다. 이즈음 나는 의정단상과 언론지상을 통해 박정희의 부패·무능한 정치행태를 질타했다. 나는 〈국제신보〉 1966년 5월 17일자에 기고한 글을 통해, 박정희가 1967년 선거를 1년 이상 앞두고 막대한 선거자금을 뿌리며 사전선거운동에 돌입한 사실을 비난했다.

중립을 유지해야 하는 행정기구를 정치도구로 동원하는 정치수법은 자유당 말기의 그것과 하등 다를 것이 없다. 그들의 수법은 오히려 자유당시대의 그것보다 훨씬 '근대화'된 느낌이다. 그들은 선거 1년 전에 벌써 방대한 정치자금을 뿌리고 사전선거운동을 벌이고 있다. 정치자금으로 전국의 야당조직을 침식함으로써 '야당부재' 현상에 더욱 부채질을 하고 있다. 그들은 또다시 야당을 파괴·분열시켜 무력화시킴으로써 '부전승'(不戰勝)하려는 비열한 정치 플레이를 구사하고 있는 것이다.

공화당의 그 방대한 정치자금의 원천은 과연 무엇일까. 그것은 두말할 것도 없이 '국력'(國力)이다. 국민의 호주머니로 들어가야 할 돈이며 국가의 발전을 위해 투자해야 할 돈인 것이다. 그것이 공화당의 손으로 들어가는 과정에서 얼마나 많은 부정부패가 횡행하고 있겠는가를 생각해야 할 것이다. 행정은 있어도 정치는 없고 부정부패는 있어도 정치는 없는 이 시점에서, 집권세력들은 무슨 낯으로 '5·16혁명'을 말하며 '정치정화'를 운위하겠는가. 이제 정치정화의 대상이 바로 그들 스스로가 돼야 한다는 것을 자각해야 할 것이다. 지난 5년간의 갖가지 실정(失政)과 시행착오들은, '5·16'의 가치는 다시는 '쿠데타'가 일어나서는 안 되겠다는 역사적 교훈 과정밖에 되지 못했다는 것을 말해 주는 것이다.

한국에 월남은 무엇인가

1960년대 후반의 국내외적 상황은 야당으로서는 무척 어려웠다. 1968년 1월 21일 무장공비 31명의 서울 침투사태에 이어, 2월 2일에는 미국 정보함 푸에블로호의 북한 피랍사건이 일어났고, 11월 2

1970년 7월, 주월 한국군 사령부를 방문했을 때. 앞줄 왼쪽부터 김홍일, 서범석, 나, 박기출.

일에는 울진(蔚珍)·삼척(三陟)지방에 대규모 무장공비가 침투했다. 베트남전쟁은 수렁에 빠져 허우적거렸고, 캄보디아사태도 해결의 실마리를 찾지 못했다. 이러한 국내외 정세 속에서 박정희는 국내 정치를 강성(强性) 일변도로 몰아붙였고, 월남에 대해서도 병력의 증파를 거듭했다.

박정권은 언론을 총동원해 연일 월남전 특수(特需)로 들어오는 '달러'에 대해 선전을 해댔다. 월남은 이제 한국에 '보물단지'와도 같은 존재가 되어 갔다. 나라가 가난했던 시절, 달러를 벌어 온다는 것 때문에 국민들의 태도마저 상당히 바뀌어 갔다.

5만명에 달하는 우리 장병들이 머나먼 이국 땅에서 목숨을 건 전투를 하고 있었기 때문에, 월남파병을 반대해 온 야당으로서도 월남의 상황을 주시하지 않을 수 없었다. 나도 전황(戰況)을 살피고 장병들을 위문하기 위해 국회 위문단의 일원으로 3, 4차례 월남에 간 적이 있다.

우리가 공항에 내리면 한국 헌병이 비행장 안에까지 들어와 앞뒤로 요란스럽게 호위를 했다. 우리 일행이 경적을 울리며 거리를 질주하면 다른 차들은 운행을 중단하고 기다려야 했다. 무슨 대단한 VIP 대접을 받은 것이지만, 나는 속으로 '이러면 안 되는데' 하고는 못마땅해했다. 월남 국민들에게 우리의 이런 모습이 어떻게 비칠까 생각하니 마음이 편치 않았다.

그때 월남 대통령은 티우였다. 티우는 우리가 원할 때면 언제든 만날 수 있었다. 그러나 티우와의 만남은 유쾌한 편이 못 되었다. 티우는 말을 할 때마다 손톱을 길게 기른 손가락을 장난치듯 이리저리 꿈지럭거리곤 했는데, 전쟁 중인 나라의 지도자다운 모습은 찾아보기 어려웠다. 티우가 하는 말이라야 한국군이 도와 주어서 감사하다는 식의 판에 박힌 이야기뿐이었다. 나는 쿠데타로 정권을 잡은 티우 개인의 고마움을 표시한 것이 아닐까 하는 생각이 들 때도 있었다.

비행기 위에서 내려다보는 월남의 들판은 너무나 아름다웠다. 대지의 신은 선량한 월남인들에게 삼모작을 할 수 있는 풍요로운 땅과 기후를 선물해 주었다. 천하에 찾아보기 힘든 살진 땅이었다. 나는 월남인들이 그들의 비옥한 대지에서 마음껏 농사지을 수 있는 평화의 때가 찾아오기를 마음속으로 기원하기도 했다.

위기일발의 순간

1969년 3월 21일 오후 6시 30분(현지시각), 나는 월남에서 그야말로 목숨을 잃을 뻔한 위기일발의 순간을 넘긴 적이 있다. 내용인즉 이랬다. 3월 20일 주월(駐越) 한국군의 위문 시찰차 여·야 국회의원 16명 등 27명이 사이공에 도착했다. 다음날 한국군의 C-46 군용기로 백마(白馬)부대를 시찰하기 위해 일행은 나트랑비행장으로 향했다.

나는 창가에 자리를 잡았고, 내 옆에는 공화당의 김동환(金東煥) 원내총무가 앉아 있었다. 잡담을 나누는 사람들의 목소리로 비행기 안은 다소 시끄러웠다.

어느 순간엔가 군인 승무원들이 하도 수상스럽게 왔다갔다해서 내가 당시 부사령관이던 김용휴(金容烋) 장군을 불러 무슨 일이냐고 물어 보았다. 부사령관은 얼굴이 흙빛이 돼 가지고, "큰일났습니다. 지금 비행기 바퀴가 안 나옵니다" 하는 것이었다. 그래 어쩔 거냐고 했더니, "일단 연료를 모

〈조선일보〉 1969년 3월 22일자에 실린 월남 방문 의원단 비행기 사고 기사.

두 소모한 뒤 동체착륙을 해야겠습니다"라고 했다.

　소식이 알려지자 시끄럽던 기내는 일순 조용해졌다. 팽팽한 긴장감이 감돌았다. 한 시간쯤 떠 있었을까. 간간이 창 밖을 내려다보자니 오싹한 느낌도 들고 기분이 안 좋았다. 공항 활주로와 관제탑 주변에 미군 소방차와 앰뷸런스가 늘어서 있었다. 사람들은 저마다 각자의 신에게 기도를 드리고 있었다. 정해영 의원이 염주를 만지고 있는 모습이 눈에 들어왔다.

　비행기가 바닥에 닿는 순간 와장창 하는 파열음이 여러 차례 나더니 동체가 옆으로 기우뚱하면서 주저앉았다. 비상구를 발로 차고 뛰어내린 나는 무조건 앞으로 뛰었다. 돌아보니 비행기는 왼쪽 날개와 프로펠러, 엔진 등이 대파(大破)되어 형체를 알아보기 어려웠다. 비행기는 바다를 코앞에 두고 아슬아슬하게 멈춰 서 있었다. 사람들이 아비규환으로 탈출하고 있었다. 다행히 불은 나지 않았지만 모두들 넋이 빠져 버렸다. 사람들은 모두 큰 충격을 받았다. 군인들이 기내에 들어가 부상을 당한 윤제술·김재광 두 의원을 구출했는데, 두 사람은 허리를 다쳐 오래도록 후유증에 시달려야 했다.

　경황 중에 부서진 잔해 앞에서 바다 쪽을 향해 앉아 있는 사람이 내 눈에 들어왔다. 온몸이 땀에 젖은 채 큰 소리로 울고 있는 그 사람은 조종사였다. 나는 그에게 다가가 "어찌 됐든 당신이 잘했다"고 위로해 주었다.

　따지고 보면 조종사는 모두에게 생명의 은인인 셈이었다. 비행기는 왼쪽 바퀴가 빠지지 않아 비행장 상공을 7번이나 선회한 끝에 오른쪽 바퀴만으로 비상착륙에 성공한 것이었다. 이 날 극적으로 위기를 모면한 것은 조종사의 기지와 침착성 때문이었다. 나중에 국회는 그를 포상하고 승진시켜 주도록 정부에 요청했다.

당시 시찰자 명단을 보면 공화당은 백남억(白南檍)·길재호(吉在號)·김진만(金振晩)·양순직(楊淳稙)·김동환(金東煥)·최희송(崔熙松)·길전식(吉典植) 의원, 신민당은 윤제술(尹濟述)·이재형(李載瀅)·정해영(鄭海泳)·김재광(金在光)·김은하(金殷夏)·편용호(片鎔浩) 의원과 나, 정우회(政友會)는 신용남(愼鏞南)·이병주(李炳主) 의원 등이다.
　이제는 여러 사람이 고인이 되었지만, 당시 국회부의장과 여·야의 원내총무, 정책위의장 등 한국 정계의 중진들이 망라되어 있었다. 이 날의 사고는 한국 여야 정치 지도자들의 대형 참사로 이어질 뻔한 위험천만한 것이었다.

3. 바깥에서 본 조국

국무성 초청으로 방미

한일회담 반대데모로 시국이 혼란의 와중에 있던 1964년 6월 15일 나는 미(美) 국무성의 초청으로 미국 시찰여행을 떠났다. 여행은 6·3사태 훨씬 이전에 초청되고 준비된 것이었으나, 혼미한 정국을 뒤로한 채 조국을 떠나기가 몹시 망설여졌기 때문에 여정을 여러 차례 연기했다. 그러나 더 이상 미루기는 어려웠고, 어차피 당시는 계엄령이 선포된 '무정치'(無政治)의 상황이기도 했다.

'차라리 이 기회에 넓은 세계를 둘러보고 견문과 지혜를 넓혀 새로이 조국에 봉사하는 길이 있지 않겠는가.'

여기에 내가 1964년의 여행을 기록한 일기를 상당 부분 전재(全載)한다. 이 내용이 수록된 일기장은 현재 내게 남은 단 한 권뿐인 일기장이다. 최근 이 일기장이 뜻밖에도 나에게 돌아오던 날, 나는 이루 표현할 수 없는 감격과 기쁨을 느꼈다. 그러나 한편으로는 최소한의 자유마저 누릴 수 없었던 과거에 대한 분노가 엇갈리기도

1964년 6월 미 국무성 초청으로 120일간 미국 등 세계 10여개국을 시찰·여행하였다. 시찰·여행을 기록한 이 일기장은 현재 나에게 남은 단 한 권뿐인 일기장이다.

했다. 나는 해방 직후 중학시절부터 꾸준히 일기를 써 왔으나, 박정희와 전두환 시절 중앙정보부의 강제수색으로 모두 강탈당했다. 박정희 18년간 네 번, 전두환 8년간 두 번 등 모두 여섯 차례에 걸쳐 중앙정보부는 내 집을 강제 수색했다. 그들은 수십 권이 넘는 내 소중한 일기장과 여러 개의 가방에 가득하게 일부러 모아 두었던 사진 등 모든 기록을 나에게서 강탈해 갔다. 내가 대통령이 되었을 때 잃어버린 자료들을 찾으려 해 보았지만, 도저히 찾을 수 없었다. 과거의 독재자들은 강탈해 간 내 자료를 모두 없애 버린 것이다.

1964년 6월 15일 월요일
  난생 처음 고국을 떠나 외국여행 길에 올랐다. 비행장에는 미(美)대사관 쪽에서 닥터 리와 코다노푸가 나왔고, 국회에서는 정

야당시절의 초상화 ··· 179

해영(鄭海泳)·고흥문(高興門)·김익기(金翼基)·김재광(金在光)·양회수(梁會璲)·이중재(李重載)·박찬(朴瓉)·김형일(金炯一)·진기배(陳基培)·최두고(崔斗高)·이충환(李忠煥)·이정래(李晶來)·오치성(吳致成)·방일홍(方一弘)·최서일(崔瑞日), 국회사무처의 배(裵)사무총장과 권(權)사무차장, 김용성(金龍星)·이상신(李尙信)씨, 그리고 기자들로 고의영(高義永)·정영모(鄭永模)·김용태(金瑢泰)·정현순(鄭鉉淳)·서병현·형진한(邢鎭漢) 등이 환송차 나왔다.

사랑하는 가족과 헤어져 기상(機上)에 올랐다. 하늘에서 내려다본 우리 땅은 어쩌면 그렇게 헐벗고 메마르고 가난해 보이는지, 반면 일본 땅은 얼마나 푸르고 기름져 보이는지…….

서울에서 오후 3시 40분에 출발, 5시 20분 동경(東京) 하네다(羽田)국제공항에 도착하여 배의환(裵義煥) 대사의 영접을 받았다. 시바파크호텔(Chiba Park Hotel) 1311호에 여장을 풀었다.

6월 19일 금요일

아침에 주일대표부에 들러 배(裵)대사와 여러 간부에게 인사를 했다. 대학 동창인 김영순(金英珣)이 장학관(獎學官)으로 와 있어 정말 반가웠다. 대사와는 일본의 경제문제와 한일관계에 대해서 의견을 교환했다. 최찬연씨가 찾아와 점심을 함께 했다. 오랜만에 만나 고국 걱정을 나누었다. 일본은 이렇게 발전하는데, 우리의 조국을 생각하니 정말 눈물이 난다.

서범석(徐範錫) 총무가 도착해 저녁에 만났다. 잠시 동안 한국 이야기를 했다. 박삼준(朴三俊) 의원도 찾아왔다. 저녁에는 동경(東京) 구경을 했다. 내일 일본을 떠난다.

나는 일본을 거쳐 미국 국적의 프로펠러 비행기를 타고 갔다. 한국과 미국 간에 직항로가 개설되는 데는 그후로도 상당한 세월이 흘러야 했다.

미 국무성 방문

6월 26일 금요일

워싱턴(Washington)에 와서 첫 밤을 지냈다. 어젯밤에는 이것저것 생각하느라 전혀 잠을 자지 못했다. 아침 11시에 처음으로 미 국무성에 가서 한국과 일본과장의 안내로 극동국장인 레너드(Donald L. Ranard)씨를 만나 한참 동안 이야기했다. 그는 5·16 당시 주한 미대사관의 정치과장(政治課長)이었다. 5·16군사쿠데타를 반대하는 성명서를 자신이 기초했다는 말까지 했다.

극동담당 국무차관보인 마샬 그린(Marshall Green)을 만나 같이 점심을 먹으면서 장시간 한국문제를 가지고 의견을 교환했다.

저녁 늦게 김정렬(金貞烈) 대사가 다녀갔다. 밤 12시 30분 한국의 명순(命順)에게 전화했다. 정말 반갑다. 별일 없다고 하는 목소리. 사랑하는 나의 아내, 안녕히. 한국은 낮 1시 30분이라고 한다.

케네디 묘소 참배

6월 27일 토요일

미국에서는 토요일과 일요일은 같이 노는 날이다. 아침에 최경록(崔慶祿) 장군이 와서 한참 동안 대화를 나눴다.

낮에는 UPI의 르로이 하우저(Leroy Hauser)와 같이 내셔널 프레스클럽에 가서 식사를 같이 한 뒤 케네디의 묘소에 갔다. 지금도 세계 곳곳에서 수많은 사람들이 줄을 지어 참배하고 있다. 링컨기념관에도 갔다. 백년 전 노예해방을 부르짖었건만, 오늘도 흑·백인 문제는 미국의 고민거리다. 존슨 대통령은 요즘 빈곤과의 전쟁을 선언했다.

한말(韓末)의 영사관(領事館)을 가 보았다. 훌륭한 집이다. 바로 옆에 일본 영사관도 있었는데, 우리 영사관보다 작아 보였다.

저녁에는 김정렬 대사의 관저(官邸)에 초대받아 갔다. 동포들끼리 이야기하니 반가웠다. 양유찬(梁裕燦) 전(前)대사, '미국의 소리' 방송 황(黃)목사, 최(崔)박사, 한(韓) 전(前)공사 등 여러 교포들과 화기애애한 저녁을 보냈다.

밤늦게 최경록(崔慶祿) 장군이 미국 CIA 차장과 같이 와서 장시간 한미관계에 대해 유익한 얘기를 나눴다.

6월 28일 일요일

오전에 박(朴)참사관이 왔다. 국무성 차를 타고 조지 워싱턴이 살던 집과 묘소에 가 보았다. 수많은 참배객들이 모여들었다. 워싱턴의 위대성을 새삼 느꼈다. 링컨이나 케네디의 묘소에는 흑인이 많았는데, 워싱턴의 묘에는 흑인이 별로 없다. 링컨은 노예해방을 위해 싸웠고 케네디는 민권(평등)투쟁을 위해서 노력했기 때문에, 그들 묘소에는 흑인이 많다는 것을 느꼈다.

저녁때 힐론이 왔다. 힐론의 차로 그의 집에 가는 길에 케네디가 상원의원 시절 재클린과 함께 살던 집을 보았다.

워싱턴은 참 아름다운 곳이다. 어디를 가든지 숲에 둘러싸여 있고, 국회의사당보다 더 높게는 건물을 지을 수 없다고 한다. 의회민주주의의 전통을 지키려는 자세인 것이다.

미국의 평화와 부(富), 그것은 미국인의 자유와 근면의 정신에서 나온다고 생각했다.

미 상원에서 환영받다

6월 29일 월요일

오늘 아침에는 AID의 포츠(Poats) 부처장(副處長)을 만나 한국 원조문제에 대해서 1시간 30분가량 이야기했다. 나는 미국이 한국에 '얼마'를 주었다고 생색을 낼 것이 아니라 '무엇'을 했다는 것을 남겨야 할 것이라고 말했다.

낮 12시 15분에는 상원에 가서 외무분과위 극동분과위원장인 민주당 로시(Lausche)의 초대로 공화당의 히켄루퍼(Hickenlooper), 칼슨(Carlson)과 같이 오찬을 했다. 로시는 오하이오주(州)에서 2년씩 다섯 번, 그러니까 꼭 10년간 지사를 지낸 사람이다.

상원 본회의에서 그가 나를 소개한 다음 내가 일어서자, 상원의원 전원이 박수로 환영해 주었다. 감격스러운 순간이었다. 약 40여명의 상원의원과 인사를 나누었다. 공화당 대통령후보가 된 골드워터(Goldwater)도 만났다.

7월 1일 수요일

　오전 9시 50분 '미국의 소리' 방송국에 가서 '미국의 소리'에 대해 대화를 나눴다. '미국의 소리'는 세계 35개국에 방송을 내보내고 있다. 고국에 보내는 방송의 녹음도 했다. 한국시간으로 7월 9일 아침에 나의 목소리가 한국에 전해진다.

　11시 15분 국무성 극동담당 차관보인 마샬 그린을 다시 찾아 약 2시간 동안 한국문제에 대해서 광범하게 의견을 교환했다. 그린은 한국에 대해서 이해가 깊은 사람 중의 하나였다.

　점심은 김정렬(金貞烈) 대사와 함께 사쿠라라는 일식집에서 먹었다. 오후 2시 30분에는 존슨 대통령이 설치한 '빈곤과 싸우는 위원회'의 위원장인 존 스위니(John Sweeney)를 만나서 그 계획을 들었다. 연간 25억달러를 투입하는 5개년계획에 대해서다. 그들의 계획에는 산간벽지에 도로를 건설한다든가 인공호수를 만드는 계획이 들어가 있었다. 미국 인구의 20%가 대상이었다. 우리나라와 다른 점은 빈곤층에 대해 직접 도와 주는 것이 아니라 환경이나 조건을 만들어

주는 방식이다.
저녁은 힐튼에서 김성곤(金成坤)씨와 김(金)대사와 함께 했다.

독립기념일 축제 구경

7월 4일 토요일

아침에 국무성에서 차를 보내 주어 워싱턴 시가를 둘러보았다. 특히 흑인들만 모여 사는 지역에 가 보았다. 미국에서는 역시 인종문제가 어려운 문제라고 생각되었다. 흑인 아이들은 거의가 연년생이다. 이들이 참정권을 갖게 되는 날 미국 국회에 흑인들이 많이 진출하게 될 것이고, 그러면 상당한 문제가 발생할 것이 예견되었다.

지금은 미국 인구 1억 7천만명 중 흑인이 2천만명 정도이다. 그러나 백인의 출산율은 낮고 흑인의 출산율은 높다. 따라서 몇 십년 후 흑인 대통령이 선출되지 않으리란 보장이 없다는 생각이 들었다.

오늘은 미국의 독립기념일이다. 오후에는 마장(馬場)에 나가 1시간에 3달러를 지불하고 말을 탔다. 외국에서 말을 타는 것은 국내에서와는 색다른 맛이 있다.

저녁때 호텔에 있자니 국내의 정정(政情)과 우리나라의 장래에 관해서 여러 가지 걱정이 많이 생겼다. 남들은 이렇게 잘사는데 우리는 우물 안 개구리처럼 허구한 날 지지고 볶고 싸우고 있으니 답답하기 그지없다.

저녁은 백악관 근처 중국집에 가서 오래간만에 두부찌개를 시켜 먹었다. 그리고는 링컨기념관 근처에서 불꽃놀이 구경을 했다. 워싱턴 근처에서 모여든 수십만 인파와 수만 대의 차량이 대

혼잡을 이루었다. 약 2백년 전 오늘 미국은 영국으로부터 독립되었다. 독립선언서가 라디오를 통해서 전국에 방송되었다. 참으로 위대한 국가요 복받은 민족이다.

TVA사업 시찰

7월 8일 수요일

예정대로 아침 9시 30분 미국이 자랑하는 TVA의 본부로 갔다. 미스터 해롤드(Mr. Harold)에게서 TVA의 개요와 발전과정을 들었다. 오후에는 그의 안내로 녹스빌에서 자동차로 1시간가량 가서 유명한 노리스댐(Norris Dam)을 구경했다. 노리스댐은 TVA의 27개 댐 중에서 가장 큰 댐이다. 27개 댐의 총전력은 670억 kwh이다. 전체 종사원 수는 1만 7천여명. TVA의 혜택을 누리고 있는 주민은 350만명이며, 시험용 비료공장이 1개 딸려 있다.

루스벨트 대통령 때 산업발전과 관개시설을 위해 시작된 TVA사업은 제2차 세계대전과 한국전쟁을 거치면서 더욱 발전, 오늘날 세계적으로 명성을 날리고 있다. 지금 미국 정부가 추진 중인 빈곤퇴치 대상구역 9개 주(州)가 TVA 사업영역 안에 들어 있고, 그 면적은 영국 본토 면적과 맞먹는다.

TVA사업으로 중앙정부가 주정부에 지불한 돈은 1963년도의 경우 상당히 많았던 모양이다. 미국 자본주의는 개인과 기업의 자유를 최대한 보장하고 육성하는 것이지만, 국영기업인 TVA사업도 이렇게 꾸준히 발전해 오고 있다. 물론 일부에서 TVA사업에 대한 반대의견도 있지만, 이 사업은 여전히 발전하고 있는 것이다.

자동차를 타고 가면서 미스터 해롤드가 말하기를, 4년 전 케네디가 민주당 공천을 받으려고 할 때 미국 사람들 중에는 그가 너무 젊다고 비웃는 사람들이 많았다고 한다. 케네디가 노련한 정치가 존슨을 물리치고 민주당 대통령후보가 됐을 때 미국민들은 놀랐다.

존슨이 대통령후보 경쟁에서 탈락하자 부인은 울면서 존슨가(家)의 수치라고까지 했다. 그러나 이틀 뒤 존슨은 케네디의 부통령 지명을 수락했다. 이것이 바로 미국 정치의 강점(强點)이다. 존슨이 감정을 억누르고 대세와 여론을 수용했다는 것은 미국의 자랑이다.

닉슨은 케네디에게 졌을 적에 기자회견에서 "기자들, 당신들 때문에 내가 졌다"고 화풀이를 했다. 이것 때문에 닉슨의 입장이 어려워졌다고 한다. 져도 깨끗하게 승복하지 못한 것이 미국민들의 눈에 좋지 않게 보인 것이다.

케네디는 그 아버지가 훌륭했다. 자기 아들을 대통령에 당선시키기 위해 그는 자기 수중에는 돈이 한푼도 안 남아도 좋다고 말했다는 것이다. 이것이 미국민과 실업인의 정서에 파고들었던 것이다.

대통령후보 경쟁 때 존슨은 케네디의 반밖에 표를 얻지 못했다.

거리에서 정치자금 모금

7월 9일 목요일

거리에서 정당의 자금을 모금하는 것을 보니 정말 부럽다. 녹스빌(Knoxville)의 공원에서 본 것이었는데, 자동차에 '민주당 자금모금'이라고 써 붙여놓았다. 25센트를 내면 자동차 추첨권을 준다. 물론 자동차 값의 수십 배, 수백 배를 벌게 된다. 이렇게 공개적으로 정치자금을 모으니 얼마나 떳떳한가.

오후에는 피곤해서 줄곧 호텔에 머물렀다. TV를 통해서 공화당의 대통령후보 지명전 광경을 지켜보았다. 스크랜튼(Scranton)이 정책연설을 했다. 현직(現職) 지사이기 때문에 행정적인 면을 깊숙이 얘기했다.

골드워터가 비행기에서 내리는데, 환영하는 군중들이 미친 것처럼 날뛴다. 비행기에서 내리자마자 골드워터는 간단한 연설을 통해 "고맙다"는 말을 거듭거듭 했다. 박수가 터져 나온다. "나는 반드시 이길 것이다. 1차투표에서 단번에 이기지 못할지는 몰라도 결선투표에서는 결국 이길 것이다. 여러분이 단결해서 밀어준다면 민주당의 존슨을 이기고 말 것이다."

남미의 콜롬비아에서는 밤이 되면 야당이 여당을, 혹은 여당이 야당의원들에게 테러의 악순환을 되풀이해 왔는데, 이번에 여·야간에 협정을 맺어 앞으로 16년간 정치휴전을 하기로 했다 한다. 협정에 따르면 4년마다 정권을 교체하기로 되어 있다. 오늘의 여당이 4년 후에는 야당이 되는 것이다. 여·야당은 국회의석이 각각 50석이다. 그리하여 지금은 주로 경제부흥에 매진하고 있다 한다.

미국은 부잣집 아이들도 방학이 되면 아르바이트를 한다. 그것을 통해 일하는 것이 얼마나 소중한 것이며 돈이라는 것이 얼마나 귀한 것인가를 어릴 때부터 깨닫게 된다. 농장의 경우 아버지가 아들에게 바로 유산으로 주지 않는다. 아들이 외상으로 사서 결국 갚도록 한다. 아버지의 유언에 따라서 어머니에게는 3분의 1까지는 상속을 줄 수 있게 되어 있다.

오늘 한국에 많은 편지를 썼다. 국회의 동지들, 그리고 부산 서구에 약 50여 매의 엽서를 써 보냈다. 명순(命順)에게도 미국에 와서 처음으로 사진을 부쳤다.

구경거리 인디언들

7월 10일 금요일

아침 9시 녹스빌을 출발해서 캐롤라이나(Carolina)주의 체로키(Cherokee)라는 곳에 왔다. 이곳은 미국이 자랑하는 그레이트 스모키 마운틴스 내셔널 파크(Great Smoky Mountains' National Park)가 있는 곳이다.

미국의 원주민인 인디언들만 살고 있는 곳이다. 국립공원(國立公園)이라고 할 만큼 정말 산이 아름답다. 제일 높은 곳이 6,643피트(약 2,000m)이다.

인디언들이 생활하는 것을 직접 보았다. 특히 여자들은 매우 아름다웠다. 영화에서 보는 인디언들과는 전혀 달랐으며 우리 동양 사람과 똑같았다.

이곳에는 과거 인디언들이 약 7천명 살고 있었는데, 2천여명이 나가고 지금은 5천여명이 살고 있다. 세계 각국의 사람들은 그들을 구경거리 삼아 찾아오곤 한다.

따져 보면 주인 아닌 영국 사람들이 들어와서 오늘의 미국을 지배하고 있는 셈이다. 옛날 모습을 보니 우리나라의 농촌환경, 특히 생활모습이 흡사하다. 공예품도 비슷한 것이 많다. 진짜 땅

주인은 이렇게 남의 구경거리가 되고 있는데, 오늘의 주인인 미국은 세계를 지배하고 있다.

저녁에는 약 5천명을 수용할 수 있는 노천극장에서 인디언 영화를 보았다. 한 민족의 흥망이 눈물겨웠고 비극적이었다. 부족끼리 단결만 되었더라도, 광대한 미국대륙의 일부를 차지하면서 오늘은 독립국가 국민이 되어 있었을 텐데…….

지금으로부터 약 120년 전, 1만 7천여명의 인디언들이 이곳 체로키에서 테네시주 쪽으로 쫓겨 가서, 그 가운데 6천여명이 굶어 죽고 얼어죽었다. 인디언들이 미국 시민권을 얻은 것은 1927년이다. 겨우 37년 전의 일이다.

공화당 전당대회 시청

7월 15일 수요일

아침에 마이애미(Miami)에 있는 국무성 지부를 방문했다. 지부장을 만나 여러 가지 얘기를 했다. 어젯밤에 초대받은 맥케이(Mckay) 여사의 아버지는 브라질 대사도 지냈다고 한다. 국무성에서 앞으로의 프로그램이 도착했다. 8월 30일 뉴욕에서 런던으로 떠나도록 되어 있다. 워싱턴에는 8월 18일에 가도록 되어 있다.

12시에 마이애미 시장의 호의로 헬리콥터로 마이애미시(市)를 공중에서 내려다볼 수 있었다. 오후에는 호텔 풀(pool)에서 해수욕을 했다. 풀장 물이 바닷물이다. 하와이에서 해수욕을 하고 두 번째다. 미국에 와서 제일 상쾌한 하루다. 같이 수영을 하는 수많은 미국 남녀들이 행복해 보였다. 우리도 노력해야 한다. 우리 국민들은 남에게 의존하고 요행을 바라서는 안 된다. 단결과 노력으로 우리의 조국을 건설해야 한다.

본국에서는 원내총무 서리로 윤제술(尹濟述) 의원을, 부총무에 김형일(金炯一)·박한상(朴漢相) 의원을 정했다고 한다.

밤에는 TV를 통해서 샌프란시스코에서 열리고 있는 공화당 전당대회의 대통령후보 지명전을 볼 수 있었다. 우리나라에서는 상상할 수 없는 그런 대회였다.

골드워터와 스크랜튼 외에 상원의원인 스미스라는 여자가 출마했다. 미국 역사상 여자가 대통령후보에 출마한 것은 이번이 두번째란다. 하와이주 출신 상원의원인 중국인 2세와 또 한 사람의 지사도 출마했다.

TV에서 기자가 말했다. 역대 정치인들의 아내, 가령 아이크·케네디·존슨 등 어느 정치인의 부인보다도 스크랜튼의 부인이 남편을 위해 헌신적이고 훌륭하다는 것이다. 스크랜튼은 "공화당 대통령후보로 지명받지 못하면 어떻게 하겠느냐"는 기자의 질문에, "내년 2월 워싱턴 1번지에서 만나자"고 했다. 백악관에서 만나자는 말이다.

골드워터와 스크랜튼 지지자들의 지지 열기는 대단하다. 닉슨은 어젯밤 골드워터를 만난 모양이다. 부통령 지명을 받기 위해서다. 치사스럽다는 생각이 들었다.

드디어 골드워터가 대통령후보로 지명되었다. 대의원 1,300여 명 중에서 골드워터는 883표, 스크랜튼 214표, 록펠러 112표, 스미스(Smith) 여사가 27표를 얻었다.

스크랜튼이 나와서 감사의 인사를 하고 공화당의 단결을 호소했다. 스크랜튼의 딸은 눈물을 흘리며 아버지의 연설에 열광적으로 박수를 보냈다. 골드워터는 나타나지 않고 별로 인상이 좋지 않은 부인만 나타났다. 스크랜튼은 부인과 같이 쓸쓸히 퇴장했다.

잉여농산물은 골칫거리

7월 22일 수요일

아침 9시 브루서드(W. J. Broussard)씨가 와서 미국 3대 제철공장 중의 한 군데로 갔다. 주로 바다 속에 있는 석유를 굴착하는 기계를 만들고 있었다. 규모가 말할 수 없이 크다. 석유는 육지보다 바다 속에 훨씬 많이 매장되어 있다고 한다.

도정공장과 양곡창고에도 갔다. 7만 5천톤을 저장하는 창고인데, 창고 안으로 기차가 바로 들어가고 창고 안에서 직접 배로 쌀을 실을 수 있다. 한 시간에 2만톤을 실을 수 있다. 양곡을 창고에 저장·보관하는 데 이 사람들은 골치를 앓고 있다고 한다. 일정한 온도를 유지하는 데는 여러 가지 기계를 써야 하는데, 미국에서 잉여농산물을 보관하는 데만 연간 수십억달러를 쓰고 있다 한다.

미국에서는 농산물 중 쌀값이 제일 싸다. 미국 사람들은 쌀을 잘 먹지 않기 때문이다. 이곳 버몬트·텍사스 주민들은 그래도 좀 많이 먹는 편이라고 한다. 미국 사람 한 사람이 1년에 먹는 쌀의 양은 7파운드(약 3kg). 이에 반해 감자는 150파운드(약 68kg)를 먹는다.

낮에는 로터리클럽(Rotary Club)의 초대를 받았다. 회장 옆 좌석에 앉았다. 약 300명의 회원이 참석했다. 미국에 와서 가장 많은 사람들과 식사를 하게 된 것이다. 미국의 정치·경제 등 모든 분야에서 이 로터리클럽의 영향은 대단하다.

저녁은 변호사인 메해피(Mr. Mehaffy)의 집에 초대받아 갔다. 정원이 2천여 평이나 되고 풀장도 있고 50년 이상 된 나무와 아름다운 꽃들이 많았다. 아들 넷, 딸 둘 해서 자녀가 6명이다. 미국에서는 보기 드물게 대가족인 셈이다.

아버지가 아들에게 너는 무슨 술을 먹겠느냐고 묻는가 하면, 아들의 칵테일까지 만들어 준다. 18세 된 딸이 아버지와 어머니 앞에서 담배를 피웠다. 우리 동양인의 눈에는 낯선 모습이다. 그러나 어쨌든 평화롭고 자유주의적인 가정이었다. 오랜만에 가족적인 분위기에 젖었다. 고마운 사람들, 한국에 돌아가면 편지해야겠다.

주정부 운영농장 시찰

7월 23일 목요일

아침에 주(州)정부에서 운영하는 농장에 갔다. 한국 사람들은 상상하기 어려운 규모이다. 씨앗과 비료, 농약 등을 비행기로 뿌리고 있다. 이모작(二毛作)인데, 땅을 놀리지 않고 경작한다면 현재의 4배를 수확할 수 있다고 한다. 그러나 정부에서 보상금을 주어 경작을 제한하고 있다. 과잉생산을 막고 농산물가격을 유지하는 등, 잉여농산물을 관리하기가 힘들기 때문이다. 우리로서는 도무지 상상할 수가 없다. 사방 어디를 둘러보아도 지평선만 보인다. 그 넓은 땅에서 2년 동안 농사를 짓고 6년은 목축을 한다.

석유도 마찬가지다. 기계 한 대에서 하루 1백 드럼 이상은 채취하지 못하도록 법률로 정해 놓았다. 석유값을 안정적으로 유지하기 위해서다.

낮에는 카펜터(Carpenter)씨의 안내로 서부지방에서 제일 큰 제재(製材)공장에 갔다. 카펜터씨 소유의 땅은 58만 에이커(약 7억 평)이다. 35년 된 소나무를 하루에 4천 그루씩 벌목하고 있지만 생

육하는 나무가 더 많다고 한다. 우리로서는 상상을 할 수가 없다. 사람은 겨우 700명, 모든 것이 기계화되어 있다.

카펜터씨는 69세의 노인이다. 큰 정미공장과 유전(油田), 그리고 농장도 소유하고 있다. 딸 하나만 있었는데 작년에 죽었다고 한다. 자기가 죽으면 재산은 외손자와 교회, 학교와 자기 아내에게 각각 4분의 1씩 상속되도록 유언장을 작성해 놓았다고 한다.

우리나라 나이로는 70세인 카펜터씨는 몇 시간을 운전하고도 끄떡없을 만큼 건강하다. 집에 가 봤더니 부인하고 단둘이만 살고 있었다. 백만장자답게 잘해 놓고 살고 있었다. 고맙고 친절한 분이다.

텍사스는 원래 멕시코 땅이었는데 남북전쟁 직전에 미국의 한 주(州)가 되었다 한다. 한없이 넓고 기름진 땅이다.

금문교의 장관

8월 1일 토요일
오전에는 짐을 좀 챙겨 서울에 부쳤다.
낮에는 캘리포니아에서만이 아니라 미국에서 유명한 국립박

물관에 가서 레드우드(Red Wood)를 감상했다. 2천년 이상 된 나무들이 꽉꽉 쌓여 있다. 2, 3백년 된 나무는 수두룩했다. 어떤 나무는 직경 5m, 둘레 16m, 높이가 50m가 넘는다. 정말 미국의 '국보'(國寶)이다.

돌아오는 길에 금문교(金門橋)를 둘러봤다. 26년 전 조셉(Joseph)이라는 사람에 의해 세워진 이 다리의 길이는 2마일(약 3.2km). 다리의 교각이 두 개뿐이다. 다리를 유지하기 위해 2만 7천개의 철선이 얽혀 있다 한다. 당시 돈으로 6천만달러가 소요되었다. 오클랜드만(灣) 다리(Oakland Bay Bridge)도 보았다. 길이가 8마일로 세계에서 제일 긴 다리라 한다. 28년 전에 세워졌는데, 당시 돈으로 3천 5백만달러가 소요되었다. 금문교를 만들 때는 50명이나 죽었다 한다.

미국에서는 어제 달에 로켓을 쏘아 올렸다. 달에 도착하기 1초의 5분의 1 전에 사진을 찍고 예정했던 지점에서 8마일 떨어진 곳에 도착했으니, 우주에 있는 소의 눈알을 맞춘 것과 같다고 만나는 사람들마다 자랑이 대단하다.

샌프란시스코(San Francisco)에서는 말할 것도 없고 미국 전체를 통해 금문교와 오클랜드만(灣) 다리는 정말 자랑거리다.

고국에서는 우울한 소식만

8월 11일 화요일

아침에 국무성 지부에 잠시 들렀다가 미국에서 규모 면으로 보아 손꼽히는 박물관에 들렀다. 동·식물과 세계 인종의 초상화 등 온갖 것이 다 갖추어져 있다. 인종은 동·서양인과 흑인으로 분류되어 있었고, 미개한 민족의 초상화가 진열되어 있는 중에 한국 여인의 모습도 있어 순간적으로 모욕감에 얼굴이 화끈 달아 올랐다.

어째서 색동저고리를 입고 서 있는 한국 여인의 사진이 말레이시아·필리핀·아프리카 여인들이 상반신을 내놓고 있는 모습, 몽고민족이 이색적인 의상을 하고 있는 모습과 나란히 진열되어 있는지 화가 치밀었다. 아무튼 규모라든가 전시물품 등 어느 모로 보아도 웅장한 박물관이었다.

우리나라 면적의 3, 4배나 되는 미시간 호수(Michigan Lake)를 보았다. 호수라기보다는 바다였다. 미국 제2의 도시인 시카고(Chicago)의 관문이다. 이 호수는 캐나다(Canada)까지 연결되어 있을 뿐만 아니라 대서양(大西洋)까지 운하를 통해서 연결되어 있다. 정말 아름다운 호수였다.

이곳 일리노이(Illinois)주는 농산물이 제일의 생산물이고, 시카고는 공업도시이다.

저녁때 호텔로 돌아오니 맥케이(Mckay) 여사로부터 편지와 사진이 도착해 있다.

국내에서 온 편지를 보니 그저 우울한 소식뿐이다. 야당에서 국회의사당을 점거하고 농성을 하고 있다고 한다. 남들은 다 여유 있게 잘사는데 왜 우리는 밤낮 이 모양인지 모르겠다.

시카고에서 제일 높은 고층건물은 52층이다. 지하철을 처음 타 봤다. 시끄러워서 못 견디겠다.

스탈린 사망 비화

8월 14일 금요일

1분 만에 비행기가 한 대씩 뜬다는 시카고를 오후 2시 비행기로 떠나 2시 45분에 미시간주 디트로이트(Detroit)시에 도착했다. 자동차로 교육도시인 아버(Arbor)시로 옮겨가, 시내에서 뚝 떨어진 깨끗하고 아름다운 호텔(Holiday Inn)에 짐을 풀었다. 고요한 데서 좀 쉬고 싶은 생각이 간절했다.

저녁에는 다양한 TV프로가 있었다. 롱비치(Long-beach)에서 있은 세계 미인대회에서 우리나라는 15위 안에 들었다.

아주 재미 있었던 것은 소련의 스탈린 사망 전후의 역사물이었다. 당시 모스크바 주재 〈뉴욕타임스〉 기자, UPI와 〈런던타임스〉 기자, 헝가리 기자, 인도 대사 등이 나와 전하는 그 날의 실화(實話)는 소설보다 재미 있고 극적이었다. 그들이 전하는 내용인즉 이러했다.

스탈린이 죽기 3일 전 기자회견이 있었는데, 기자회견 도중 스탈린이 쓰러졌다. 옆에 있던 베리야가 자기도 모르게 "이제 살았다"고 소리를 질렀다. 순간 스탈린이 한쪽 눈을 떴다. 베리야는 깜짝 놀라 스탈린을 붙들고 "잘못했습니다. 앞으로도 당신에게 충성을 다하겠습니다"라고 했다.

3일 후 스탈린은 사망했다. 스탈린이 죽은 지 이틀이 지나도록 의사가 나타나지 않았다. 의사 한 사람만 가면 의심을 받기 때문이었다. 저명한 의사 세 명은 가야 했다.

그렇게 스탈린에게 충성하던 베리야였다. 소련공산당 중앙집행위원 12명 중에서 스탈린 앞에 권총을 차고 나타날 수 있었던 사람도 베리야 한 사람밖에 없었다. 말렌코프가 잠시 수상이 되었지만 베리야 때문에 다들 벌벌 떨고 있었다. 4개 수도방위사단은 물론 요인들의 호위병, 그리고 요리사까지 다 베리야가 장악하고 있었다.

베리야는 항상 권총을 차고 있었다. 공산당 핵심 12명 중 모두가 다 베리야를 수상으로 시켜서는 스탈린과 같은 짝이 날 것이라고 생각했다. 베리야 앞에서는 당신이 제일이라고 하면서 실제로는 흐루시초프가 다른 공작을 하고 있었다.

베리야가 수상이 되려고 할 때는 다들 겁이 나서, 집에서 잠도 자지 못하고 경비원을 두고 사무실에서 잠을 잤다. 전화는 베리야의 심복인 비밀경찰이 다 듣고 있었다.

흐루시초프는 일부러 전화를 해서, "수상은 아무래도 베리야가 적임자. 내일은 베리야를 수상으로 시켜야겠다"고 하고, 이튿날 베리야를 불렀다. 베리야는 좋아서 중앙위원회에 나타났다. 그때 베리야가 찬 권총에는 탄알이 없었다.

베리야가 자리에 앉자 흐루시초프가 "너를 왜 부른 줄 아느냐"고 했다. 베리야가 화가 나서 권총을 흐루시초프에게 들이댔다. 그러나 총알이 없었다. 벨만 누르면 베리야를 잡아가게 되어 있었다. 벨은 말렌코프가 누르기로 했는데, 그는 겁이 나서 못 눌렀다. 그러자 흐루시초프가 벨을 눌렀다. 장군 두 사람이 와서 베리야를 비밀리에 잡아가 죽이고 베리야사단이라고 할 수 있는 4개 사단에 대해 2개 기갑사단(機甲師團)을 동원해서 무장해제를 시켰다.

매우 재미 있는 이야기여서 적어 둔다.

외국에서 맞은 광복절

8월 15일 토요일

한국을 떠난 지 꼭 두 달이 되었다. 두 달이지만 1년이 지난 것처럼 고국이 그립다. 사람이란 아무리 좋은 곳에 있어도 내 사랑하는 조국과 가족·친지, 그리고 내 사랑하는 풍경이 그리운가 보다.

오늘은 오전에 미국의 5대 도시 중 하나인 디트로이트시(市)로 가서 미국의 5대 재벌의 하나인 헨리 포드(Henry Ford)의 박물관을 구경했다. 사람이란 무엇이든 할 수 있다는 교훈을 새삼 얻었다. 디트로이트시 교외 일대가 거의 대부분 포드회사의 건물과 땅으로 되어 있다. 어떻게 보면 포드 한 사람의 힘으로라도 우리나라의 경제적 빈곤을 해결할 수 있을 것 같은 경제력이다. 정말 부러웠다.

저녁에는 이곳 미시간주에서 한국 학생의 대부라고 불리는 77세의 미국 노인 라이언(Mr. Ryan)의 초대를 받았다. 권(權)박사(前 상대학장)와 권박사의 사위와 딸, 나용균(羅容均) 국회부의장의 사위와 딸, 그리고 서범석(徐範錫) 의원 내외(內外)와 딸·아들까지 초대해 주어서 맛있는 저녁을 먹었다. 고마웠다.

4년 뒤인 1968년 9월, 아내와 미국을 여행할 당시 나이아가라폭포 앞에서 비옷을 입고 있는 모습.

오늘 존슨이 처음 골드워터를 정면으로 공격했다.

밤중에 권(權)박사에게서 국내 신문을 얻어 보니 그저 마음 아프고 괴로운 기사뿐이다. 오늘은 일제(日帝)로부터 우리나라가 해방된 날이다. 그때의 기쁨, 그때의 희망은 다 어디로 가고…….

대통령이 재산공개

8월 18일 화요일

아침 7시에 일어나 짐을 자동차에 실었다. 나이아가라폭포(Niagara Falls)를 본격적으로 보기 위해서다. 엘리베이터를 타고 1백m가 넘는 꼭대기에 올랐다. 비옷으로 갈아입었다. 비옷이 폭포수에 흠뻑 젖었다. 수많은 관광객들로 북새통을 이루었다. 신혼부부인 듯한 사람이며 피부색깔이 다른 외국인들도 많이 눈에 띄었다. 문득 사랑하는 가족들 생각이 났다. 함께 여행 와서 이

거창한 풍경을 볼 수 있었더라면…….

나이아가라강(江) 위에는 댐이 있는데, 미국 중북부의 전기는 이곳에서 공급된다고 한다.

뉴욕주의 버펄로(Buffalo)까지 자동차로 와서 비행기 편으로 워싱턴 DC에 왔다. 두 달 만에 워싱턴에 오니 고국에 온 것처럼 정답고 반가운 마음이다. 이범석(李範錫) 참사관이 비행장에 나와 있다. 반갑고 고마웠다.

오늘은 고국에 돌아가고 싶은 생각이 간절했다.

8월 22일 토요일

고국에서 많은 편지가 와서 읽어 보았더니, 한결같이 걱정과 번민거리뿐이다.

김정원(金正源)과 함께 케네디 묘소에 갔다. 한번 더 그의 무덤을 보기 위해서다. 세계 각국과 미국 각지에서 몰려온 수천의 사람들이 열을 지어 있다. 하루에 1만명 이상은 이 무덤을 찾는 모양이다. 세상에서 가질 것을 다 가졌던 케네디, 돈과 영광과 애정을 다 가졌던 사나이, 그러나 그의 무덤은 너무나 초라했다. 무명용사(無名勇士)의 묘지 가운데 있다. 재클린은 그리스에 가고 없다.

한국에 돌아가면 세계를 돌아본 데 대해서 책을 한 권 쓰자고 마음먹었다. 그 사이 내가 만난 사람들, 정치·경제·문화·생활 등 모든 면을 다 담았으면 싶다.

존슨(Johnson)이 자기 재산을 350만달러라고 공개한 것은 미국 역사상 처음 있는 일이다. 현직 대통령이 자기 재산을 공개한다는 것은 쉬운 일이 아니다. 어느 나라나 정치하는 사람은 돈에 대해서 깨끗해야 한다.

로버트 케네디가 뉴욕에서 상원의원에 출마하는 것이 확실한 모양이다. 준비를 거의 끝냈다고 한다. 뉴욕 시장도 그에 대한 지지를 선언했다. 이 친구, 앞으로 큰 꿈을 꾸고 있는 것 같다.

8월 23일 일요일

오늘은 워싱턴(Washington)을 떠나는 날이다. 지난 6월 15일 한국을 떠나 워싱턴 DC까지 8천 마일인데, 미국의 각 지방을 다닌 거리가 약 2만 5천 마일이었다. 그러니 3만 3천 마일을 여행한 셈이다.

오후 5시 50분 뉴욕(New York)에 도착하니 더위로 찌는 듯하다. 호텔에는 8통의 편지가 기다리고 있었다. 명순(命順)과 아이들 편지가 2통이었다. 정(鄭)비서의 편지를 보니 내가 기소중지되었다 한다. 미친놈들, 무식한 자가 정권(政權)을 잡으니 별 짓을 다하는군. 생각하면 할수록 분하다.

민주당 전당대회 참관

8월 26일 수요일

저녁에 민주당 전당대회를 참관했다. 존슨은 백악관에서 애틀란틱 시티(Atlantic City)로 날아왔다. 존슨이 11시 20분 부인과 두 딸을 데리고 연단에 서자 박수소리, 휘파람소리, 환호성 때문에 연설은 15분간이나 중지되었다

존슨은 연설을 통해 말했다. "우리는 4년 전 샌프란시스코에서

케네디를 대통령에 지명, 그는 훌륭하게 일하다가 죽었다. 나는 케네디가 죽은 후 그의 정신을 살려 지금까지 일해 왔고, 앞으로도 그의 정신을 계승하겠다. 부통령에는 험프리(Humphrey)를 지명한다"는 것이 요지였다.

이어서 대통령과 부통령 추천연설을 9명이 나와서 했다. 로버트 케네디(Robert Kennedy)는 오늘도 모습을 나타내지 않았다. 재클린도 그리스에서 돌아왔지만 대회장에는 나타나지 않았다. TV를 보면서 얼마나 마음 아팠을까.

8월 27일 목요일

오전 10시 30분부터 세계박람회에 갔다. 한국관에 가 봤는데 생각보다는 잘 꾸며 놓았다. 60만달러를 들였고 관계직원이 98명이란다. 일본관은 4천만달러를 들였고, 포드 자동차회사에서는 개인돈 6천만달러를 사용, 웅장하게 꾸며 놓았다. 세계에서 38개국이 참가하고, 하루에 관람하러 오는 사람도 20여만명에 이른다고 했다. 한국관에는 1만 5천 내지 2만여명이 참관하러 오는 모양이다.

호텔에 돌아오니 정비서로부터 고국의 답답한 사정이 적힌 편지가 왔다. 나의 선전국장직을 해임했다는 보도도 있었다. 정말 숨이 막힌다. 늙은이들이 결국 나라와 당을 망칠 것 같아 어두운 마음이었다.

저녁에는 민주당 전당대회에 로버트 케네디가 처음으로 나타났다. 케네디 대통령 시절의 기록물을 보여 주는데, 내레이터 역(役)을 로버트 케네디가 맡았다. 로버트 케네디가 단상에 섰다. 그러나 박수와 휘파람소리, 나팔소리가 하도 요란스러워 로버트 케네디는 약 20분간을 그저 서서 기다려야 했다.

전당대회 의장이 나타나 장내를 가까스로 조용하게 정리했다. 로버트 케네디가 말했다.

"나의 형 존 F. 케네디는 가난하고 무지한 사람을 위해서 그의 일생을 다 바쳤다. 우리 미국은 지금 역사상 최대의 번영을 누리고 있다. 이 영화를 미국의 젊은이, 아니 온 세계의 젊은이들에게 바친다."

로버트 케네디의 눈가에는 눈물이 맺혔다.

케네디에 대한 기록물이 상영되었다. 취임식 연설, 대통령 시절의 이모저모, 재클린과 아이들과의 단란했던 가정생활이 담겨 있었다. 화면이 멈추자 훌쩍이며 우는 사람들이 많았다. 내 눈에도 눈물이 고였다. 로버트 케네디는 주저앉아 어깨를 들썩이면서 오열을 애써 참고 있었다.

케네디 부부는 과연 미국 국민의 연인이었다. 내 생각에는 어쩐지 로버트 케네디의 시절이 올 것만 같았다.

한참 뒤 존슨이 대통령 지명 수락연설을 하고 험프리는 골드워터를 공격하는 연설을 했다. 오늘로서 역사적인 민주당 전당대회는 끝났다.

8월 29일 토요일

오늘은 자유롭게 지냈다. 내일이면 미국을 떠나 런던으로 간다고 생각하니 잠이 오지를 않는다. 6월 15일에 한국을 떠나 꼭 만 2개월하고 절반이 지났다. 어찌 생각하면 외롭기도 했지만, 나를 위해서 여러모로 유익한 여행이었다.

한 권의 일기장에 담긴 과거

단 한 권의 일기장만이 내 과거를 그때의 시점에서 솔직하게 돌아볼 수 있게 해줄 뿐이라니…….

박정희와 전두환(全斗煥) 시절의 가택수색으로 인해 나의 모든 일기와 사진들은 중앙정보부에 의해 강제로 압수되었다. 때로는 내 일기가 단서가 되어 무고한 사람이 연행·구금되거나 조사를 받는 피해를 입고, 사생활은 사정없이 공개되거나 훼손되었다. 그때 이후 나는 일기를 쓰지 못하고 모든 것을 뇌리에 저장하는 습관이 생겼다. 내가 훗날을 위해 정성스레 모아 두었던 사진들을 빼앗긴 것도 참으로 아깝고 원통한 노릇이었다. 독재정권은 나의 과거마저 지워 버리려 했던 것이다.

일기란 누구에게 보여 주기 위해 쓰는 것이 아니며, 그만큼 가장 솔직한 자기의 생각과 느낌을 기록하게 되는 것이다. 오랜 시간이 지나서 인생의 황혼이 되었을 때 가장 개인적인 차원에서 자신의 인생을 되돌아보고 추억이나 아름다움으로 간직할 수 있는 것이 일기이다. 군사독재정권은 이처럼 사생활에 대한 자유마저 박탈했다. 직접 당해 보지 않은 사람은 상상도 못할 일이지만, 오래 되지 않은 과거의 일이다.

미국 시찰을 끝낸 나는 다시 영국, 프랑스, 덴마크, 서독, 스위스, 이탈리아, 인도, 태국, 필리핀, 홍콩, 대만, 일본 등을 돌아보고 120여일 만에 귀국했다.

나의 일기장과 귀국 후 내가 출간한 『우리가 기댈 언덕은 없다』를 통해 세계 일주의 단상(斷想)들을 모아 본다.

영국, 보수하면서 혁신한다

먼저 영국은 지극히 보수적이면서 한편으로는 혁신할 줄 아는 나라라는 인상을 받았다.

이른바 대영제국(大英帝國)의 수상 관저인 '다우닝가(街) 10번지'를 가 보고 나는 머리를 숙이지 않을 수 없었다. 청와대(靑瓦臺)의 10분의 1이 못 되는 검소한 수상 관저엔 초라한 명패 하나만 붙어 있을 뿐, 일반 가정집과 다른 점은 두 명의 보초가 서 있는 것뿐이었다.

그런데 내가 런던에 도착하기 며칠 전에 수상 관저에 도둑이 든 사건이 발생했다. 아랍 거지들이 사다리를 타고 넘어와 수상 딸 방에 침입, 돈을 내놓으라고 협박했다는 것이다.

우리나라의 도둑이 청와대나 국무총리 공관에 들어갔다는 말을 들은 적이 없었던 나로서는 정말 신선한 충격이었다.

영국 국회의원이나 장관들의 생활은 꼭 모범생과 같다. 특히 수상이나 장관이 그렇다. 그들은 매일 아침 8시에 출근해서 10시간이나 국회에서 토론하고 저녁에 집에 돌아온다. 일생을 정치생활에 바친 처칠이나 글래드스턴(Gladstone) 같은 정치가는 60여 년간 이런 생활을 되풀이했다.

영국의 선거 분위기는 한 마디로 안정돼 있었다. 미국처럼 열광적이거나 쇼(show)를 하거나 인신공격을 하는 일은 극히 드물었다.

선거전은 그야말로 정책대결이다. 보수당과 노동당은 각기 자기 당(黨)의 정책을 내걸고, 그 정책을 중심으로 논쟁을 벌이는 것이 선거전의 전부인 것 같았다. 논쟁이 과열됐을 때도 인신공격 같은 것은 있을 수 없었다. 심한 공격이라고 해 봐야 흄 보수당 당수가 노동당의 정책을 '가격 없는 메뉴'라고 표현하는 정도였다.

9월 2일 수요일
런던의 날씨 때문에 감기가 들었다. 윤보선씨로부터 전화해 달라는 전보가 왔지만 별로 하고 싶은 생각이 없어 하지 않았다.
영국 국민들은 대단한 사람들이다. 프랑스가 독일군에 항복한 뒤에도 끝까지 굴하지 않고 싸웠다. 매일 독일 공군의 공격을 받던 그 당시가 영국으로서는 최악의 상황이었다.

'위대한 프랑스' 구상

드골이 영도하는 프랑스 제5공화국의 정치는 제3·4공화국 시대에 비해 확실히 안정돼 있었다. 드골의 제5공화국은 독자적인 외교정책을 밀고 나가 서방진영에 파란을 일으켰다.

내가 프랑스를 방문했을 때 프랑스는 독자적인 핵무장계획을 추진하고 있었으며, 중국을 승인하고 이미 국교를 수립했다. 프랑스는 이미 '유럽의 환자'가 아니라 '위대한 프랑스'를 구상하고 있었다.

중국은 잠자는 사자다. 이 사자를 영원히 잠들게 하라. 그가 한

번 잠에서 깨어나는 날, 세계는 다시 시끄러워질 것이다.

나폴레옹의 유명한 말이다. 내가 프랑스를 찾았을 때 나는 그 말을 과연 실감할 수 있었다. 1964년 1월 27일, 드골은 이미 중국(中國)의 모택동(毛澤東)정권을 사실상 국가로 승인하고 국교를 수립했다.

드골의 중국 승인은 국제정치에 심상치 않은 파문을 던졌다. 첫째, 국가의 이익 앞에 이데올로기의 장벽이 붕괴되고, 적과 동지에 대한 개념이 새로운 국가이념 속에서 대담하게 수정되고 있다는 것이다. 둘째, 세계정치의 기상도는 전후의 냉전시대를 지배해 온 양대 이데올로기진영 대립시대가 지나고 다시 국가우위의 시대가 도래하고 있다는 것이다.

9월 5일 토요일
베르사유(Versailles) 궁전을 보니 프랑스에 오기를 잘했다는 생각이 들었다. 프랑스에는 역사와 문화가 살아 숨쉬고 있다. 우리는 우리의 후손에게 무엇을 남길 것인가. 억지로라도 무엇인가 남겨 후손들에게 욕되지 않게 해야 할 것이다.

'농업천국' 덴마크

9월 7일 '작은 파리'라고 불리는 덴마크의 수도 코펜하겐에 도착했을 때는 우리나라의 겨울같이 추웠다. 우리나라라면 청명(淸明)한 가을 하늘 아래 아직도 잔서(殘暑)가 있을 법한 그런 날인데, 이곳은 그렇지 않았다. 나중에 알아봤더니, 덴마크는 기후·토지 등 자연조건이 여간 열악하지 않았다.

덴마크가 가진 국토는 유틀란트(Jutland) 반도와 몇 개의 섬들

베를린장벽 앞에서.

과 쓸모 없는 사구(砂丘)뿐이었다. 엎친 데 덮친 격으로 1864년 프러시아와 오스트리아 연합군에게 패해 가장 기름진 땅이던 슐레스비히(Schleswig)와 홀스타인(Holstein) 2개 주를 빼앗겼다. 그야말로 전국민이 비탄과 절망에 빠졌을 때 달가스라는 36세의 공병장교가 나타나, "밖에서 잃은 것을 안에서 찾자. 황무지를 장미꽃 향기 풍기는 옥토(沃土)로 바꾸자"는 구호 아래 국토개척운동에 나섰다. 이 운동이 '농업천국' 덴마크의 오늘을 있게 한 것이다.

우리는 덴마크에 비해 너무나 좋은 기후에 기름진 땅을 소유하고 있다. 그러면서 아직 식량문제 하나 해결하지 못하고 있으니, 정말 딱하고 한심하다는 생각이 났다.

동·서독 장벽 허물기

13개 방문국 가운데 내게 가장 강렬한 인상을 남긴 나라는 서독(西獨)이었다. 2차대전 이후 분단국이라는 우리와의 공통점 때문인지 모르겠다.

독일 사람들의 통일에 대한 관심과 염원이 얼마나 절실한가를 나타내 주는 것이 서독 수도 본의 모습이다. 한마디로 너무 작고 초라하다. 이유인즉, 임시수도이기 때문이 아니라 의식적으로 발전이 저지되고 있다는 것이다. 서독 정부는 "독일의 수도는 베를린이다. 독일을 통일시켜 베를린으로 가야 한다"는 정신 아래 임시수도 본에서는 일체의 관공서 건물을 못 짓게 했을 뿐만 아니라, 도시확장 자체를 철저하게 통제했다는 것이다. 내가 9월 중순 서독에 갔을 때 유독 국회의사당만은 새로 짓는다고 말썽이 난 것만 봐도, 통일에의 갈구가 어느 정도인가를 헤아릴 수 있게 해준다.

동독과 서독 사이의 정치적 장벽은 있지만, 그 사이의 정신적 장벽은 무너져 가고 있다. 베를린에서는 오는 크리스마스에 동·서독으로 갈려 있는 가족을 만나게 해주기 위해 준비를 서두르고 있었다. 금년 크리스마스에 약 2백만명의 가족이 만나게 될 것이라고 추산하고 있다.

동·서독 정부는 정치문제 이외의 다른 문제는 직접 접촉하고 해결함으로써 서서히 통일에의 길로 전진해 가고 있는 것이다.

동·서베를린 경계선에 있는 전망대에서 양쪽 시가를 내려다보았을 때, 나는 이미 동·서독 사이의 승부는 결판났다는 것을 느꼈다. 30여년이 지나 그 예측은 맞아떨어진 것이다.

9월 9일 수요일

아침 일찍 혼자 호텔을 출발해 본(Bonn)으로 왔다. 저녁에는 최대사의 초대로 오래간만에 김치 대접을 받았다. 최대사는 노모

(老母)를 모시고 있다. 그의 어머니를 보니 돌아가신 어머님 생각이 난다. 어머님을 모시고 있는 사람은 행복한 사람 같다.

저녁 늦게 서울에서 윤보선씨로부터 전화가 왔다. 유진산씨를 제명하는 데 찬성한다는 전보를 해달라고 한다. 참 딱한 사람이다. 그것 때문에 많은 돈을 들여 전화를 하다니……. 아무리 진산이 욕먹을 짓을 했다고 하더라도 과거의 동지가 아닌가. 그를 제명하기 위해 그처럼 노력을 한단 말인가.

9월 12일 토요일

아침에 라인(Rhein)강변에 앉아 연이어 지나가는 화물선을 쳐다보며 눈물지었다. 어쩌면 저렇게도 쉴 새 없이 지나가는가. 배 한 척이 화차(貨車) 열 대의 짐을 실을 만큼 크다. 은철(恩哲)이가 아파(신장염) 병원에 입원했다는 편지가 왔다. 하나님의 은혜로 건강이 회복되기를 진심으로 바란다.

그림처럼 아름다운 스위스의 호숫가를 거닐면서, "과연 우리는 우리의 후손에게 무엇을 남길 것인가" 하고 안타까워했다.

관광왕국에선 거지도 피서

'관광왕국' 이탈리아에 도착한 것은 9월 중순이었다. 과연 관광왕국답게 관광객이 물결치고 있었다. 이탈리아 정부는 로마의 찬란했던 문화유산을 보존하기 위해 많은 노력을 기울이고 있었다. 로마 시민들이 자기 집을 증·개축하는 것도 금지하고 있었으며, 심지어는 페인트칠까지도 정부의 허가를 얻도록 제한하고 있었다. 로마가 하루아침에 이루어진 것이 아니듯이, '관광왕국'도 하루아침에 이루어진 것이 아니었다.

한 가지 재미 있는 일이 있었다. 이탈리아의 그 유명한 관광·레저 붐에는 거지까지도 한몫 끼고 있었다는 것이다.

바티칸 교황청으로 가는 길에 바티칸시(市)와 로마시(市)를 구별하는 경계선에 세워 놓은 나무 막대기 울타리에 조그마한 패 하나가 달려 있는 것을 발견했다. 그 패에는 "하기휴가 다녀오겠습니다. 돌아오거든 잘 봐주세요"라고 쓰여 있었다. 그 인사말의 주인공은 바티칸 입구에서 관광객을 상대로 동냥을 해서 먹고사는 거지라는 것이다.

한편으로 이탈리아에 고민이 없는 것은 아니었다. 이탈리아도 심각한 정치불안 상태에 빠져 있었다. 여당인 기민당(基民黨)이 국회의 과반수 의석을 차지하지 못해 연립내각을 구성하고 있는 상태에서 공산당세력이 다수 의회에 진출, 혼란을 거듭하고 있었다.

이탈리아에서는 정부의 국장급까지 노조에 가입하고 있어, 파업을 하게 되면 정부의 기능은 완전 마비되고 마는 형편이다. 기민당과 연립하고 있는 사회당은 자기들의 정책이 반영되지 않는다고 늘 불평이다.

9월 16일 수요일
2천년 전의 화려한 문화가 돌담과 성벽으로 남아 있는 폼페이(Pompei)를 구경하고, 노래에서만 듣던 꿈의 나라 나폴리(Napoli)와 소렌토(Sorrento)를 둘러보았다. 나폴리 바닷가에서 저녁식사를 했다. 밝은 달이 바닷물을 비쳐 준다. 나의 마음은 한국으로 달린다.

9월 17일 목요일

베이루트(Beirut)를 경유해서 뉴델리(New Delhi)로 향했다. 비행기 안에서 고국에서 온 편지를 읽고 또 읽었다. 〈동아일보〉에 보낸 신문기사가 나왔기에 반가이 읽었다. 한국의 신문탄압에 대한 기사를 보니 답답하기만 하다. 남들은 다 여유 있게 하나하나 건설해 나가는데, 우리는 왜 이 모양인지 정말 한심스럽다. 과연 내가 돌아가면 어떻게 해야 하나, 생각하면 할수록 답답할 뿐이다. 내 조국을 어떤 모양으로 구하나 말이다.

동남아 순방기

9월 17일 인도의 수도 뉴델리에 도착, 사흘 동안 뉴델리 주변을 둘러보았다.

인도는 4억 5천만의 인구 중 8할이 농민인 농업국이지만, 식량 자급은커녕 거의 대부분이라 할 만큼 많은 국민들이 기아선상에서 허덕이고 있다. 4억 5천만 인구 중 평균 하루 한 끼밖에 못 먹는 사람이 4억에 달하며, 나머지 5천만이 겨우 제대로 먹고사는 형편이다. 4억이 굶주리고 있는 것이다.

인도는 80%가 문맹이었다. 나는 일기장에 "이 민족이 글을 이해하게 되면 세계를 정복할 것이다"고 적었다.

미국과 유럽을 돌고 인도를 거쳐 태국 방콕에 도착한 것은 9월 20일. 태국은 무기한 계엄국(戒嚴國)이란 인상이 강했다. 내년에는 선거를 실시, 민정을 수립할 것이라는 얘기도 있었지만, 정상적인 민주체제를 갖추자면 상당한 시일이 지나야 할 것 같았다.

타일랜드의 정치는 제도적으로 민주화되지 못하고 있다. 왕정(王政)으로 통치하고 있는데 정치의 실권은 군벌(軍閥)이 쥐고 있다. 수상인 타놈(Thanom)도 군의 원수이다. 1932년 6월 인민당(人民黨)에 의한 무혈혁명(無血革命)이 있은 이래 혁명의 악순환을 거듭해 온 이 나라는 사실상 줄곧 계엄령 상태하에서 통치되고 있는 셈이다. 1932년 첫 혁명 이래 2차대전 후 문치파(文治派)가 잠시 동안 집권한 것을 제외하고는 군벌에 의한 혁명으로 여러 차례 정권이 바뀌었다. 계엄령에 의한 군사통치가 계속되었고, 앞으로도 그러한 상태가 계속될 것이다.

9월 21일 월요일
어제가 한국의 추석이다. 한국이 가까워지니 우울해진다. 하나님도 무심하시지, 조국에서는 홍수(洪水)로 많은 사람이 죽었다고 한다. 나의 조국은 왜 그렇게도 불행하기만 한가.

그 밖에 나는 필리핀에서 무법천지의 치안과 살벌한 정치 분위기를 보았다. 중국의 노다지인 홍콩과 경제안정을 이루면서 밝은 전망 속에 있는 대만, 그리고 이웃나라 일본의 놀라운 경제성장을 보았다.

9월 28일 월요일

미국에 비해 구라파는 너무 가난하고, 구라파에 비해 일본은 또 너무 가난하고, 일본에 비해 우리는 너무 가난하다.

한국에서 온 신문들을 보니 괴로울 뿐이다. 무엇 때문에 누구를 위해서 당내에서 싸워야 하는지 모르겠다. 어찌해야 우리나라를 구할 수 있을 것인지 생각만 해도 답답하다. 돌아가서 나로서 할 수 있는 최선을 다해서 당과 나라를 구해 보겠다. 낮에는 힐튼(Hilton)호텔 25층에 올라가서 혼자 홍콩(Hong Kong) 시가를 내려다보며 점심을 먹었다. 바쁘게 앞으로 달리고 있는 다른 나라와 답답한 내 조국을 비교해 보니, 너무도 대조적이고 우리의 자손들이 불쌍해서 그저 눈물이 흐를 뿐이다.

동경올림픽과 일본

10월 2일 금요일

서울에서 온 이(李)군과 점심을 먹으며 여러 가지 이야기를 했다. 한국의 국제적인 지위, 중공문제, 한국을 어떻게 하면 구할 수 있느냐 하는 문제 등을 이야기하며 개탄했다.

일본은 완전히 올림픽을 위해서 있는 기분이다. 아무튼 일본인들도 복(福)받은 백성이다.

10월 3일 토요일

서울과 전화가 연결됐다. 진산을 제명하는 통고를 국회에 냈다고 한다. 불쌍한 사람들이다. 아무튼 정신이상이 아닌 다음에야 그렇게 할 수 없는 일이다. 남의 나라는 앞으로 달리고만 있는데, 우리는 할 일이 없어서 겨우 그런 짓만 하고 있으니 정말 딱한 일이다.

10월 4일 일요일

동경 한국학원의 운동회가 있어 배(裵)대사와 함께 참석했다. 이국(異國) 하늘 아래에서 한국 여학생들이 한복(韓服)을 입고 민속무용을 하는 것이 아름답기도 하지만 눈물겨웠다. 나는 축사를 통해 "그 어느 나라에 가 봐도 역사와 문화가 있고 그 민족의 얼이 살아 있더라. 우리는 기어이 통일되어야 하고 남보다 잘살아야겠다"고 말했다.

10월 8일 목요일

아침 일찍 강영숙(姜英淑) 아나운서가 찾아와 안익태(安益泰)씨, 강선영(姜善泳)씨와 같이 대담을 했다. 고국(故國)에 나의 목소리가 내일 방송되는 것이다.

10월 10일 토요일

오늘은 제18회 세계올림픽 개회식 날이다. 오후 1시부터 화려한 입장식이 시작되었다. 동양에서 처음 열리는 이 올림픽을 위해 일본인들은 국력을 총동원해서 할 수 있는 일을 다 하고 있는 것이다. 많은 외국 깃발 속에서 태극기를 보니 감격스럽다. 오늘 가장 감명 깊었던 것은 독일의 통일된 팀이었다. 서독과 동독이 단일팀으로 출전한 것이 얼마나 인상적인지 모른다.

일본에서 귀국을 앞두고 마지막으로 기억나는 장면이 하나 있다. 미(美) 국무성에서 받은 여비가 조금 남아 있길래, 나는 당시 동경에서 유학생이나 회사원으로 머물던 경남중학 동창 5, 6명을 저녁식사에 초대했다. 우리는 긴자(銀座)의 뒷골목을 헤매다 커다란 요릿집으로 들어갔다. 그곳에서는 우리 일행을 아주 친절하게 대접해 주었다. 나오면서 정작 내가 갖고 있던 달러로 계산을 하려 하자, 음식점에서는 달러는 안 받는다는 것이었다. 호텔에 가서 환전해 주겠다고 하자, "그럴 필요 없으니, 언제든 일본에 다시 오게 되면 들러 주시면 좋겠습니다" 하는 것이었다. 명함을 받아 호텔로 돌아온 나는 다음날 외상을 갚으려고 음식점을 찾아갔으나, 막상 택시기사가 위치를 찾지 못해 그냥 귀국하고 말았다. 귀국 직후 나는 지금까지 40년 이상 절친하게 사귀고 있는 친구 신한성(愼漢晟)을 통해 음식값을 갚아 주었다. 손님이 어느 나라에서 온 누구인지, 언제 다시 올지도 모르면서 상당히 많은 음식값을 선뜻 손님의 편의대로 지불하도록 배려해 주는 일본의 음식점을 보면서, 나는 일본이 올림픽을 유치하고 부(富)를 누릴 수 있는 저력의 일단을 들여다 볼 수 있었다.

우리가 기댈 언덕은 없다

조국의 바깥에서 나는 낙후된 우리 조국의 현실을 절감하게 되었고, 조국의 앞날을 위해 기도하는 간절한 마음이 되었다. 선진국으로 발전한 많은 나라에서 위대한 국민들은 위대한 지도자를 키워냈고, 위대한 지도자는 국민들과 함께 위대한 나라를 만들었다. 그러나 여행 중 들려오는 조국의 현실은 너무나 안타까웠다. 쿠데타로 집권한 박정희는 국민과 야당의 소리를 외면했고, 야당의 원로 지도자들은 서로의 고집을 꺾지 않고 있었다.

그러나 이대로 낙후된 조국을 후손에게 물려줄 수는 없었다. 나는 정치인으로서 국민에 대한 크나큰 책임감을 절감했고, 진정한 지도자의 길을 고민했다.

3개월간의 여행 기록을 묶어 그 해 연말 출판한 나의 첫번째 저서 『우리가 기댈 언덕은 없다』의 서문에서 나는 이렇게 다짐했다.

6월 15일 하오 '정치의 광장'을 잃고 저마다 우수에 찬 얼굴을 한 동료 국회의원들, 그리고 그 밖에 나를 아껴 주는 많은 인사들의 따뜻한 환송을 받으면서 김포공항을 떠난 나는, 주요 우방들을 순방하면서 남들이 잘살며 발전해 가는 모습을 볼 때마다, "왜 우리는 못 사는가?" 하며 안타까워 혼자 울기도 해 보고 자책도 해 보았다. 그러면서 "우리는 어떻게 해야 잘살 수 있을까?"를 조용히 생각해 볼 기회를 가졌다.

이번 여행에 있어서 가장 집약적인 인상은 "미국은 세계에서 가장 잘살며, 유럽은 미국에 비해 너무 가난하며, 일본은 유럽에 비해 너무 가난하며, 한국은 일본에 비해 너무 가난하다"는 것이었다. 여기에 나의 결론은 "미국이 잘살고 유럽이, 일본이 우리보다 잘살아도, 우리가 기댈 언덕은 없었다"는 데로 귀착시킬 수밖에 없었다.

우리는 우리 스스로가 용기를 잃지 말고 이를 악물고 일어서서 경제력을 향상시키고 정치의 능력을 길러 나가야 하겠다. 우리는 세계에서 가장 어려운 여건하에 있으며 세계에서 가장 약점을 많이 지니고 있는 것을 부인할 수 없다. 하지만 결코 희망이 없는 나라가 아니며, 능력이 없는 국민이 아니라는 것도 아울러 알았다. 다만 오늘의 시점이 안일하게 있을 때가 아니라는 문제의식을 잊어버리고 패배의식에 사로잡히거나 용기를 잃고 해야 할 일을 하지 못한다면, 우리는 영영 오늘의 환경에서 벗어나지 못한다는 것을 각성해야 한다. 아직은 절망이 아니다. 지금이라도 늦지 않았다. 그러나 내일이면 늦다.

"우리는 왜 못사는가?"의 원인을 냉정히 반성하고 그 반성의 새로운 바탕 위에서 보다 잘살 수 있는 조국의 건설에로 향한 굳은 의지와 행동이 그 어느 때보다 절실한 것이다.

"우리는 이 나라를 떠나 살 수 없으며, 이 나라는 우리만이 살다 죽을 땅이 아니다." 우리의 자손만대에 물려줄 땅이다. 오늘날 이 땅에 생을 누리는 우리들마저 이대로 죽을 수는 없는 것이다. 유럽의 선조들이 후손에게 남긴 것처럼 우리가 우리 자손들에게 남겨 주지는 못한다 하더라도, 적어도 오늘의 세계 최악이라 할 수 있는 빈곤의 역사를 그대로 넘겨줄 수는 없는 것이다.

이 빈곤과 굴종의 역사를 이제는 더 우리의 '전통'으로 되풀이하지 않도록 분발해야 되겠다는 것을 우리 젊은 세대에 호소하는 것이다. 남과 같이 살 수 있는 나라를 만들어 자손에 물려주는 것이 오늘을 사는 우리의 지상의 사명인 것이다. 더욱이 급격하게 변전하는 국제정세는 우리들로 하여금 촌각의 머뭇거림도 허용하지 않는다.

낙후와 의타의 역사에서 벗어나 자립, 자주와 번영에의 내일을 위한 '뜀틀'을 하루속히 마련해야 하는 사명이 우리들의 어깨에 다 같이 지워져 있다는 것을 깨달아야 할 것이다.

4. 원내총무 5선 기록

진산파동

1964년의 세칭 '진산(珍山)파동'은 야당에 치유하기 힘든 상처를 남겼다. 진산파동이란 그때 야당이던 민정당(民政黨)의 당수 해위(海葦) 윤보선씨와 제2의 실력자 유진산(柳珍山)씨 간의 66일간에 걸친 극한대결을 말한다. 진산파동은 신·구파로 대별되어 온 야당가의 파벌을 헝클어 놓았고, 야당 안에 강경파와 온건파의 선을 그어 그 사이에 불신의 골을 깊게 파 놓았다.

사건의 단초(端初)는 1964년 8월 3일 민정당 의원총회 회의장이 원외당원들에 의해 짓밟히면서 시작되었다. 언론윤리위원회법안의 표결이 선포됐을 때, 왜 단상점거 등 적극적인 반대투쟁을 하지 않고 퇴장이라는 소극적인 반대행동에 그쳤느냐는 규탄이었다.

언론윤리위원회법안은 한일국교정상화 교섭에 대한 반대의 열풍 속에서 내려진 6·3계엄을 해제하기 위한 협상의 산물이었다. 이 법안이 공화당에 의해 제안되자 야당인 민정당은 독소조항이 많다는 이유로 반대하고 나섰다. 이때 당론이 둘로 나누어졌다. 윤보선파에선 강경한 반대편에 섰고, 유진산파에선 온건한 입장을 보였다. 윤보선파에선 속칭 사쿠라설(說)을 내세워 유진산씨의 제명결의까지 몰고 갔다.

해위와 진산 중재

당시 당무위원은 10여명 되었는데, 나는 당무위원 겸 대변인을 맡아 중요한 위치에 있었다. 내가 보기에 윤보선·유진산 두 사람은 절대 헤어져서는 안 되는데, 그게 그렇지가 않았다. 할 수 없어 서범석(徐範錫), 정성태(鄭成太), 고흥문(高興門) 의원 등과 함께 수습에 나섰다. 나는 윤보선·유진산 두 분을 따로 만나서, "두 분이 헤어지면 틀림없이 불행이 온다"고 강조했다.

한 번은 진산을 찾아가서 이런 대화를 나눴다.

"진산 선생께서 해위를 한번 찾아가시는 것이 좋겠습니다."
"지금 찾아간대야 무슨 소용이 있겠소?"
"그래도 한 번만 해위 선생을 찾아가 여러 가지 일이 잘못된 것 같다고 해 보십시오."
"그러면 어쩌자는 거요?"
"그럼에도 불구하고 해위께서 고집을 부리면 나는 해위를 다시 보겠습니다."
"지금의 형편으로 보아 공연히 정치적으로 사과를 했느니 어쩌니 하고 딴소리가 나오고 있는데……. 효과가 없을 것이오. 내가 가서 당의 일이 잘 수습된다면 열 번이라도 가겠지만, 해위가 저 모양이니 간들 무슨 소용이 있겠소?"
"우리들 네 사람이 회합을 하고 요청하는 것입니다. 한 번만 더 찾아가 주십시오."

윤보선 선생에게도 나는 비슷한 조언을 했다.

"해위 선생님, 진산을 매일 한 번씩만 부르십시오. 매일 만나면, 두 분 사이의 앙금도 가실 것이고 해결의 길이 보일 것입니다. 그러니 두 분께서는 매일 차 한 잔이라도 같이 나누었으면 좋겠습니다."

서로가 서로를 만나기를 꺼리던 때였다. 옆에서 두 사람의 간극을 은근히 즐기는 무리도 있는 것 같았다. 나는 두 사람이 매일 만나 머리를 맞대고 가슴을 열다 보면 뭔가 막힌 곳이 뚫릴 것이라고 생각했고, 두 사람에게 서로 자주 만나라고 거듭 당부했다.

그러던 차에 1년 전쯤부터 받아 놓은 미 국무성 초청일자가 다가왔다. 출국하기 전 나는 진산 선생을 청운각(淸雲閣)에 초청, 거기서 술을 한잔하면서 말했다.

"정말 부탁입니다. 당이 분열되면 안 되니까, 미우나 고우나 매일 한 번씩 해위 댁을 방문해서 차를 한 잔 마시고 나오십시오."

해위 선생에게도 또 찾아가서 간곡하게 말하고 승낙을 받았다.

"어느 경우든지 진산과 갈라서는 일이 생기면 안 됩니다. 진산을 제명하면 절대 안 됩니다. 하나도 도움이 안 됩니다. 결국 박정희에게 도움만 주는 것이 됩니다. 해위 선생님께서 하루에 한 번씩 진산을 부르십시오."

진산과는 해위를 만난 뒤 저녁을 먹으면서 해위를 만나 한 얘기를 전한 뒤, "해위 선생이 부를 테니 가서 만나세요. 안 불러도 찾아가서 만나야 합니다"하고 신신 당부했다.

미국에 가서도 국내와의 연락은 계속됐다. 당시만 해도 해외에서 국내와 연락을 하는 것은 보통 일이 아니었다. 유럽에 갔을 때 윤보선 총재에게서 여러 차례 전화가 걸려 왔다. 영국에서는 내가 아예 연락을 하지 않았고, 독일에서는 꽤 긴 시간 통화를 했다. 선생의 이야기인즉, 당무회의에서 진산 제명을 결의할 테니 동의해 달라는 것이었다. 나는 "절대 안 된다"고 단호히 거절했다.

윤보선 총재는 그후에도 몇 번이나 내게 전화를 걸어 왔지만, 내 대답은 마찬가지였다. 당시 내가 진산의 제명을 반대한 것은 진산 제명 자체의 옳고 그름을 떠나서 당이 깨지는 것을 막기 위해서였다.

나중에 소식을 들으니, 해위측에서는 나에 대한 설득이 실패한 것으로 보고 내가 귀국하기 전에 대변인을 이정래(李晶來)씨로 교체, 결국 유진산씨를 당무위원회에서 제명처분해 버렸다. 대변인은 당헌(黨憲)상 당무위원을 겸하고 있던 때였다.

귀국하던 날 공항에서 작은 해프닝이 있었다. 윤보선·유진산계(系) 인물들이 많이 나와 있었다. 나는 윤보선씨측의 면담요청을 거절하고 곧바로 안암동(安岩洞) 집으로 돌아가 버렸다. 다음날 아침 일찍 진산이 찾아왔다. 점심때까지 얘기를 계속했다. 당시 당의 세력분포상 진산의 제명문제와 관련, 내 입장이 관건이었다. 진산은 한마디로 자기를 살려 달라고 했다.

언론윤리위원회법안이 국회에서 통과되자 언론계의 저항은 예상을 훨씬 넘는 것이었다. 이런 언론계의 조직적인 힘을 원군(援軍)으로 삼아 강경파들은 끝내 '진산 제거작업'에 성공했다. 그러나 너무 많은 힘을 탕진했고, 해위 선생 스스로도 깊은 상처를 입었다. 이듬해의 야당가 통합 창당대회에서 윤보선은 진산을 무리하게 제거한 점, 그리고 그의 복귀를 봉쇄하려 한 점 때문에 당권경쟁에서 끝내 패배를 당한다.

원내총무 시절 시국 연설회장에서.

진산파동으로 윤보선과 유진산이 갈라선 것은 야당의 비극이었다. 나는 당시 어느 한 편을 손들어 주는 일은 하지 않았다. 어찌 됐든 나는 지금도 윤보선씨가 당을 생각하는 입장에서 진산을 포용했어야 옳았다고 생각하고 있다.

민중당 원내총무 피선

1965년 여름, 야당은 민정당을 주축으로 민주당, 자민당, 국민의당이 통합해서 6월 14일 민중당을 창당했다. 나는 민중당 출범을 앞두고 '전근대적인 파벌을 지양하기 위한 당내 정풍운동'의 서명을 주도하는 등 적극적으로 통합을 위해 노력하기도 했다.

6월 14일의 민중당 창당대회에서는 민주당 출신의 박순천(朴順天) 여사가 대표최고위원(당수)으로 선출되었고, 자민당 출신의 서

〈동아일보〉 1965년 10월 14일자 원내총무 당선 후 인터뷰 기사.

민호(徐珉濠)씨, 국민의당 출신의 허정(許政)씨가 최고위원으로 선출되었다. 민정당 당수였던 윤보선씨는 최고위원으로 선출되었으나 수락을 거부, 고문으로 추대되었다.

그러나 민중당은 출범 직후부터 어려움에 봉착했다. 6월 22일 한일협정이 정식으로 조인되고 8월 13일 한일협정특별위원회에서 비준안이 원안대로 통과되자, 민중당은 8월 13일 긴급총회를 열어 의원직을 총사퇴키로 결의, 61명의 사퇴서를 이효상(李孝祥) 국회의장에게 제출했다. 그러나 정기국회에서 의원직 사퇴서가 반려되자 의원직 사퇴문제를 놓고 당내의 비주류 강경파와 주류 온건파가 대립, 분당(分黨)의 조짐이 나타났다.

10월 11일 국회에 복귀한 민중당 의원들은 의원총회를 열어 탈당한 정성태 원내총무의 후임 선출에 들어갔다. 나는 원내총무 경선에 나설 것임을 선언했다. 당시 민중당에는 나 같은 3선의원만도 유청(柳靑)·진형하(陳馨夏)·강승구(姜昇求) 의원 등 8명이나 됐으며, 4선의원 10여명 가운데 유진산·조재천(曺在天)·전진한·이영준·윤제술·나용균 같은 의원들은 국회부의장급 중진들이었다. 이들 중진들을 제외하고 나머지 원내총무 경합자는 4, 5명이 되었다.

그러나 실제로 총무 물망에 오른 의원은 나와 고흥문 의원, 유성권 전(前) 민주당 원내총무, 그리고 이상돈(李相敦) 의원 등이 있었다. 네 사람은 서로 각축을 벌이다 사전조정으로 유(劉)·이(李) 두 의원이 도중하차해 나와 고(高)의원간의 표결이 불가피해졌다. 10월 12일 열린 의원총회에서 고흥문 의원이 사퇴함으로써 나는 무기명 비밀투표에서 재석 33인 중 29표를 얻어 총무에 당선됐다. 그때 내 나이 37세, 지금까지의 의정사상 최연소 총무였다.

1963년 민정당 시절부터 대변인을 맡아 왔던 내가 원내총무에 도전한 것은 주변의 권고도 있었지만, 내 나름대로 원내총무의 의미에 주목했기 때문이었다. 그 당시 미국은 우리 정치에 중요한 모델로 작용했는데, 나는 미국 방문을 통해 원내총무 출신의 존슨이 대통령이 되는 것을 보고 느낀 바가 있었다. 장차 훌륭한 정치 지도자로 성장하기 위해서는 원내총무를 맡아 풍부한 경험을 쌓는 것이 중요하다고 판단했던 것이다. 이때 처음으로 원내총무에 선출된 이래 나는 민중당 시절 2회, 신민당 시절 3회 등 5년에 걸쳐 다섯 차례 원내총무를 역임하는 기록을 세우게 된다.

한편 한일협정 비준의 후유증으로 민중당은 분열의 아픔을 겪게 된다. 윤보선, 정일형, 정해영, 정성태, 윤제술, 김재광씨 등은 민중당을 탈당해 1966년 3월 30일 신한당(新韓黨)을 창당했다. 나는 '당을 깨는 것은 옳지 않다'고 생각했기 때문에 윤보선씨의 신한당에 가담하지 않았다.

민중당은 1966년 7월 19일 전당대회에서 박순천씨를 당수로 재선출했다. 이어서 7월 25일 열린 의원총회에서 나는 경선을 통해 원내총무 재신임을 받았다. 투표자 49명 중 내가 27표, 이상돈(李相敦) 의원이 19표를 얻었다.

현민 유진오 박사 영입

　1967년 6대 대통령선거를 앞두고 야당가의 움직임은 바빠졌다. 신한당은 창당(創黨)과 동시에 윤보선씨를 총재 및 1967년 대통령 선거의 후보로 추대했는데, 반면 민중당은 제1야당이면서도 박정희(朴正熙)에 맞설 대항마(對抗馬)를 구하지 못해 인선에 고심하고 있었다. 그린파크호텔에서 밤을 새워 가며 회의를 거듭했지만 이렇다 할 결론을 못 내렸다.

　1966년 가을에 접어들면서 대통령후보 문제는 민중당의 절박한 고민거리가 되어 있었다. 그 무렵 고대(高大) 총장직을 물러나 있던 현민(玄民) 유진오(兪鎭午) 박사가 간부들의 비공식 논의에서 자주 거론되었다.

　현민(玄民) 선생은 헌법학계의 태두로 제헌(制憲)의 중심인물이었고 법제처장을 지냈으며 한일회담에도 참가했다. 학자이면서 행정과 외교의 경험을 가졌고 사회적 존경과 신뢰도도 높다는 데서 민중당의 대통령후보로 적격이라는 것이 다수의 의견이었다. 그러나 선생이 수락할 것인지는 미지수였다. 우회적으로 선생의 뜻을 들어보았지만 정계진출은 생각해 본 일도 없고, 우리 정계의 형편상 현민 같은 학자가 뜻을 펴 나가기도 어렵다는 것이었다.

　정무회의에서는 결국 나에게 교섭권을 백지위임했다. 현민 유진오 선생은 대학시절의 은사로 평소 잘 알던 사이였다. 필동(筆洞)에 있던 현민 선생의 자택을 방문했을 때 나는 미리 입당원서(入黨願書)도 챙겨 갔다. 나는 현민 선생에게 당내 사정을 소상히 설명하고, 긴 시간 얘기를 나누며 민중당 입당을 간곡히 권유했다.

1967년 6월 8일 실시된 제7대 국회의원 선거에 기호 6번 신민당 후보로 출마하여 유세를 하는 모습.

현민 선생도 평화적 정권교체의 중요성을 말하면서 민중당의 거당적 협력이 보장되면 입당을 수락할 뜻을 비쳤다. 입당이라지만 사실상 대통령후보 추대교섭이었다. 당수와 대통령후보를 함께 맡길 속셈으로 나는 입당을 권유했던 것이다. 나는 당시 당수이던 박순천(朴順天) 여사와는 1955년 민주당 창당 때부터 함께 했고, 1956년 대선 때 신익희 후보의 지원유세를 함께 다닌 일이 많았다. 한국 여성 정치가의 선구자인 박순천 여사는 카랑카랑한 목소리의 명연설로 청중의 심금을 울렸다. 그러나 박순천 당수·후보체제로는 정권교체라는 커다란 목표를 향해 나아가는 것이 역부족이었다. 선생도 차츰 내 설득에 귀를 기울여, 1966년 10월 20일자로 민중당에 입당했다.

신민당 출범

현민 선생의 등장은 골육상쟁을 되풀이해 온 민중당과 윤보선씨의 신한당(新韓黨) 간의 통합에 채찍질이 되었다. 민중당의 현민, 신한당의 해위 두 분이 맞붙을지도 모르는 상황이 되자, 야당후보 단일화라는 문제가 심각하게 제기된 것이다. 두 분이 1967년 초 후보단일화 문제와 야당통합 문제를 협의한 데 이어, 백낙준(白樂濬)·이범석(李範奭)씨도 참석한 이른바 '4자회담'에서 야당의 통합과 대통령후보 문제가 조정되었다.

1967년 2월 7일, 야당사에는 다시 한번 통합야당 신민당의 출항이 기록된다. 이 날 오후 창당대회 및 대통령후보 지명대회가 열렸고, 4자회담의 결의대로 대통령후보에 윤보선씨, 당수에 유진오씨를 만장일치로 추대했다. 야당이 해체·통합되는 바람에 현민 선생을 대통령후보로 추대하려던 내 꿈은 실현되지 못했지만, 나는 2월 27일 열린 의원총회에서 의원들의 신임을 받아 통합신민당의 원내총무를 맡았다.

1개월여의 유세전 끝에 1967년 5월 3일 실시된 6대 대통령선거에서 신민당은 패배했다. 신민당의 윤보선 후보가 452만 6천여 표를 얻은 데 비해, 박정희는 568만 8천여 표를 얻어 윤후보가 116만여 표차로 낙선하고 말았다.

이어서 6월 8일에는 제7대 국회의원 선거가 실시되었다. 나는 부산 서구에서 출마, 6만 1,957표를 얻어 4만 347표를 얻은 공화당의 박규상(朴奎祥) 후보를 2만 1,000여 표차로 가볍게 물리치고 4선(選)을 기록했다.

6·8선거에서 신민당은 전국구 17석을 포함, 45석의 당선자를 내는 데 그친 반면, 공화당은 175석 중 전국구 27석을 포함, 모두 129석을 차지했다. 공화당의 의석은 개헌선(117석)을 10여 석이나 웃도는 숫자였다. 이런 결과가 나오게 된 것은 유례 없는 부정선거가 자행됐기 때문이다. 공화당정권이 장기집권을 하려면 대통령 3선(選)을 위한 개헌이 필요했고, 박정희는 개헌선 확보를 의식해 사상 유례 없는 불법·타락 선거운동을 벌였다.

6·8부정선거로 174일 만에 등원

이른바 '막걸리 선거'로 불린 6·8부정선거에 대해 야당은 선거의 전면무효를 선언했다. 신민당은 "유령 유권자 조작, 관권과 폭력에 의한 공포분위기 조성, 공개투표·릴레이식투표·대리투표 등으로 부정을 자행한 6·8선거는 완전 범죄적 선거"라고 주장하고 전면 재선거를 요구했다. 학생들의 부정선거 규탄데모가 전국으로 확산돼 정부는 전국 대학과 고등학교에 휴교령을 내리고 방학을 앞당겨야 했다. 7월 10일 공화당이 단독으로 국회를 개원했으나 신민당은 이후로도 계속 등원을 거부하고 강력한 투쟁을 전개했다. 여·야간 팽팽한 협상과 실력대결이 이어졌다. 박정희는 화성의 권오석(權五錫), 보성의 양달승(梁達承) 등 8명의 당선자를 공화당에서 제명조치했고, 그 중 화순·곡성의 기세풍(奇世豊)과 고창의 신용남(愼鏞南) 두 명은 의원직을 사퇴케 했다.

6개월에 가까운 기나긴 원외투쟁 끝에 신민당은 등원을 결정했다. 신민당은 6·8부정선거 후 174일 만인 1967년 11월 29일 국회에 등원했다. 나는 11월 29일 본회의가 끝난 뒤 열린 신민당 의원총회에서 무기명 비밀투표로 원내총무에 선출되었다. 총 44명의 의원 중 42명이 참가해 내가 22표, 김대중과 김재광(金在光)이 각 9표씩을 얻었다.

현민 선생 영입, 신민당 출범, 6·8부정선거를 둘러싼 공화당과의 투쟁과정을 거치면서 나는 야당에서 부동(不動)의 원내총무로 자리를 굳혀 갔다. 당시 원내총무의 비중은 대단히 컸다. 원내총무는 국회 교섭단체 등록시 당의 법적 대표였고, 상임위 배정 등 의원활동의 실질적인 사령탑이었으며, 여당과의 협상과 투쟁과정에서 지도력을 발휘해야 했다. 사실 60년대 후반의 대여(對與)투쟁은 원내총무인 나의 머리와 손발에 따라 이루어진 것이나 다름이 없었다.

무엇보다 내가 원내총무 다섯 번 역임의 경력을 소중하게 생각하는 이유는, 원내총무가 되려면 경선이나 인준을 거쳐야 했으므로, 동료의원들의 신뢰가 없이는 지탱할 수 없는 자리였기 때문이다. 어찌 보면 나는 동료의원들로부터 과분한 신임을 받았다고도 할 수 있는데, 당시의 사정을 나는 『나의 결단』에서 이렇게 술회한 바 있다.

> 내가 그들의 신뢰를 받은 이유는 간단했다. 그것은 내가 정직하려고 애쓴 점이었다. 평소에 잘 아는 이들로부터 받은 신뢰가 가장 값진 것이며 진실된 법이다.

김대중 원내총무 인준부결

신민당 출범 초부터 학자 출신의 유진오 당수에게는 춘추전국시

원내총무 시절, 동료의원들과 원내대책을 수립하고 있다. 시계 반대방향으로 나, 조영규, 권중돈, 김의택, 고흥문, 정일형, 두 사람 건너 이상돈, 김원만 의원의 모습이 보인다.

대(春秋戰國時代)를 방불케 하는 야당 내의 복잡한 인맥과 계파를 고르게 안배하여 당을 운영해 나가야 하는 난제가 안겨져 있었다. 야당은 이제 과거처럼 당내 계보를 신·구파로 간명하게 나눌 수 있는 형편이 아니었다.

예상대로 유진오 총재의 당 운영체제 구축은 난관의 연속이었다. 당헌상 총재의 권한이 대폭 강화되었지만, 원내총무의 인선은 1968년 5월 20일의 전당대회 후 한 달이 넘도록 매듭을 짓지 못했다. 당초 유(兪)총재는 김대중(金大中)을 원내총무에 지명했다. 나는 "김대중 의원이 지명되면 결코 인준이 안 될 것"이라며 반대했다.

의원총회에서 의원들이 김대중씨 지명을 거부하리라는 정보를 입수한 유총재는 소속의원들의 집으로 일일이 전화를 걸었다고 한다. 의원총회 전날 밤, 유진산 부총재와 고흥문 사무총장이 나를 찾아왔다. 두 사람은 4시간 동안이나 "당을 위해 인준에 협조해 달라"고 통사정했으나, 나는 끝내 동의하고 싶은 생각이 들지 않았다.

김대중의 원내총무 지명을 나는 끝까지 반대했다. 당시 당내에서는 모두들 김대중이 총무가 되기를 바라지 않는 분위기였다. 무엇보다도 그는 동료의원들로부터 인간적 신뢰감을 얻지 못했다. 김대중은 내가 원내총무로 있을 때 상도동(上道洞) 우리 집에 가장 많이 찾아온 국회의원 중의 한 사람이었다. 특히 분과위원회를 배정할 때면 자주 찾아왔다. 그는 언제나 재경분과위원회를 원했다. 재경위는 모든 국회의원이 바라던 상임위 중에서도 노른자위로 알려져 있었다.

유진오 총재는 6월 5일 의원총회를 소집, 원내총무에 대한 인준을 요청했다. 투표결과 41명의 의원 중 김대중 인준 찬성은 16표, 반대 23표, 기권 2표로 부결되었다.

다섯번째 원내총무에 피선

유총재는 6월 10일 다시 의원총회를 소집, 정성태(鄭成太) 의원을 제2차로 원내총무에 지명하여 인준을 요청했으나 부결되었다. 정성태 의원은 막걸리를 즐겨 마셨고 사람은 좋았다. 현민과는 고대(高大)라는 인연의 고리도 있었다. 그러나 원내총무라는 자리를 그에게 맡기는 데는 다소 문제가 있었다.

하지만 내가 현민 선생을 정치권으로 모셔 왔는데, 총무인준 때문에 계속 선생의 뜻을 거스르게 돼, 나도 상당히 미안하다는 생각이 들었다. 그래서 아무래도 내가 양보해야겠다는 생각으로 필동의 현민 선생 자택으로 찾아갔다. 가서는 화를 거두시라고 했다. 다시

제7대 국회의원 시절, 외국에서 귀국하여 공항에 마중나온 동료의원들과 함께. 나의 왼쪽이 김은하, 그 뒤가 장준하, 오른쪽 뒤편이 유치송.

정성태 의원을 지명하면 반드시 인준되도록 하겠다고 다짐했다. 화가 좀 풀린 유총재는 "이번에도 부결되면 내 체면이 어찌 되느냐"고 했다. 나는 "지난 일은 잊으십시오. 이번엔 틀림없이 정의원이 인준되도록 하겠습니다"라고 거듭 약속했다.

나는 오후에 속개된 의원총회에서 관례를 깨고 이렇게 말했다.

"당의 단합을 위해 유총재가 다시 지명하는 인사를 투표 없이 만장일치로 인준해 줍시다."

나의 발언이 효력을 얻어 원내총무 인준은 일단락되었다.

그러나 그로부터 5개월 후인 1968년 11월 6일 정성태 의원이 원내총무직 사퇴서를 제출함으로써 원내총무 자리는 다시 공석이 되었고, 나는 11월 8일 열린 의원총회에서 만장일치로 후임 원내총무로 선출됐다. 이로써 나의 네번째 원내총무 활동이 시작되었다.

이듬해인 1969년 5월 21일 신민당은 서울시민회관에서 제3차 전당대회를 열고 유진오씨를 다시 총재로 추대했다. 나는 총재의 권한을 대폭 강화하는 단일지도체제의 당헌 개정안을 관철시켰다. 당시 최대의 현안이던 박정희의 3선개헌을 저지하고, 1971년 대통령선거에 대비하기 위한 효율적인 당체제를 만들고자 했기 때문이다.

나는 5월 26일 원내총무에 다시 지명되었다. 1967년 2월 통합신민당 출범 직후 의원총회에서 원내총무로 유임 결의를 받아 6·8부정선거 반대투쟁을 전개했던 것을 제외하고도, 나는 민중당 이래 다섯번째 원내총무로 뽑힌 것이다. 나는 "원내총무는 이번을 마지막으로 하겠다"고 소감을 밝혔지만 다섯번째의 원내총무 활동도 평탄하지는 않았다.

1969년 9월 박정희의 3선개헌에 반대하는 투쟁의 와중에서 신민당은 스스로 당을 해산하는 극적인 과정을 겪게 된다. 9월 7일 신민당은 당 해산절차를 밟아 3선개헌 반대투쟁의 대열을 이탈한 세 명의 의원을 축출하고, 그 즉시 국회에 '신민회'(新民會)라는 이름으로 새로운 원내교섭단체를 등록하게 된다. 신민회 체제로 3선개헌 국회 통과에 맞선 신민당은 해산 2주일 만인 9월 20일 다시 신민당의 이름을 되찾았다.

내가 원내총무를 사퇴한 것은 1969년 11월 '40대기수론'을 내걸고 신민당의 대통령후보 지명대회에 나설 것을 선언하면서였다. 한국정치사에서 다섯 번의 원내총무 기록은 아직 깨지지 않고 있다.

인기 있는 야당 정치인

정치에 대한 불신이 운위되는 요즘이지만, 6, 70년대까지만 하더라도 야당 정치인은 국민들에게 인기인이었다. 박정희가 쿠데타 직후 '정치정화법'을 만든 이래, 역대 독재자들은 야당 및 야당 정치인의 이미지를 실추시키기 위해 집요하게 공작정치를 해 왔다. 교묘한 언론조작을 통해 야당 내부의 노선경쟁을 소모적이고 폭력적인 대립과 갈등으로 과대포장해 왔으며, 야당 지도자들에 대해서도 부패·무능·의혹제기 등 숱한 음해를 통해 국민들에게 부정적 이미지를 각인시켜 왔다. 무엇보다 나 자신이 박정희·전두환 등 군사정권이 수십년간 자행해 온 공작정치에 최대의 피해를 입었다. 나는 오늘날 정치불신이 심각해지게 된 배경에는 이러한 오랜 정보공작정치의 잔영(殘影)도 크게 작용하고 있다고 생각한다.

내가 대변인이나 원내총무를 하던 시절, 음식점에서 나를 알아본 시민들은 나를 환대해 주었고, 많은 사람들이 나도 모르는 사이 밥값을 계산하고 나가는 경우가 많았다. 그러나 1970년대에 접어들면서 정보정치가 더욱 극성을 부리게 되고, 국민들이 야당 정치인에게 작은 정성을 표시하는 데도 커다란 용기가 필요하게 되었다. 심지어 내가 다니던 식당에서도 내가 자주 오는 것을 꺼려할 정도로 정보기관의 협박이 극심해졌다.

정치자금 쉽게 조달하기

민주주의를 하는 선진국의 경우 정치자금의 조달은 공개적이고 합법적인 방법으로 제도화되어 있지만, 독재정권하의 야당 정치인에게 곤욕스러운 일 중의 하나가 정치자금을 만드는 일이었다. 박정희는 불법 조성한 정치자금을 중앙정보부를 통해서 야당 분열공작을 위해 쏟아 부었고, 이로 인해 많은 야당 지도자들이 피해를 입

1967년 8월, 가족과 함께 동해안 낙산사에서.

었다. 나도 야당의 총재가 된 1970년대 중반부터는 많은 애로를 겪었지만, 다행히 집안의 도움으로 8대국회 때까지는 정치자금의 조달에 커다란 불편을 겪지 않아도 되었다. 내가 60년대까지 정치자금을 조달하는 가장 손쉬운 방법으로 사용했던 것이 바로 아버지께서 사 주신 집을 팔아 치우는 것이었다.

내가 결혼한 직후 아버지께서는 임시수도였던 부산의 초장동에 방 두 칸짜리 집을 사 주셨다. 나는 이 집을 1954년 국회의원에 당선된 뒤 상경(上京)하면서 처분했다. 상경해서는 서울역 앞 도동의 한 양옥집에서 한동안 세(貰)를 살았는데, 매일 시끄러운 기차소리에 시달려야 했다. 경제적으로 여유가 있으셨던 부모님들은 국회의원까지 된 아들이 객지에서 세를 사는 것에 미안해하셨다. 그래서 아버지께서는 약수동에 또 집을 사 주셨다. 그러나 얼마 못 가 나는 다시 집을 팔아 정치활동에 써 버렸고, 아버지는 또다시 보문동에 한옥집을 얻어 주셨다. 나는 이 집도 몇 년 못 가 팔았다. 아버지께서는 이제 집을 그만큼 사 주었으면 됐지, 다시는 집을 팔지 말라고 몇 번이나 못을 박으시고는 다시 집을 사 주셨다. 내가 고른 안암동의 연립식 주택이었다. 나도 이제 안착을 한다고 생각을 했는데, 결국 나중에 또다시 집을 팔아 버리고 말았다. 정치활동에 돈이 필요해지면 나는 가장 손쉬운 방법을 택했던 것이다. 다시 얼마쯤 세를 살다가 1969년 3월경 상도동으로 이사했다. 아버지께서 "마지막이다" 하고 사 주신 현재의 집에 나는 32년째 안착(安着)해 살고 있다.

가족과의 망중한

큰아이가 중학생이 되었을 때니까 아마도 1967년이었다고 생각된다. 가족들과 함께 동해안으로 여름휴가를 떠난 적이 있다. 요즘 같으면 주말이나 휴가 때면 가족 단위로 여행하는 사람들이 많지만, 당시에는 자가용은 물론 지프차를 가진 국회의원도 절반이 못 될 정도로 차가 드물던 시절이었다. 아내와 2남 3녀를 지프차에 태우고 새벽같이 서울을 출발했다. 내가 직접 운전을 했는데, 문제는 내가 면허를 딴 지 꽤 되었지만 운전을 해 본 일이 거의 없었다는 것이었다.

자신 있게 나서긴 했으나 초보 운전자에겐 위험천만한 여행길이었다. 당시만 해도 경기도와 강원도의 산길을 다니는 차량은 군용차와 가끔씩 지나가는 버스뿐이었다. 더구나 비포장도로는 그나마 비좁고 험했다. 마주 오는 차를 만나면 지프차를 길옆에 간신히 대놓고 기다렸다가 출발해야 했는데, 앞이 안 보일 정도로 뿌옇게 피

30대 초반 효창구장에서 열린 여·야 국회의원 친선 축구대회에서 공을 차는 모습.

어 오른 흙먼지가 가라앉는 것을 기다리자면 한참 걸렸고, 내 차는 물론 타고 있는 가족 모두가 온통 흙먼지를 뒤집어써야 했다. 비좁은 산길은 아슬아슬한 절벽이나 계곡으로 이어지곤 했다.

내 서툰 운전 솜씨에 가족들은 불안감으로 사색이 되었다. 험한 여행길에 구토를 하는 아이도 있었다. 중학생이던 큰딸 혜영이 "아빠, 정말 운전면허가 있어요?"하고 물을 정도였다. 동해안으로 넘어가는 유일한 차도였던 진부령을 넘어 한밤중에야 낙산사 근처에 도착했다. 근처 민가(民家)에 들어가 숙박을 청하고 사흘간 머물며 동해안을 구경했다. 돌이켜 보면 무모하고도 아슬아슬한 여행이었다.

나와 스포츠

나는 스포츠를 좋아하고 또 즐긴다. 나는 많은 운동을 직접 해 보았으며, 또 잘하는 편이기도 하다.

나는 거제도 바닷가에서 태어났고, 걸음마를 할 때부터 바다는 나의 놀이터였다. 어린 시절, 아침부터 바다에 들어간 나는 점심때를 훨씬 넘겨서야 물에서 나왔고, 어머니는 나 때문에 항상 바닷가 어장막까지 식사를 날라 오셔야 했다. 온몸에서 물을 뚝뚝 흘리면서 어장막 바닥에 쭈그리고 앉아, 보리밥을 냉수에 말아 멸치와 함께 먹던 점심은 지금도 잊을 수 없는 꿀맛이었다. 식사를 마친 나는 다시 바다로 뛰어들었고, 해가 뉘엿뉘엿 질 때까지 지칠 줄 모르고 수영을 했다. 그 덕분에 나는 통영중학 시절에 이미 아침부터 저녁까지 하루 종일 바다에서 헤엄을 쳐야 하는 원거리 수영에서 최고 수준에 이르렀다. 지금도 내가 가장 자신 있는 운동이 바로 수영이다.
　축구와 야구도 내가 좋아하고 즐겼던 스포츠다. 축구는 경남중학 재학시절부터 학교 대표선수로 선발되어 활약했다. 당시 경남중학교 축구부는 경남지역 예선전에서 경남상고와 항상 결승전에서 맞붙었는데, 경기장에서 뛰고 있는 나에게 경남상고 응원단에서 "영삼이 너, 시합 끝나고 보자" 하며 겁을 주던 기억이 아직도 새롭다.
　국회에 진출한 이후에도 나는 종종 상도동 근처의 중앙대학교 운동장에서 축구시합을 가졌다. 특히 50년대부터 70년대 초반까지 여야 국회의원 축구경기가 몇 차례 열렸는데, 이때 나는 주장으로 출전하여 마음껏 기량을 뽐내기도 했다. 당시 여야 국회의원 축구경기는 서울운동장에서 열렸는데, 엄청난 관중이 몰려들어 경기를 관람하곤 했다.
　야구 역시 내가 좋아하는 스포츠인데, 1956년 10월 13일에 열린 제1회 여·야 국회의원 친선야구대회는 지금도 잊혀지지 않는다. 야구경기가 열린 정동(貞洞)의 배재고등학교에 수많은 인파가 몰려 열렬한 응원전을 펼치는 가운데, 당시 나는 포수를 맡아 활약을 했

클린턴 미국 대통령과 백악관에서 조깅을 하는 모습.

다. 우리 팀이 승리하여 꽃다발을 한 아름 안고 카메라 앞에서 포즈를 취하던 기억이 아직도 생생하다.

내가 어린 시절부터 스포츠를 좋아했던 것은 활동적인 나의 성격에 기인한 바 크다고 생각한다. 친구, 선·후배들과 스스럼없이 어울릴 수 있고, 이들과 힘을 합쳐 멋진 경기를 만들어 낼 수 있는 스포츠는 나의 천성과 너무나 어울리는 것이었다.

나는 스포츠를 통해 협동심과 단결력의 중요성을 배웠고, 따뜻한 동료애를 나눌 수 있었다. 또한 게임의 룰을 존중할 줄 아는 인생철학을 체득할 수 있었다. 내가 그 오랜 동안의 독재정권하에서도 꿋꿋하게 원칙을 지키면서 수많은 동료 정치인들과 함께 민주주의의 새벽을 열 수 있었던 힘도 바로 스포츠를 통해 체득한 보이지 않는 교훈이 크게 작용했다고 생각한다.

나는 또 일찍이 해공과 유석, 현민의 경험을 통해 문턱까지 다가갔던 한국의 민주주의가 지도자의 건강문제로 통한(痛恨)의 눈물을 뿌리며 돌아서야 했던 슬픔을 맛보면서, 정치 지도자의 몸은 자기 혼자만의 몸이 아니라는 생각으로 꾸준한 운동을 통해 건강을 관리해 왔다.

운동은 건강에도 좋지만 정신적으로도 큰 힘이 된다. 운동하는 것만으로도 정신적으로 강한 의지력이 생긴다. 평소에 미처 생각하지 못하던 놀라운 아이디어가 운동을 하다 보면 불현듯 떠오르는 일이 많다.

백악관과 발트해변의 조깅

승마를 즐기던 시절도 있었다. 1950년대 후반부터 몇 년 정도 승

승마하는 모습.

마를 했다. 당시 서울 시내에는 자동차가 드물었고, 소달구지나 인력거, 또는 말을 타고 거리를 돌아다니는 사람들의 모습도 심심찮게 볼 수 있었다.

승마와 관련해 나는 하마터면 목숨을 잃을 뻔한 경험을 하기도 했다. 뚝섬 근처 둑에서 한참 '구보'로 전속력으로 달리던 나는 그만 말에서 떨어지고 말았다. 떨어지면서 머리가 바위에 부딪쳤는데, 머리에 쓴 헬멧이 깨질 정도로 심한 사고였다. 평소에는 헬멧을 쓰지 않고 말을 탔는데, 그 날만은 다행히도 헬멧을 쓰고 말을 탄 덕분에 목숨을 건진 것이다. 천우신조였다. 이때 사고로 쇄골이 부러지는 부상을 당한 나는 일생을 통틀어 유일하게 병원에 입원하는 기록(?)을 세웠다. 몇 달 동안 깁스를 한 채 특별히 맞춰 오른쪽 어깨가 올라간 큰 양복을 입고 국회에 등원해야 했다.

그때 마침 나는 이화여자대학교에서 강연을 초청받아 놓은 상태였다. 이화여대 대강당에서 학생들에게 소개돼 단상에 오른 나는 "여러분, 내 오른쪽 어깨가 이상하지요? 여러분이 아다시피 승마를 하다 사고를 당해 그런 것이지, 내가 평소 이렇게 어깨를 올리고 '힘주고 다니는 사람'이라서 그런 것이 아닙니다"하고 인사했다. 강당은 한동안 폭소로 떠나갈 듯했다.

나는 대통령이 되기 2년 전까지 때때로 동지들과 골프를 치기도 했다. 연금 등으로 자유가 없었던 오랜 동안은 골프를 칠 수 없었기 때문에 실력은 자칭 핸디18 수준이다.

운동과 관련하여 나한테 빼놓을 수 없는 것이 바로 조깅이다. 나는 박정희독재가 절정에 들어서던 1976년부터 줄곧 새벽 조깅을 해 왔다. 내가 상도동 뒷산에서 조깅을 시작하면서 상도동 주민들이 한두 명씩 함께 뛰기 시작해 어느새 1백여명으로 늘어났다. 1982년 초에 이들이 모여 만든 것이 민주조기회다.

나는 연금이나 국내외 출타 때말고는 단 하루도 조깅을 멈춘 적이 없다. 비가 내리거나 눈보라가 몰아쳐도 5시 20분이면 정확히 집을 나서 조깅을 했다. 1989년 소련을 첫 방문했을 때도 발트해변과 모스크바의 강가를 달렸으며, 대통령 재직 중에도 청와대는 물론, 미국 백악관을 비롯한 해외 순방지에서도 조깅을 멈추지 않았다.

산은 나의 말없는 스승이다.

아내와 함께 하는 산행

등산은 비교적 늦게 시작한 운동이다. 내가 전두환 독재정권의 1차연금에서 해제된 1981년 6월 초, 주변의 권유로 산을 찾게 된 것이 등산을 하는 계기가 되었다. 이때부터 산은 나에게 말없는 스승이 되어 주었다. 산은 어둡고 캄캄한 독재의 터널에서 나를 지탱해 주는 버팀목이었고, 실의에 빠져 있던 민주화 동지들을 규합하고 민주회복의 결의를 다지는 근거지였다.

산은 나에게 내 조국에 대한 사랑을 더욱 깊게 해주었다. 나는 민주산악회를 조직해 등산을 시작한 이래, 지금까지 한라산·지리

아내 손명순과 산에 올라 다정한 시간을 보내고 있다.

산·설악산 등 우리나라에서 제일 높은 산은 물론이고, 태백산·오대산·덕유산·가야산·소백산 등 전국의 이름난 명산, 그리고 이름이 알려지지 않은 수많은 아름다운 산들까지도 직접 내 발로 걸어서 정상에 올랐다.

나는 이미 젊은 시절부터 오랜 정치생활을 하는 동안 때로는 유세로, 때로는 독재에 항거하는 민주화투쟁으로 전국의 크고 작은 도시와 시골의 읍·면에 이르기까지 가 보지 않은 곳이 거의 없었다. 나는 전국 방방곡곡을 순회하며 수많은 국민들을 만나 그들의 소리를 가슴에 담았고, 땀 흘려 올라간 수많은 산정(山頂)에서 아름다운 조국 산하의 외침을 가슴에 품었다. 일생을 통해 나는 내 조국과 국민과 산하에 대한 사랑을 키웠다.

민주산악회의 산행은 단순한 산행이 아니었다. 어두웠던 시절, 산행은 흩어진 동지들을 모으고 독재에 저항할 수 있는 유일한 수단이었고 투쟁의 무기였다. 동지들은 새벽같이 감시자의 눈을 피해 약속장소로 모였고, 산에 오르며 민주화의 결의를 다졌다. 동지들과 함께 오른 정상에서 북쪽을 향해 끝없이 뻗어간 산줄기를 바라보고 있자면, 불현듯 반쪽의 산하 저편 백두와 묘향, 칠보와 금강을 걸어오르고 싶은 충동이 일었다. 아니 북녘의 산하를 넘어 멀리 시베리아와 만주를 누비며 독립운동을 하던 선조들의 자취까지도 직접 찾아가 밟아 보고 싶은 마음이 들기도 했다. 캄캄한 독재 치하에서 민주화투쟁은 조국의 해방을 위한 제2의 독립운동과도 같은 것이었다.

그럴 때면 나는 동지들과 함께 노래를 불렀다. "일송정 푸른솔은……"으로 시작되는 선구자나 "……동지는 기다린다. 어서 가자 조국에"로 끝나는 광복군가를 힘차게 합창했다. 합창은 산을 내려와서까지 이어지곤 했다. 이 노래들은 최루탄 터지는 거리에서 시민들과 함께 절규하며 부르던 '님을 위한 행진곡'과 함께 몇 안 되는 나의 애창곡이었다.

산은 '구일신 일일신 우일신'(苟日新日日新又日新) 그 자체이다. 앞을 분간할 수 없는 눈과 비, 거센 바람이 몰아치다가도, 언제 그랬나 싶게 맑아지기도 하는 변화무쌍한 산의 날씨는 인간에게 겸손을 일깨운다. 산은 계절마다 달라진 모습으로 등산객을 맞이하며 항상 새로운 기분을 느끼게 해준다. 졸졸 흐르는 개울물 소리를 들으며 진달래와 철쭉이 만발한 꽃 터널을 지나는 봄 산행은 약동하는 생명의 경외를 느끼게 한다. 온몸이 땀으로 범벅이 된 채 우거진 신록의 그늘을 하염없이 걸어 오르다 보면 어느덧 정상에서 맞이하는 상쾌한 바람. 여름 산은 오래도록 시원한 정상에서 머물고 싶은 유혹의 산이다.

가을과 겨울의 산행은 남다른 흥취가 있다. 늦가을, 산길을 뒤덮은 두터운 낙엽층에서 뿜어져 나오는 독특한 향취는 산 전체를 감싸고, 냄새에 취해 한 발짝 한 발짝 걸음을 내디딜 때마다 발밑에서는 끝없이 '바스락 바스락' 하는 소리가 이어진다. 조용하게 들리던 낙엽 소리는 어느새 귓전을 크게 울릴 만큼 커다란 소리로 변해 가고, 이때쯤이면 나는 무아의 경지에 빠져 든다. 일행 중 어느 누구도 한마디 말을 거는 이가 없다. 모든 것을 생각케 하는 순간이 이어진다. 체감온도를 알 수 없는 겨울 산행. 조금이라도 잡념에 사로잡히면, 그 순간 발을 헛디뎌 미끄러지기 십상이다. 전인미답의 눈밭을 조금이라도 다치지 않게 하기 위해 등산객은 가능하면 앞사람의 발자국을 따라 밟는다. 휘몰아치던 눈보라가 그치고 쨍하고 얼어붙은 감청색의 겨울 하늘이 드러나면, 나목(裸木)에 핀 눈꽃(雪花)의 신비가 등산객의 발을 잡아 세운다.

산에는 비약(飛躍)이 없다. 누구라도 한 걸음 한 걸음씩 꾸준히 걸어야만 한다. 한 걸음씩 오르다 보면 어느새 정상에 선다. 그러나 누구도 정상에 오래 머물 수는 없다. 인생이란 이런 걸까 생각하며 묵묵히 내려오다 보면, 일행 중 누군가 "우리가 저기 보이는 산봉우리까지 갔다 왔습니다"하고 한마디 한다. 그러면 멀리 우뚝 솟은 봉우리를 뒤돌아보면서 '언제 저 높은 곳까지 다녀왔을까' 하고 깜짝 놀라게 된다.

나는 퇴임 후 지금까지도 매주 2~3차례 아내와 함께 산행을 한다. 산행을 시작한 지 많은 세월이 지났건만 여전히 산은 말없이 나를 반겨 주고 있다.

5. 지도자의 길

지도자 개발론

내 개인사적으로 보자면, 1960년대는 내가 정치 지도자로 성장하기 위해 스스로를 단련해 나갔던 일종의 훈련기간이었다. 나는 야당의 대변인과 원내총무직을 맡아 정치현장에서 귀중한 경험을 쌓아 나가는 한편, 스스로를 계발하기 위해 기회가 닿으면 선진국의 정치·경제 상황을 돌아보고 견문을 넓히려 했다. 이런 활발한 활동과 함께 나는 "우리나라에 필요한 지도자는 어떤 덕목을 가진 사람이며, 지도자가 되기 위해서는 어떤 준비를 해야 할 것인가"를 고민했다. 이것이 1960년대를 관통한 나의 화두였다.

미국 등 13개국을 순방하고 돌아온 1년 뒤인 1965년 12월 4일, 나는 모(某) 월간지에 「지도자 개발론」이라는 글을 기고했다. 이 시기는 진산파동을 거치면서 야당이 지도력의 부재를 드러내고 있던 시기였다. 박정희에 맞서야 할 야당이 원로들의 고집으로 내분을 거듭하고 있었다.

"우리도 이제 지도자를 만들어야겠다. 지도자는 하늘에서 떨어지는 것도, 땅에서 솟아나는 것도 아니다"로 시작되는 이 글의 요지는 다음과 같다.

　　미국인들은 지도자를 만들 줄 알았고, 그래서 미국에서는 지도자가 성장할 수 있는 풍토가 돼 있다. 케네디 대통령 생존시의 존슨 부통령은 하잘것없는 지도자였다. 그러나 케네디 대통령이 댈러스에서 불의의 암살을 당하자, 미국인들은 존슨을 위대한 지도자로 급조(急造)했다.

　　미국인들은 지도자를 만들 줄 알고 그들이 만든 지도자를 따랐다. 미국뿐만 아니라 인도(印度) 같은 나라에서는 국민들이 그들의 지도자를 사후(死後)에까지도 따랐다.

　　나는 작년 세계 여행 중 인도 국회를 방문했던 때의 인상을 상기해 본다.…… 그때 상정된 의제(議題)는 하이웨이 공사에 대한 대(對)정부 질의건이었다. 야당의원들은 하이웨이 공사장에서 더위로 노동자들이 죽어 가니 공사를 중지할 수 없겠느냐는 질문을 하고 있었다. 정부측의 답변은 그 하이웨이 공사는 네루 전(前)수상이 시작한 것인데, 우리의 위대한 지도자 네루가 인도 국민에게 해로운 일을 했겠느냐는 것이었다. 정부의 답변이 네루에게로 귀착되자, 공산당까지 포함한 야당은 그 이상 시비를 하지 못하고 후퇴하는 것이었다. 여기서 나는 네루가 얼마나 위대한 인물이었는가, 인도 사람들이 얼마나 지도자를 존경하고 있는가를 알 수 있었다.

　　이어서 프랑스의 드골을 예로 들고, 우리나라의 경우 "이승만(李承晩) 박사가 카리스마적인 지도자가 되고자 온갖 짓을 다했으나,

자신도 위대해지지 못하고, 위대해질 소지가 있었던 많은 민족의 지도자들을 짓밟아 버렸다"고 했다. 이승만 박사는 결국 "자기가 위대해지기 위해 그 많은 지도자를 제거했지만, 자신도 끝내 학생 데모에 쫓겨 하와이로 망명하지 않으면 안 되었다"고 했다.

4·19 후 민주적 자유선거를 통해 지도자를 뽑았건만, 국민들은 그 지도자마저 불신하고 비판하며 데모로 영일(寧日)이 없었으니, 이것이 5·16쿠데타 발생의 빌미가 되었다. 그리고 5·16쿠데타 세력은 그나마 남아 있던 정치 지도자들을 도매금으로 무능하고 부패한 구악(舊惡)으로 낙인찍어 버렸다.

1960년대 후반 외국순방을 나서면서 출영 나온 동료 의원들과 악수를 나누고 있다. 좌로부터 김택수, 이기택, 배병호.

지도자 자신의 능력과 자질이 중요하다는 것은 말할 나위가 없다. 아무리 여러 사람들이 지지를 보낸다고 해도 자신(自身)이 그러한 그릇이 되지 않으면 안 된다.

    자기 희생을 할 줄 알고 용감하게 난국을 타개해 나갈 수 있는 지도자가 아쉬운 것이다. 위대한 지도자가 아쉬운 것이다. 위대한 지도자를 갖지 못하는 것은 위대한 국민이 되지 못한 때문이라는 것을 다 같이 반성해야겠다. 그러한 반성의 바탕 위에서 위대한 지도자를 다 같이 개발해야 하겠다.

미국 민주주의의 현장학습

나는 원내총무로서 바쁜 일정 속에서도, 1966년 미 시카고무역협회의 초청으로 미국 경제계를 시찰하는 등 시야(視野)를 넓히고 실력을 쌓을 수 있는 기회를 놓치지 않았다. 나는 1964년 애틀란타에서 민주당 전당대회를 참관한 데 이어 1968년 8월에도 미국 민주·공화 양당의 대통령후보 지명대회에 옵서버로 초청되었는데, 이는 내가 미국식 민주주의의 실상을 현장에서 직접 목격하는 소중한 경험이 되었다.

당시 내가 기록했던 참관기를 통해 기억을 되살려 본다.

내가 여·야당의 대회를 다 볼 수 있게 된 경위 자체에서 미국 정치풍토의 일면을 엿볼 수 있다.

처음 초청장을 받기는 민주당 전국위원장 존 벨리씨로부터였다. 초청장을 받고 기왕 가는 길에 공화당의 마이애미대회도 보고 싶다는 희망을 벨리 위원장에게 전했더니, 자기가 공화당측과 교섭해 보겠다고 회답해 왔다. 나는 좀 무리한 욕심을 부린 것 같고, 더구나 반대당에 교섭해 달라고 부탁한 것이 예의에 벗어나지 않을까 하는 생각까지 하고 있었는데, 공화당으로부터도 친절한 초청장이 곧 온 것이다. 대수롭지 않은 일 같지만 우리나라 같으면 그런 일이 가능했을까?

미국 양당 전당대회 스케치

1968년 8월 5일 세계적인 피서지 마이애미시에서 개막된 공화

1968년 9월, 아내와의 첫 해외 나들이.

당 전당대회는 역사상 가장 화려하게 꾸며진 대회였다. 닉슨, 록펠러, 레이건 등 대통령후보 출마자들은 저마다 맹렬한 운동을 벌이고 있었다. 닉슨이 호텔에 도착했을 때는 지지자 2천여명이 몰려들었고, 록펠러가 호텔에서 개최한 대의원 초청 파티는 그 규모가 세계 최대라고들 했다. 하오 3시에는 나를 포함한 40여명의 외국으로부터 온 업서버를 초청한 파티가 있었다. 레이건은 이 날 하오 정식으로 출마를 선언했다.

대회는 닉슨 692표, 록펠러 278표, 레이건 182표로 1차투표에서 닉슨이 지명됐다.

대회 마지막 날인 8일, 패배한 록펠러는 닉슨 지지연설을 하여 공화당의 단결을 과시했다. 록펠러는 한때 인신공격까지 했던 닉슨을 가리켜 "우리들의 새 지도자, 새로운 희망"이라고 찬양해 많은 박수를 받았는데, 후퇴에 분명한 정치인의 깨끗한 태도가 인상적이었다.

한편 8월 26일 시카고시에서 열린 민주당대회는 무질서하고 혼란하기 이를 데 없었다. 전국의 히피족들이 1만 5천여명이나 몰려와 민주당의 대회개최 자체를 반대하는 데모를 했고, 곳곳에서 경찰과 충돌하기까지 했다. 경찰이 대회장 안에서 대의원증을 조사하기까지 했다.

개회 벽두부터 에드워드 케네디를 내세우자는 주장이 많았는데, 대회에 불참한 에드워드 케네디가 대통령후보로 출마하지 않겠다는 의사를 밝히자, 모든 신문은 그 사실을 민주당대회 기사를 제쳐놓고 1면 톱으로 대서특필했다.

대회 마지막 날인 29일, 개회와 함께 로버트 케네디의 생애를 수록한 영화를 상영하여 로버트 케네디를 추모했다. 4년 전 민주당 지명대회에서 존 F. 케네디 대통령의 추모영화를 보았던 나는 케네디가의 비극이자 민주당의 비극이요, 나아가서는 미국의 비극인 케네디의 죽음을 새삼스럽게 실감했다. 에드워드 케네디 상원의원은 고향에서 TV를 통해 죽은 형의 영화를 소개하는 연설을 했는데, 그의 일생을 담은 영화는 장내를 슬픔의 도가니로 몰아넣었고, 장내에는 로버트의 애칭인 "보비가 보고 싶다"며 소리치며 우는 사람도 있었다. 30분간의 영화가 끝나고 그를 추모하는 찬송가와 박수소리가 무려 22분간이나 이어져, 외국인인 나도 눈물을 감출 수 없는 감격적인 장면이었다.

무질서 속의 질서

흑인폭동으로 두 명이 죽은 소동이 있었지만 질서 있고 화려했던 공화당대회가 있는가 하면, 히피·이피족의 월남전 반대와 민주당대회 반대데모에 자극받아 수라장처럼 무질서하고 혼란했던 민주당대회가 있었다. 정복경찰이 대회장 안에 들어와 대의원증을 검사하여 미국 정당사에 신기록을 남겼다는 민주당대회를 보고는 여당대회가 이럴 수 있느냐고 실망하기 이전에 신기하다는 생각이 들었다.

나는 1963년 우리나라의 '국민의당' 대회를 연상해 보기도 했다. 그러나 두 당의 대회가 모두 끝난 다음 다시 냉정하게 생각했을 때, 그와 같은 일시적인 무질서와 혼란이 미국의 굳건한 민주주의 기본질서에는 아무런 흔들림을 주지 않았다는 사실을 발견하게 되었다. 투표결과를 부정하는 유아독존자는 한 사람도 없었다. 패자는 승자에 머리 숙이고 승자는 패자를 위로하고 찬양하는 모럴이 건재했다.

공화당의 록펠러는 한때 닉슨에게 인신공격까지 할 정도로 심각하게 싸웠지만, 승부가 끝나자 닉슨 지지연설을 했고, 그 뒤에는 뉴욕지방 선거 사무장이 되어 열심히 닉슨 선거운동에 나서고 있었다. 일반적인 인기는 닉슨보다 록펠러가 나았기 때문에 공화당대회가 끝난 후 미국 시민들은 이번의 지명은 국민에 의한, 국민을 위한 지명이 아니고 정치인들에 의한 지명이라고 말하기도 했다.

내가 미국을 떠나올 때 닉슨의 인기는 상승추세에 있었고 험프리의 인기는 하락경향에 있었다. 그 이유는 공화당은 대회를 통해 단결을 과시했고, 민주당은 대회를 치르고도 당내 분열현상을 극복하지 못했기 때문이었다. 매커디는 끝내 험프리에 반기를 들고 있어 미국 정치사회에서는 이단자처럼 되었는데, 이것은 어디까지나 예외로 볼 수밖에 없다.

실력주의 정치사회

　명분보다 실리를 추구하는 것이 서구사회의 본질이지만, 미국의 정치사회는 실력본위, 인물본위이고 동양적인 권위주의나 명분주의는 찾아볼 수 없었다.
　로버트 케네디가 살아 있었다면 대통령후보로 지명됐을 가능성이 충분히 있었다. 로버트 케네디가 암살되자 그 동생인 당시 겨우 36세의 에드워드 케네디를 대통령후보로 옹립하려는 세력이 끈덕지게 움직였다. 에드워드 케네디 자신이 적극적으로 나섰다면 지명될 가능성도 없지 않았다. 나이가 젊고 늙은 것은 문제가 되지 않았다. 실력과 인기가 문제였다.
　닉슨이 부통령후보로 지명한 애그뉴 메릴랜드 주지사 역시 지사에 뽑힌 지 2년밖에 안 되는 무명의 인사였지만, 미국 사람들은 그 자격을 놓고 시비하지는 않았다.
　한때 닉슨과 대통령후보를 다툰 레이건 캘리포니아 주지사의 부통령 후보설이 있었으나 레이건은 대통령 아닌 부통령은 싫다는 배짱을 갖고 있었다. 그의 보좌관은 기자들에게 캘리포니아주는 독립국으로 친다면 세계에서 7번째 강국인 셈인데, 실권 없는 부통령을 하기보다 지사로 그대로 있는 것이 좋지 않겠느냐고 말했다. 공화당의 케네디라고 불릴 정도로 젊고 매력 있는 린제이 뉴욕 시장도 실력과 인기로 유명한 정치인으로 평가되고 있었다.
　권위주의나 관념론에 구애되지 않고 노소 없이 실력만 있으면 진출할 수 있는 정치풍토야말로 미국정치의 생명이요 활력소가 아닐까? 한국에서는 젊다고 해서 정치적으로 나이 많은 사람에게 밀리는 경향이 있음을 비교할 때, 본받아야 할 점이라고 느껴졌다.

1966년 10월 한국을 방문한 존슨 미국 대통령을 만나고 있다. 이효상, 박순천, 김동환 의원의 모습도 보인다.

젊은 사람이라도 실력과 자격을 갖추면 나이 많은 사람들도 앞장 서서 밀어 주는 그러한 정치풍토가 우리 사회에서 하루빨리 토착 화돼야겠다.

또 한 가지 흥미 있는 일은 미국에는 당수가 없다는 점이다. 4 년마다 한 번씩 대통령후보자 지명대회를 하고, 대통령후보로 지 명되는 사람이 그 선거기간에만 당수의 역할을 하게 될 뿐, 평소 에는 당수가 없다. 다만 전국위원장이라는 단순한 관리 책임자가 있을 뿐이다. 모든 선거에서 실력으로 저마다의 위치를 차지하여 맡은 바 일을 하면 되는 것이다. 4년 동안 실력을 길러 누구든지 대통령후보에 나설 수 있다. 따라서 당내활동의 궁극의 목표는 대통령후보가 되는 것이다.

상도동 나의 집을 방문한 헨리 키신저와 대화를 나누고 있다. 키신저와 나는 오랜 친분을 맺어 왔다.

미국식 패턴으로 만들어진 우리나라의 정치제도에도 마땅히 이러한 제도를 함께 도입해야 옳았다. 정부형태는 미국식이고 정당제도는 영국풍을 닮았으니 앞뒤가 맞지 않는 느낌이다. 특히 해마다 전당대회를 열어 부질없는 감투싸움이나 파벌싸움을 벌이는 우리 정당의 폐단은 과감히 시정해야겠다는 신념이 굳어졌다.

미국 지도자들과의 친분

1960년대 후반부터 여러 차례 미국을 방문하면서 나는 많은 미국 지도자들을 만나 교분을 쌓게 되었다. 존슨, 닉슨, 포드, 레이건 등 역대 미국 대통령과 만남을 가졌으며, 그 중 몇몇과는 그들이 대통령이 되기 훨씬 전부터 교류했다. 키신저, 록펠러, 에드워드 케네디 등 미국 정가와 재계의 영향력 있는 거물들과도 친분을 쌓았다.

레이건 대통령이 캘리포니아 주지사를 하던 시절, 새크라멘토에 있는 지사실을 방문한 나는 레이건 주지사로부터 그 자리에서 직접 서명한 『아름다운 캘리포니아』라는 책자를 선물받기도 했다.

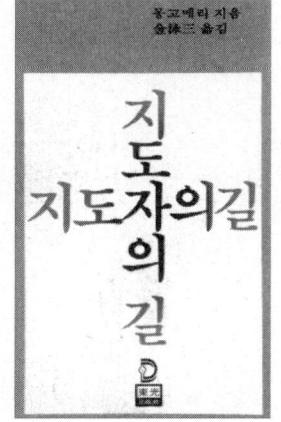

에드워드 케네디 상원의원은 나의 오랜 민주화투쟁에 적극적인 지지자가 되었으며, 나와는 수많은 서신을 주고받는 각별한 사이였다. 그는 내가 독재자들로부터 곤경을 겪을 때면 미국 의회에서 나를 지원하는 연설과 성명을 발표하기도 했다. 특히 내가 1983년 목숨을 건 단식투쟁을 시작했을 때 그는 미국에서 성명을 발표했다. 1983년 5월 26일 발표한 성명에서 그는 "한국 정부는 김영삼씨가 주장한 민주회복을 위해 보다 박차를 가해야 할 것"이라고 요구하며, 나의 민주화투쟁에 깊은 관심과 애정을 보내 주었다.

6, 70년대 세계 외교가를 주름잡은 탁월한 정치가인 키신저와도 나는 두터운 친분이 있다. 내가 미국을 방문하거나 그가 한국을 방문할 때면, 우리는 서로의 집을 방문하는 등 자주 허심탄회한 만남을 가졌다. 키신저가 상도동의 내 집을 방문해 방바닥에 마주 앉아 아침을 함께 하곤 하던 기억이 지금도 새롭다. 키신저와 나는 한·미 양국관계와 국제정세에 대해 깊숙한 대화를 나누곤 했다. 그는 미국인들에게 인기가 있었을 뿐 아니라, 두뇌회전이 빠르고 국제정치 현안에 대한 직관력이 뛰어났다. 나는 키신저가 존 F. 케네디 대통령과 더불어 금세기 미국의 가장 뛰어난 인물 중의 한 사람이라

고 생각한다.

제3부
40대기수론

1. 초산테러

3선개헌에 정면 도전

1969년 가을 정국은 온통 삼선개헌의 소용돌이 속에 휩쓸려 들어갔다. "헌법은 임기 중에 한 번도 안 고치겠다"고 몇 번씩 강조했던 박정희가 삼선개헌안(三選改憲案)을 들고 나온 것이다. 1969년 1월 7일 공화당의 길재호(吉在號) 사무총장이 "현재 여당 내에서 개헌을 신중히 검토 중"이라고 발설한 데 이어, 윤치영(尹致暎) 당의장서리가 개헌을 할 수도 있다고 시사했고, 10일 박정희는 연두기자회견에서 "꼭 필요하다면 개헌논의를 연말에 해도 늦지 않을 것"이라고 언급했다. 5월 7일, 공화당의 윤(尹)당의장서리는 기자회견을 갖고 개헌논의를 사실상 공식화했다.

3선개헌문제는 이제 초미의 정치적 관심사로 떠올랐다. 6월 11일 임시국회가 개회되었다. 1969년 6월 13일 제70회 국회 제2차 본회의에서 '국정 전반에 관한 질문'에 나선 나는 "우리나라는 독재국가이며, 3선개헌은 박정희의 종신집권 음모"라고 선언했다. 나는 특히 "중앙정보부는 국민의 원부"라며 중앙정보부의 공작정치를 직접 공격했다. 다음은 야당의 3선개헌 반대투쟁이 급진전되는 전환점이 된 이 날 나의 발언을 담은 국회 속기록이다.

　오늘 국무위원 전원을 출석하도록 요구한 이유는 우리가 너무도 중대하고 너무도 시급하고 대단히 어려운 중대한 시기에 놓였기 때문에, 이 어려운 문제를 다루는 과정에 있어서는 최소한 국무위원 전원이 출석을 해야 되겠다. 다시 말하면 이 나라의 민주주의가 사느냐 죽느냐 하는 기로에 섰다, 이렇게 생각되기 때문에 그렇게 전 국무위원의 출석을 요구하게 된 것입니다. 특히 이 시기에는 부정부패가 극에 달했고 완전히 조직화해서 이것도 역시 장기집권에서 오는 그러한 폐단이다. 이렇게 생각하는 것입니다.
　그런 의미에서 오늘 본의원이 질문을 하려고 하는 것은 몇 가지 공화당과 정부에서 추진하고 있는 3선개헌음모에 대한 문제, 그 다음으로 중앙정보부의 문제, 언론자유의 문제, 부정부패 문제 이러한 너덧 가지의 중요한 테마를 가지고 얘기하려고 합니다.

언론자유가 없는 독재국가

　이러한 얘기는 이 나라의 민주주의와 우리나라의 장래, 우리의 후손들을 위해서 하게 되는 것입니다. 우선 말씀을 드리기 전에 이번 우리가 이 헌법을 만들 당시의 얘기를 잠시 하고 넘어가야 되겠습니다.
　이 자리에 총무처장관 이석제(李錫濟)씨가 나와 있습니다. 5·16 후에⋯⋯ 5·16쿠데타 후에 이석제 장관이 중심이 되어서 이 헌법을 만든 것으로 알고 있습니다. 그 당시에 참여했던 많은 전문위원 가운데에서 저는 얘기를 들었습니다. 감히 누구도 3선을 하겠다, 3선개헌을 하겠다, 3선문제를 논의하지는 못했다는 것입니다.

그 이유는 4·19 직후에 꿈에도 누가 정권을 잡든지 간에 2선 이상을 해 가지고는 나라가 안 되겠다, 이런 얘기가 오고 가서 처음부터 이것은 문제가 되지 아니하고 한 번만 더 대통령을 할 수 있도록 이 헌법을 규정했다고 하는 것입니다.

3선개헌 반대 가두시위를 벌이는 모습.

그런데 헌법을 만들 당시의 속기록이 우리 국회에 없습니다. 누가 가지고 갔는지 가져가 버리고 없어져 버렸어요. 대단히 불행하고 중대한 문제입니다.

여러분이 잘 아시다시피 지금으로부터 10년 이상이 지난 근 20년 가까이 이전에 이승만 박사가 초대 국회의장으로 있을 당시에 헌법을 만들었던 그 회의록도 지금 현재 우리 국회에 있는 것입니다.

그 회의록마저 지금 없어져 버렸어요, 5·16 당시, 헌법을 만들 당시의……. 이것은 무엇을 의미하는 것이냐. 얼마나 양심의 가책을 받길래 그 회의록마저 없앴느냐 하는 얘기입니다.

첫째로 민주주의가 좋다고 하는 것은, 다시 말해서 민주주의의 기본인 언론의 자유가 있고 우리 신체의 자유가 있고, 다시 말해서 우리가 말하는 자유, 생각하는 자유, 연구하는 자유, 이러한 자유가 보장되었기 때문에, 우리는 이 민주주의를 좋아하고 민주주의를 위해서 많은 우리의 선배들이 생명을 바쳐 가면서 피 흘려 죽어 갔고, 또 많은 우리보다 앞서가고 있는 선진국가들 역시 이 민주주의를 지키기 위해서 많은 사람들이 희생되고 죽어 간 것입니다. 그렇다면 우리나라는 민주주의국가가 아니라 나는 한

마디로 이것은 독재국가다, 이렇게 단언하는 것입니다.

이 나라에 무슨 언론의 자유가 있으며, 우리에게 신체의 자유가 있느냐 하는 말입니다. 오늘 이 시점에, 본의원이 이야기하고 있는 이 시간에도 아마 전체의 신문사에다가 중앙정보부에서 전화를 해 가지고 오늘 김영삼이가 본회의에서 얘기하는 것은 쓰지 말라, 이렇게 하고 있는 것으로 알고 있습니다. 언어도단이에요. 6대(국회) 말기까지만 하더라도 우리가 본회의에서 얘기하는 것은 신문에 다 나갔습니다. 나가지 못해 국민이 들을 자유도 없고 말할 자유도 없어. 이것이 민주주의국가가 아니라는 결론이란 말이에요.

그런 의미에서 나는 정일권(丁一權) 총리에게, 정총리는 답이 어떻게 나오리라 내 짐작이 가지만, 우리 대한민국이 민주주의국가냐 독재국가냐, 어느 쪽이냐 하는 답변을 해주기를 바랍니다.

박정희 주변만 부자가 됐다

둘째로 공화당 일부에서 주장하고 있는 3선개헌문제에 대해서, 박정희씨가 다시 대통령이 되지 아니하면 이 나라가 안 된다고 하는 이유를 내세우는 과정에서 경제발전을 들고나옵니다. 박정희씨라야만 경제발전을 이룩할 수 있다, 박정희씨가 다시 대통령이 되어야만 우리 국민이 잘살 수 있다, 또 경제적인 발전을 지금 많이 이룩했다, 이렇게 하고 있습니다. 여기에 대해서는 나는 이론(異論)이 있습니다. 박정희씨가 정권을 잡은 후에 경제발전을 했다, 나는 이렇게 생각 안 합니다. 우리의 많은 농민들은 과거보다 더 못살게 피폐해졌고, 다만 잘사는 사람이 있다고 한다면 박정희씨의 주변에 있는 몇 사람의 부자를 만들어 놓은 이외에는 발전한 것이 없다, 나는 이렇게 단정합니다.

하지만 정부가 늘 이야기하고 있는, 자랑으로 알고 있는 이야기에 대해서 미국의 후진국 경제개발 이론가이며 존슨행정부의 정책 입안자였던 로스토우 교수, 이 사람이 지난 67년에 한국에 왔다 갔습니다. 그때에 서울대학교에서 이 사람이 강연을 했습니다마는, 이 사람이 얘기하는 가운데에 한국경제는 도약단계에 있다, 즉 '테이크 오프 스테이지', 아주 발전과정에 있다, 이런 얘기를 했습니다. 이것을 그대로 믿자, 그런 얘기입니다. 그렇다고 한다면 비행기가 땅으로부터 떠서 어느 안전고도에 오른다, 여러분이 다 아시다시피 비행기가 어느 안전고도에 오르면 기장인 그 조종사는 부조종사나 딴사람에게 맡겨 버리고 자기는 쉬는 것이에요. 67년에 그 말을 했다고 하면 71년에는 아주 잘살게 될 것입니다. 경제가 안정이 되고 발전했을 것이에요. 그때에는 박정희씨가 아니라 여기에 서 있는 김영삼이가 대통령이 되더라도 경제발전을 이룩할 수 있을 것입니다. 그런 이론은 아무리 정부가 이것을 가지고 PR하고 있지만 아무런 이유가 없는 이야기다. 특히 경제적인 발전을 이룩하려고 하면 보다 나은 민주주의가 발전이 되기 전에는 경제적인 발전을 이룩할 수 없다는 것이 우리의 역사와 산 증거들이 있는 것입니다. 한 가지 예를 든다고 하더라도 서독과 동독의 여건이 비슷합니다. 하지만 서독은 미국 다음가는 최대의 강국으로서 최대의 경제적인 번영을 이룩하고 있는 것입니다. '라인'강의 기적을 이룩하고 있다고 우리들이 늘 내세우고 있는 얘기의 한 토막입니다. 그것은 어째서 동독보다 그렇게 번영하고 있느냐. 동독은 공산 독재국가요, 그렇게 발전할 것처럼 밀고 나가고 있지만, 박정희씨가 하고 있는 것처럼 밀고 나가고 있지만, 서독은 민주주의 바탕 위에서 토론하는 과정에서 완전한 자유민주주의가 보장되고 있기 때문에 그처럼 번영하고 있는 것입니다. 이것이 민주주의가 보다 잘되는 경우에 한해서만 경제가 번영한다는 것을 설명하는 것입니다. 미국과 소련이 경제적으로 경쟁하지만 그 독재체제하에 있는 소련보다 미국이 언제나 앞서고 있는 이유도 거기에 있는 것입니다. 근본문제는 경제발전이라고 하는 것은 보다 나은 민주주의, 참된 우리의 자유, 국민의 자유가 보장될 때에 비로소 경제도 발전하는 것입니다. 이것은 누가 뭐라고 하든 개헌할 이유가 되지 않는다는 말씀을 드리는 것입니다. 그 문제에 대해서 정총리의 견해를 묻는 것입니다.

국민신뢰 없이 안정 없다

셋째로 박정희씨가 다시 대통령이 되어야겠다는 이론 가운데에, 국가의 안보를 위해서 박정희씨라야만 이 나라의 안정을 이룩할 수 있고 북괴로부터의 여러 가지 도발행위를 막을 수 있기 때문에, 박정희씨가 다시 대통령이 되어야만 이 나라가 안정된다는 이론입니다.

우스운 이야기입니다. 한국의 최대의 강점이라고 한다면 민주주의를 하겠다는 노력인 것입니다. 국민들이 자유를 누리면서 국민에 의한 정부, 국민들이 정부를 신뢰할 수 있는, 국민에 의한 정부라야만 비로소 우리가 안정을 이룩할 수 있는 것입니다.

우리 대한민국 국민은 이처럼 반공사상에 투철하고 간첩이 나오면 중앙정보부원이 잡는 것이 아니라 우리 국민들이 거의 다 잡았어요. 이러한 자랑스러운 우리 국민을 가지고 있는 대한민국입니다.

그런 의미에서 3선개헌을 하려고 하는 이 음모가 진행되는 동

1969년 6월 28일, 부산상고 교정에서 3선개헌 저지 시국 대강연회에서 연설하는 모습.

안에 만일 발의를 해 가지고 야당의 강력한 반대, 학생들의 반대, 종교인들의 반대, 농민들의 반대, 노동자들의 반대, 지식인들의 반대, 언론인들의 반대가 일어나서 모든 곳곳에서 4·19와 같은 사태가 안 일어난다는 보장이 어디 있습니까? 나는 4·19보다 더 무서운 사태가 올 것이다, 이렇게 단언합니다.

이러한 혼란이 왔을 때 그 혼란을 틈타서 김일성이 우리를 침범하지 않는다는 보장을 누가 할 것입니까. 바로 이 국가의 안전을 해치는 자가 바로 이 개헌을 추진하려고 하는 사람이 아니냐. 어떤 의미의 이적행위가 되는 것이 아니냐. 김일성이 바라는 것이 그것 아니냐. 정일권 총리는 이 국가의 안보문제에 대해서 공화당 일부에서 내세우는 박정희씨를 다시 대통령으로 하기 위한 주장 가운데에서 내세우는 이 이론에 대해서 본의원의 견해에 답변해 주기를 바랍니다. 이북에서 넘어온 간첩 가운데에서 많은 귀순한 사람들에게 당신이 왜 이북에서 넘어왔느냐 물으면 나는 자유가 그리워서 대한민국을 찾아왔다 합니다. 얼마나 아름다운 이야기입니까. 자유가 그리워서 목숨을 바쳐 가면서 38선을 넘어온 것입니다. 우리가 이북의 공산주의에 이기는 힘은, 우리 민족이 단결되고 분열되지 아니하고 보다 나은 참된 민주주의를 하고 있는 것만이 김일성이를 우리는 이길 수 있는 것입니다. 우리가 독재국가로 완전히 전락해서 다시 건질 수 없는 구렁텅이에 들어갔을 때에는 우리는 이북으로부터 침범을 당할 것입니다.

3선개헌은 제2의 쿠데타

다음으로 본 의원은 이 3선개헌음모는 제2의 '쿠데타'다, 이렇게 단언하는 것입니다. 5·16쿠데타에 이어 다시 제2의 쿠데타다, 이렇게 단언하는 것입니다.

5·16 후에 소위 말하는 혁명정부에서 내놓은 책자에 보면 민주당정권이 수립되고 1주일 후부터 '쿠데타'를 하려는 음모를 꾸몄다고 나와 있습니다. 자기네들이 쓴 책 속에 있어요. 그렇다면 합헌적으로 수립된 민주당정권을 무너뜨리기 위해서 정권욕에 사로잡혀서 했다는 것 이외에는 아무 것도 아닙니다.

소위 말하는 소위 혁명공약이라고 하는 것을 헌신짝처럼 내버리고, 민정에 복귀해 가지고 스스로 대통령이 되고, 스스로 자기 손으로 만든 헌법을 다시 고쳐서 대통령이 되겠다. 무서운 생각이 들지 않습니까, 여러분……. 어떻게 자기 손으로 만든 그 헌법을 또 고쳐 가지고 대통령이 되겠다 합니까? 언어도단이에요. 다시 대통령이 되는 것이 아니라 종신대통령이 되는 길을 터 놓자는 것이에요.

4·19의 생생한 역사가 남아 있고 그 피가 지금 채 마르기도 전에 우리의 사랑하는 어린 동생들이 피 흘려서 민주주의를 지키기 위해서 죽어 갔고, 그 피자욱이 아직 남아 있어! 그때 피해를 입은 우리의 젊은 청년들이 병원에서 아직까지 신음하고 있는 이 시간에 감히 이 생각을 어떻게 할 수 있느냐 말입니까?
　우리 국민들이 아무리 건망증이 심해서 잊어버렸다고 하더라도 집권자가 이 생각을 감히 어떻게 할 수가 있느냐 말입니다. 특히 정일권 총리는 자유당 때에 여러 가지 녹을 먹은 사람이에요. 이박사 밑에서 일을 했던 사람이에요. 그러면 그 무서운 생각이 들 거예요. 그런 의미에서 이러한 비극을 막기 위해서 정일권 총리는 지금이라도 늦지 않으니까, 이러한 더러운 정권에 참여하지 아니하고 그 자리를 박차고 우리와 더불어 야당 전열에서 이 개헌음모를 분쇄하는 데 같이 싸울 용의가 있느냐 하는 것을 묻는 것입니다.
　다음으로 국제적인 추세에 대해서, 모든 선진국이 다 그러하고 후진국도 마찬가지입니다. 거의가 다 3선의 규정을 금지하고 있는 것입니다. 심지어 대통령이 '심볼', 상징에 불과한 서독의 대통령까지 3선을 금지하고 있어요. 이것은 무엇을 의미하느냐. 한 사람이 대통령을 오래 했을 때 그 정권은 반드시 썩고 독재를 할 가능성이 있기 때문에 한 사람이 오래 못하게 하고 있는 것입니다. 아무리 잘해도 오래 해서는 못쓰겠다고 하는 것입니다. 그 많은 업적을 남기고 외교적으로 승리를 거두고 혼란으로부터 불란서를 구한 위대한 영웅이었던 '드골' 불란서 대통령도 다시 정권을 더 계속하겠다고 나왔을 때 국민의 강력한 반대의 여론에 부딪혀 가지고 스스로 하야를 하고 말았어요. 이런 것을 왜 박정희씨는 본받을 줄을 모른다 말이에요. '인도네시아'의 '수카르

노'도 마찬가지예요. '파키스탄'의 '아유브 칸'도 마찬가지예요. 우리나라의 역사에도 4·19가 있지마는 남의 나라도 이렇게 이러한 비극적인 역사를 가지고 있는 것입니다.

독재는 고립을 자초

우리가 다 같이 좋아하고 미국에서 가장 인기 있는 정치인의 한 사람인 민주당의 원내부총무인 '에드워드 케네디'가 지난 31일 자기 출신 선거구의 '매사추세츠' 대학에서 연설했습니다. 그 연설문 가운데 이런 구절이 있습니다. "월남의 평화를 가져올 수 있을 양보를 끝내 거부한다면, '티우' 대통령은 그 혼자만이 그의 장래에 대해 책임을 질 각오가 있어야 한다. 우리는 '사이공'의 대통령 관저 내의 한두 사람을 위하여 더위와 참호 속에서 싸워 온 것은 아니다. 우리는 자기들의 정적들을 투옥하고 신문들의 발행을 정지시키는 등 탄압을 통해 자파의 힘을 강화시키려 드는 한 정부를 키워 주기 위해 그 많은 돈을 써 온 것은 아니다."

친애하는 의원 선배동지 여러분! 이 말이 멀지 않아서 우리 한국에 다시 올 날이 올 것입니다.

3선개헌 음모를 시작하고 우리나라에 혼란이 오고 구제할 수 없는 사태가 일어났을 때, 우리를 도우려고 하는 우리의 우방인 미국의 많은 친구들 가운데에 이 이야기를 '사이공' 정부에만 돌릴 것이 아니라 한국 정부에 해줄 날이 멀지 않았다 하는 얘기입니다.

우리는 청와대 안에 있는 한두 사람을 위해서 국민이 이보다 더 희생을 강요당할 수는 없습니다.

지난 6월 9일자 〈워싱턴포스트〉지에서 '해리슨'이라는 기자가 쓴 것인데「한국에 있어서의 미국의 '딜레마'」라 하는 제목으로 크게 썼습니다. 아마 어제인가 그제 한국에 이 신문이 왔는데 중앙정보부에서 전부 몰수해서 아무도 손에 못 가지고 있어요. 자기 정부에 불리한 기사라고 해서 이렇게 다 못 보게 하고 있단 말이에요. 그 내용 가운데에 박대통령의 부패한 보좌관들에 의해서 3선개헌 음모가 진행되고 있다, 부패한 보좌관들에 의해서⋯⋯.

경제적인 발전도 했지마는 한국은 그보다 더 앞질러 가고 있는 것이 부패입니다. 부정부패예요. 야당의 반대로 정국에 혼란이 일어났을 때, 3선개헌을 하려고 할 때 미국이 그냥 보고만 있을 수 있겠느냐 하는 얘기를 썼습니다.

이 얘기를 왜 하느냐 하면, 우리는 민주주의국가 한국만이 존재할 수 없고 우리 개인만이 존재해서 살 수 없는 것입니다. 우리는 많은 민주우방으로부터 도움을 받고 협조를 받고 원조를 받고 서로 유대가 강화되어 감으로써 비로소 우리 한국은 발전하는 것입니다. 또 살아갈 수가 있는 것입니다. 우리를 돕던 많은 민주우방들이 우리를 내버리고 저것은 못쓰겠다고 뒤로 넘어갔을 때에 우리 한국은 어디로 가는 것입니까?

대미관계만 하더라도 온갖 거짓말을 유포해 가지고 일부 정객들 가운데에 마치 미국이 3선개헌을 지지하는 것처럼 이렇게 장난하고 돌아다니는 자도 있습니다. 언어도단이에요. 이런 문제에 대해서도 정총리의 견해를 묻는 것입니다.

이 정권은 너무 늙어 버렸어

　다음으로 장기집권과 부정부패에 대한 얘기예요. 절대 권력은 절대 부패한다는 명언이 있습니다. 이 공화당정부는 장기집권을 했기 때문에 너무 썩어 버렸어. 썩을 대로 썩었어. 곪아서 완전히 터질 단계에까지 왔어. 또 터지고 있어요, 일부는……. 어쩌면 자유당 말기, 자유당이 망하던 그 현상 그대로 닮아 가는지 꼭 그 시점까지 왔다 말이에요.
　부산시장 김대만(金大萬)사건, 서울시 사건, 우리 행정부 내 각 부처의 부정(不正), 이런 것이 완전히 조직화되고 만성화되고 있어요. 이것은 고위층하고 다 관계가 있는 부패예요.
　그런데 간혹 요즈음 중요한 수사를 하다가 수사중지다 하는데, 그것이 무슨 소리예요. 수사를 해서 누구를 잡아넣었으면, 부정(不正)을 했다고 잡아넣었으면 끝까지 캐내야지, 하다가 중지가 뭣이에요. 그것은 고위층하고 관계가 있기 때문이 아니에요? 정총리하고 관계가 있기 때문인가요? 무슨 소리예요. 수사를 하다가 중지가 뭐예요. 세상에 없는 놈의 소리예요. 수사중지가 뭐예요. 부정을 하면 뚜렷하게 끝까지 캐 나가야 될 것이 아니에요? 부산시 사건만 하더라도 이것은 빙산의 일각에 불과한 일이에요. 만분의 일, 억만분의 일 부정에 해당될 것이에요. 이러한 부정이 노출되는 것은 이 공화당정부가 오래 장기집권을 했기 때문에 타성에 젖어 버렸고 늙어 버렸어! 이 정권이…… 너무 늙었다 말이에요. 집권자가 늙었다는 얘기가 아니에요. 정신상태가 늙어 버렸어요. 이 늙은 정권은 갈아 치워야 한다. 이러한 부패에 대해서 뿌리째 뽑을 어떠한 근본적인 대책을 정총리는 강구해 본 일이

가두에서 3선개헌 반대시위를 벌이다 사복경찰의 저지를 받고 있다.

있느냐? 다음으로 개헌추진에 대해서 일부 지방에서, 곳곳에서 서명운동을 벌이고 있다는 얘기를 듣고 있는 것입니다. 특히 국민운동본부에서 각 지방에 사람을 보내고 해 가지고 서명운동을 전개하고 있는 것으로 알고 있는 것입니다. 정총리는 이 사실을 알고 있었던가, 알았다고 한다면 앞으로 개헌발의는 국민발의로 할 것인가, 이것을 물어 보는 것입니다.

다음으로 정총리는 앞서도 얘기했지만 자유당의 녹을 먹었던 사람이에요. 이박사의 말로를 구경했어요. 우리가 위대한 애국자로 존경하고 우리 국민이 다 같이 받들고 독립의 위대한 선구자로서 존경하고 초대 대통령으로 우리가 받들었던 것입니다. 그러한 위대했던 이박사도 3선을 함으로써 그러한 불행을 가져왔던 것입니다. 그리하여 그 불행은 자기의 밑에 있던 장관들 중 사형을 당하는 최인규 같은 사람도 생겼어요. 그런 의미에서 우리 정부나 우리 여당 안에 제2의 최인규 같은 불행한 사람이 생기지 않기를 바랍니다. 정총리는 이 불행을 막기 위해서, 민주주의에

40대기수론 ··· 275

대한 반역자가 되지 않기 위해서 박정희씨에게 권고해서 3선개헌의 의사를 철회하도록 요구할 용의는 없는가. 또 과거에 해 본 일이 있는가. 안 했다면 앞으로 할 생각이 없느냐 하는 것을 물어보는 것입니다.

나는 만에 하나도 이런 일이 없지만 3선개헌이 설사 된다고 하더라도 이 나라는, 이 정권은 망한다 이렇게 단정하고 싶습니다. 국민이 믿지 않고 국민의 90프로 이상이 반대하고 하는 가운데 이것을 강행해 나갈 때, 설사 되었다고 하더라도 국민이 이 정부를 무엇으로 알고 믿고 따라가겠습니까? 누가 이 정부가 하는 일에 복종하겠습니까? 정부를 믿고 따라갈 사람이 누가 있겠어요. 자유당도 결국 3선개헌을 했지만 그것이 믿지 않는 정부, 믿지 않는 집권자가 해놓고 무리한 짓을 했기 때문에 결국 망했다 그 얘기예요. 만에 하나 되었다 하더라도 나는 이 박정희정권은 쓰러진다고 하는 신념을 가지고 있습니다. 우리 국민이 딴사람이 아니에요. 그때 살던 그 국민이 그대로 남아 있어! 바로 그 자손이야! 정총리는 이런 점을 명심해 주기 바라는 것입니다.

중앙정보부는 국민의 원부

다음으로 중앙정보부 문제에 대해서······. 중앙정보부는 우리 국민의 원부(怨府)요 증오의 대상이요. 위로는 장관으로부터 밑의 말단 면서기에 이르기까지 공무원들은 물론 우리 국민들 전부가 중앙정보부 때문에 못살겠다는 거예요. 몸서리를 쳐! 이 뭐하는 데야요. 도대체 이 중앙정보부 때문에 친구들끼리 제대로 얘기도 하지 못해. 중앙정보부가 하는 일이 도대체 뭐예요. 그 직능에 대해서 정총리가 한번 답변해 주십시오. 뭐하는 덴가? 제가 알고 있는 지금 하고 있는 일을 대충 얘기하자면, 야당사찰, 야당 분열, 또 비위에 안 맞는 여당의원들도 마찬가지지만 전화도청, 언론탄압, 사전검열 요따위 짓만 하고 있다 말이야. 이 중앙정보부의 검은 손이 뻗치지 않는 곳이 없다 말이야. 행정부에 이르기까지 사법부, 입법부에까지 이 중앙정보부의 검은 손이 뻗치지 않는 곳이 없어. 이것이 고쳐지지 않는 한 이 나라는 민주주의 국가가 아니야, 독재주의 국가지. 신문사의 언론인들만 하더라도 조금 비위에 거슬린 자기 기사를 쓰기만 하면 불러 가지고 임의연행이다. 이 임의연행이 뭐예요. 그 어디서 나온 말이에요. 그런 법률술어가 있어요? '호텔'이나 어디 데려가 가지고 때려 주기나 하고 고문하고 일주일이나 열흘 행방불명되는데, 가족에게도 연락을 하지 않고. 이따위 짓을 하고 있는 곳이 중앙정보부가 아니냐 말이야. 중앙정보부를 공격하는 사람을 박해하고 여태까지 해온 버르장머리가 이거 아니냐 말이야. 대한민국의 민주주의를 위해서 이 중앙정보부는 없어져야 한다. 이번에만 하더라도 김규남(金圭南 : 당시 공화당 국회의원)사건. 어저께도 국회에서 논란이 많았지만 김규남사건에 대해서 중앙정보부, 무얼 했어요? 여태까지 그 많은 돈을 쓰고 많은 정보원을 가지고 구석구석에 침투해 가지고 있으면서 무얼 했느냐 말이야. 그래 김규남이가 공화당의 창당 당원으로서 여태까지 활약을 했다고 하면, 그래 7년이나 8년 동안 간첩행위를 하고 있는 것을 몰랐다. 그것을 말이라고 하고 있나? 중앙정보부가 진짜 할 일, 대공사찰, 간첩을 잡는 일은 안 하고 엉뚱한, 안 할 일만 하고 있기 때문에 이런 일이 생긴 것 아닙니까. 정부의 근본이 흔들리도록 딴짓을 하고 있으니까, 진짜할 사찰의 대상은 안 하고 딴 부문의 사찰을 하고 있기 때문에 이런 결과를 가져온 것입니다. 이수근(李穗根)사건도 마찬가지예요.

거짓말로 이수근이가 달아 나가는 것을 알고 있었다. 천하(天下)의 거짓말……. 내가 홍콩 가서 직접 들으니까 그럽니다, 누가……. 내 그 사람 모가지 뗄까 싶어서 이름은 안 대겠어요. 책임 있는 사람이에요. "이수근이가 와 있는 것 전연 몰랐어요. 아무도 연락이 없어서. 미국 CIA에서 이수근이가 홍콩 와 있다고 하더라고, 그래서 보고를 했지요." 이런 어처구니없는 중앙정보부예요. 그래 간첩으로 귀순했다고 하는 이수근이가 변장해서 김포비행장을 떠나서 홍콩까지 가는 동안 모르고 있었다. 이것이 오늘날 우리나라의 암적인 존재요, 공산당, 잡으라는 공산당은 안 잡고, 엉뚱한 것을 잡고 있다 그거예요. 이 개헌음모에 대해서도 제일 중요하게 간여하는 곳이 중앙정보부다, 나는 이렇게 생각합니다. 나는 김형욱(金炯旭) 중앙정보부장에게 충고합니다. 제2의 최인규가 되지 않기 위해서, 민족의 영원한 반역자가 되지 않기 위해서 그러한 무리한 짓을 하지 말라 하는 것을 권고하는 것입니다.

김재화(金載華)사건만 하더라도 우리 당의 김재화씨는 어저께 유진산 의원이 여기서 얘기를 했습니다마는 전국구 후보로서 공천을 했는데, 어찌 그건 그렇게 빨리 알아내. 야당사찰만 했다는 얘기지, 결과적으로는……. 김규남이는 8년, 7년 동안 이북도 갔다 오고 '모스크바'도 갔다 오고 동독도 다녀오고, 그것은 모르고……. 그래 등록을 했는데, 조련계(朝聯系) 돈을 받았다, 이래 가지고 잡아다가 고문해 가지고 타의에 의해서 신민당을 탈당하도록 만들었어! 이러한 무모한 행동을 하는 중앙정보부장을 대통령에게 건의해 가지고 즉각 파면시키도록 요구할 생각은 없는가 하는 것을 총리에게 묻습니다. 그리고 다음으로는 중앙정보부를 즉각 해체하고……. 이 못된 짓만 하니까 안 되겠어. 없어져야 되겠어……. 해체하고 순수한 대공 사찰기관으로 전환시킬 용의는 없는가?

독재자의 말로는 정해져 있다

끝으로 우리 야당과 국민, 학생, 종교인, 농민, 노동자, 지식인, 언론인들의 개헌문제에 대한 반대의 생각, 반대의 의사를 정부나 여당이 가볍게 보지 말기를 바랍니다. 저들은 온갖 음모, 돈과 권력의 힘으로 야당을 분열시키고 학생들을 회유하고 언론기관을 마비시키고 있지마는, 그러나 우리의 양심은 살아 있습니다. 어린 학생들의 가슴을 너무 아프게 하지 말라는 얘기입니다. 여러분보다도 그들이 순수하고 더 애국자야. 3선개헌 음모가 정식으로 발의되어서 진행될 때 그렇게 간단하게 처리되지 않는다는 것을 말씀드려 두는 것입니다. 하나님이 계시고 4·19의 혼령이 살아 있다고 한다면, 그 3선개헌 음모를 진행시키는 몇 사람들을 결코 용서하지 아니할 것이다. 나는 이렇게 단언합니다.

독재자의 말로는 가는 길이 정해져 있습니다. 역사가 증명하고 있습니다. 나는 나의 사랑하는 내 자식들을 위해서 이 이야기를 남겨 두는 것입니다. 정총리도 사랑하는 자식들을 위해서 애국심을 가지고 이 나라를 구하겠다고 하는 생각이 있다고 한다면, 이 개헌음모에 대해서 거듭 부탁하지마는 박정희씨에게 건의해서 그러한 생각은 버리도록 해줄 것을 거듭 부탁드리면서 저의 질문을 끝마치려고 합니다. 감사합니다.

정일권 총리의 궁색한 답변에 이어 나는 다시 등단해 보충질문을 했다. 중앙정보부는 내 질문이 기사화되는 것을 막기 위해 새로운 뉴스를 만들어 낸 것이다.

…… 질문이 끝난 후 자리에 돌아갔더니 벌써 얘기가 들리는 것은, 여태까지 있다가 중앙정보부에서 간첩 26명을 잡았다, 이래 가지고 오늘 발표를 했던 것입니다. 그래서 각 신문사에 연락을 해서 이 간첩 발표를 1면 톱에 실어라, 벌써 이렇게 했습니다. 오늘 이 본회의장에서 얘기하는 이 사실이 신문에 잘 나가지 못하도록 하기 위해서 그렇게 했고, 또 중요한 핵심에 대해서 빼도록 요구한 것으로 알고 있습니다. 이것이 국민의 원부요 우리가 다 같이 증오의 대상인 이 중앙정보부 문제에 대해서 답변을 정 총리가 그렇게 소홀히 해서는 안 되겠다..

누구 배에는 철판 깔았나

나는 박정희를 '대통령'이라 부르지 않았다. 나는 박정희의 3선 개헌에 정면대결을 선언한 셈이었다. 모두들 공포분위기에 휩싸여 있던 당시로서는 엄청난 발언이었다. 공포의 대상인 박정희와 중앙정보부를 상대로 이런 얘기를 한다는 것은 감히 엄두도 못 낼 시절이었다. 그때나 지금이나 나는 독재자에 대한 규탄발언을 한 번도 주저한 적이 없다. 박정희 시절, 내가 국회 본회의 단상에 올라 거침없이 박정희 독재를 규탄하는 연설을 하다 보면, 여당은 물론 야당 의석에서도 얼굴이 새파랗게 질려 있는 모습을 흔히 볼 수 있었다.

내 발언이 있은 지 며칠 후의 일이다. 밤늦은 시간인데 고흥문(高興門) 사무총장으로부터 급한 연락이 왔다. 통행금지 시간이 얼마 남지 않았는데도 막무가내로 "지금 당장 만나자"는 것이었다. 그래서 중간지점인 서울역 근처의 다방에서 고(高)총장을 만났다.

고총장이 그 날 낮 지금의 서울어린이대공원 자리에 있던 골프장인 서울컨트리클럽에서 우연히 김형욱 중앙정보부장을 만났는데, 김형욱이 고총장의 배를 손가락으로 푹 찌르면서 "김영삼이 배때기에는 칼이 안 들어가나!" 하더라는 것이었다. 노골적인 협박이었다.

내가 내일 당장 기자회견을 해서 그 사실을 공개하겠다고 했더니, 고흥문 총장은 겁에 질려 "김총무, 제발 그러지 말아 주시오" 하고 매달렸다. 나는 일단 참기로 했다.

그런 지 바로 며칠 뒤, 그러니까 6월 13일 국회의 대(對)정부질문이 있은 지 꼭 1주일 만인 1969년 6월 20일 나에 대한 초산테러 사건이 일어났다. 6월 21일자 한 신문은 「신민당 총무 김영삼의원 피습」, 「어젯밤 집 앞서 괴한 3명이 승용차에 초산병 던져」라는 제목으로 사회면에 아래와 같은 기사를 실었다.

> 20일 밤 10시 50분쯤 서울 영등포구 상도동(上道洞) 7의 6 국회 신민당 원내총무 김영삼 의원 집 앞 50m 지점에서, 김의원이 서울 자 2-2341호 크라운을 타고 귀가하다 괴한 3명이 던진 초산병으로 피습당했다. 이 날 괴한이 던진 초산병은 김의원이 앉은 뒷좌석 밖 차체에 맞아 인명피해는 없었으나, 차체의 페인트가 벗겨졌다. 김씨는 이 사건이 '계획적인 정치테러'라고 주장, 경찰에 철저히 조사해 줄 것을 요청했다.

지금도 나는 그때 일을 생생하게 기억하고 있다. 그 날 나는 시내 청진동(淸進洞)에 있던 음식점 장원(莊園)에서 유진오 신민당 총재, 그리고 양일동(梁一東) 의원과 함께 3선개헌 반대전략을 숙의하고 귀가하던 길이었다. 내가 탄 승용차는 90도 각도로 두 번 굽은 모양의 내 집 앞 골목 어귀를 천천히 커브를 틀면서 들어서고 있었다.

대낮에도 한적하고 비좁은 골목에는 외등(外燈)조차 없어 밤에는 거의 인기척이 드물었는데, 차가 골목으로 들어서는 순간 세 명의 사내가 앉아 있는 것이 승용차 전조등에 비쳤다. 그런데 전조등이 비치자 두 사내가 차 앞으로 뛰어나와 싸움을 시작했다. 싸움은 보통 신체가 건장한 사람이 우세한 법인데, 이상하게도 키가 작은 사람이 오히려 키가 크고 건장한 사람을 일방적으로 때리고 있었다. 더구나 그들은 싸우면서도 서로 아무런 말을 하지 않았다. 갑자기 벌어진 싸움 때문에 차는 부득이 멈춰 섰고, 나는 기사에게 "이상한 싸움도 다 있다"고 했다.

　그 순간 누군가가 내가 앉아 있는 오른쪽 뒷좌석의 문을 잡아당기는 것이 느껴졌다. 나는 몇 차례 미국을 방문했을 때 미국인들로부터 배운 습관대로 항상 문을 안에서 잠그고 다녔기 때문에, 문은 열리지 않았다. 문이 잘 열리지 않자 괴한은 신경질적으로 문을 '탁, 탁' 잡아당기는 것이었다. 내가 쳐다보니 그는 왼손으로는 차문을 당기고 있었고, 오른손에는 무엇인가를 쥐고 있었다. 순간적으로 나는 '테러'를 직감했다. 내가 "수류탄이다. 차를 빨리 몰아" 하고 소리치는 순간 운전기사도 크락숀을 울리며 급히 앞쪽 내리막으로 차를 몰아 나갔다. 갑작스런 발진에 놀란 두 괴한은 양쪽으로 비켜섰으나, 차 뒤에서 '펑' 하는 큰 소리가 났다. 차 문을 열려고 하던 괴한이 손에 들고 있던 물체를 집어 던진 것이었다.

　집에 돌아온 나는 즉시 경찰에 신고를 한 뒤 차를 점검해 보았다. 수류탄은 아니었으나 차체에서는 말할 수 없이 역한 냄새가 났다. 나중에야 알았지만 그것은 공업용 초산이었다. 괴한이 던진 초산병은 내가 탔던 뒷좌석의 유리와 문짝 부분에 맞아 깨졌고, 깨진 병조각과 병이 깨지면서 튀긴 초산이 차체 여기저기에 묻어 있었다. 초

1969년 6월 20일 초산테러를 당한 차에 테러 자국이 선명하게 남아 있다.

산을 뒤집어쓴 차체의 철판은 녹아 내렸고, 초산이 흘러내린 콘크리트 바닥마저 구멍이 패이며 부글부글 끓었다.

모든 것이 정치테러의 전형적인 수법이었다. 만약 그 순간 차를 급하게 출발시키지 않았다면, 나는 초산을 정면으로 뒤집어쓴 채 목숨을 잃고 말았을 것이다.

그 날 밤 정상천(鄭相千) 서울시경 국장이 찾아와 "제가 범인을 꼭 잡겠습니다"하고 큰소리를 쳤지만, 경찰은 끝내 테러의 진상을 밝혀 낼 수 없었다.

초산테러 신상발언

초산테러를 당하고 하룻밤을 꼬박 새운 다음날인 1969년 6월 21일, 나는 국회 본회의에서 신상발언을 했다. 나는 박정희와 중앙정보부의 테러행위를 강력하게 비난했다.

다음은 속기록 전문이다.

하느님의 가호와 많은 선배동지, 또 우리를 아껴 주는 많은 국민들의 염려가 없었던들 본의원이 오늘 이 자리에서 얘기할 수 있는 기회를 갖지 못하게 되었을지도 모르겠습니다.

본인이 이 자리에서 얘기하려고 하는 것은 대충 오늘 조간신문에 난 부분에 속합니다마는, 어제 저녁 10시 5분경이라고 기억합니다.

집으로 돌아가는 길에 어두운 골목길이 있습니다. 우리 집으로부터 약 50미터 떨어진 외등도 없는 골목길입니다. 그 골목길에 당도했을 때 젊은 청년, 작업복 차림의 청년 세 사람이 거기에 두 사람이 앉아 있고 한 사람은 서 있었습니다. 별안간에 차가 그 쪽으로 '헤드라이트'가 비쳤을 때 앉아 있던 두 사람이 차 앞으로 뛰어나왔습니다. 뛰어나와서 마치 두 사람이 싸움을 하는 것처럼……, 별안간에 있다가 나타난 것입니다. 싸움을 하는데 한마디……, 서로 말 한마디가 없습니다. 그러는 사이에 한 사람은 차 뒤로 돌아온 것입니다.

그러나 저는 그 싸움하는 것, 그것을 사실상 구경한 것에 불과합니다. 거기에 신경을 쏟고 있었던 것입니다. 그 차 안에는 저하고 운전수 단둘이었습니다.

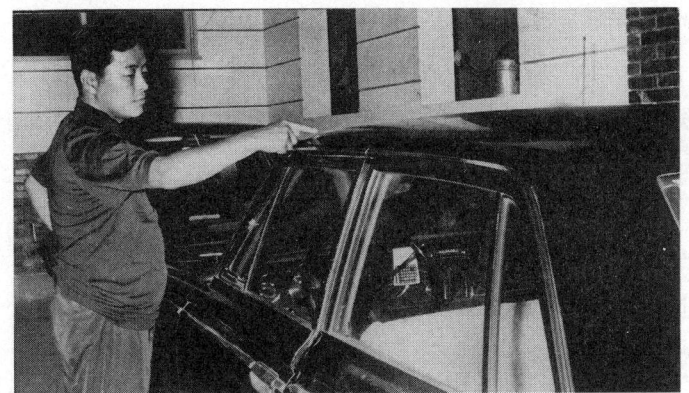
1969년 6월 20일, 초산테러를 당한 후 초산테러의 자국을 살펴보는 모습.

그런데 그 사람들이 길 한복판에 있었기 때문에, 싸움을 시작했기 때문에, 좁은 길이기 때문에, 차는 부득이 정지를 했습니다. 그럴 때 그 순간에 제가 앉아 있는 바로 옆 '도어'에서 차 문을 여는 사람이 있었습니다. 그러나 저는 평소에 늘 안으로부터 차 문을 잠그고 있기 때문에 그 사람이 잡아당겼지만 차 문은 열리지 않았습니다.

몇 번 그 사람이 당기는 것을 보고 그때에 이상한 생각을 하게 되었습니다. 그러는 찰나 그 사람이 오른손 쪽의 '포켓'에서 무슨 물건을 꺼내는 것을 보았습니다. 그것이 대충 제가 느끼기에는 그때에 순간적으로 상당히 크고 주먹에 완전히 들어가는 정도의 크기였기 때문에 이것은 수류탄이다, 이렇게 판단을 했습니다.

그래서 본의원이 운전수를 보고 무조건 전속력으로 달려라, 그때는 그 심사는 앞에 방해를 하는 그 사람과 공모하는 사람이기 때문에 그 사람들이 치어도 좋다, 이런 생각을 했습니다.

그래 운전수가 '크락숀'을 누르면서 달렸습니다. 그러니까 그 사람들이 치일 것 같으니까 두 사람이 그 자리를 약간 옆으로 피

했습니다.

　차가 겨우 움직이기 시작했을 때에 차를 향해서 무엇을 던졌습니다. 저는 그것이 수류탄이다, 이렇게 그때까지도 생각했습니다. 그 소리는 굉장히 컸던 것입니다.

　그 길로 전속력으로 우리 집까지 왔습니다마는, 그때 앞에 있는 사람, 그 싸우던 두 사람 중의 한 사람이 저의 운전수에게 달려들려고 했습니다. 이것은 차를 잡으려고 하는 것으로 판단한 것입니다.

　그래서 집에 내려서 보니까, 차에 전체적으로 어떠한 액체가 묻어 가지고, 병이 깨어져 가지고 도저히 냄새를 맡을 수 없을 정도까지 추악한 냄새가, 어지러울 정도의 냄새가 났습니다. 그것이 경찰의 감정에 의해서 나타난 것은 초산이라고 합니다.

　여러분이 아시다시피 이 초산은 웬만한 큰 병으로 한 병을 사람에게 던진다고 하면, 그 사람은 죽을 수밖에 없는 것입니다. 몇 시간이 지난 후에도 그 차에서 떨어지는 그 초산이 이 '콘크리트' 바닥을 녹일 정도로 이렇게까지 독하게 작용을 했던 것입니다. 그리고 차에 떨어진 부분은 그대로 차체가 떨어져 나가고 있습니다. 그 정도의 독한 약이었습니다.

　저는 그 길로 바로 시경국장에게 전화를 했습니다마는, 시경국장이 마침 없어서 부속주임인가 하는 사람에게 연락을 하고 112번에 연락을 했습니다.

　몇십 분 후에 경찰이 와서 조사를 하고, 또 모든 많은 언론기관에서도 그 사실을 알고, 어제 한 잠도 자지 못하고 많은 사람들과 이야기를 나누고, 또 경찰관들에게 사실을 공개해 주고 했던 것입니다.

　그러면 우리가 과연 국회의원이 오늘의 이 시점에서 이러한 불행한 일을 당해야 하느냐, 국회의원이 아니라 어느 국민 한 사람이라도 이러한 무법천지 정부로부터 보호받지 못하는 이러한 형태로 있어야 하느냐, 특히 특별한 특권을 부여받고 있는, 헌법에 보장받고 있는 국회의원이, 더욱이 원내에서 야당을 대표한다고 하는 야당의 원내총무에게 과연 어째서 이러한 살인적인 만행을 가했느냐?

중앙정보부에서 음모한 것이다

저는 단언합니다. 이것은 지난 13일에 국회 본회의장에서 특히 개헌문제를 논의하는 과정에서 "이 나라는 독재국가요, 특히 독재국가로 끌고 나가고 있는 그 원부(怨府)가 바로 중앙정보부다. 그 책임자인 김형욱이는 제2의 최인규와 같고 민족의 반역자다. 이러한 무리가 이 땅 위에 있는 동안까지는 다시는 이 나라의 민주주의는 살 길이 없다" 하는 얘기를 한 사람입니다. 여기에 대한 보복이라 이렇게 생각하는 것입니다.

다시 말하면 중앙정보부에서 했다. 김영삼이를 죽이기 위해서 중앙정보부에서 음모한 것이다. 총이나 권총을 가지고 쏘는 경우에는 실수하는 예가 있어요. 잘못 쏘아 가지고 다리나 팔에 맞을 수는 있지만, 차 옆에서 한 치 바깥에서 문 열어 가지고 그 병으로 나한테 뒤집어씌웠다고 했을 때에 나는 죽을 수밖에 없습니다. 완전살인 범죄를 꾀했던 것입니다.

그 예는 과거에 우리 국회의원 가운데에 두 사람이 중앙정보부의 박해를 받은 사람이 있어요. 박한상(朴漢相) 의원이 국회에서 중앙정보부 폐지론을 주장했다고 해서 백주에 '테러'를 당했습니다. 백주가 아니에요, 밤에 '테러'를 당했습니다. 그러나 그

때에는 생명의 위협을 가하지 않을 정도의 약한 '테러'를 했어요.

또 예산결산특별위원회에서 중앙정보부에 대한 공격을 했다고 해서 조윤형(趙尹衡) 의원이 형무소에 갔어요. 이 나라가 이게 민주주의국가입니까? 중앙정보부를 위해서 있는 나라입니까?

이러한 생명의 위협을 받는다고 해서 우리가 굴복하고 못 이겨서 끌려가고 이럴 줄 압니까?

저는 목숨을 바쳐서라도 제가 옳다는 일을 하려고 하는 사람입니다.

박정희는 독재자

사랑하는 많은 우리의 선배들, 우리 조국의 독립을 가져오기 위해 많은 선배들이 생명을 바쳐 가면서 이 나라를 지켜 왔습니다. 자유를 빼앗으려고 하는 자들과 더불어 싸워서 결국 반조각이나마 우리는 독립을 쟁취했습니다. 이 선배들이 갔던 길을 저는 가렵니다.

언어도단입니다!

우리 국회의원이 국가로부터, 정부로부터 이처럼 보호를 받지 못한다고 하는 경우, 사랑하는 우리의 (말단에 있는) 농민·노동자·학생들은 얼마나 심한 박해를 받겠습니까? 이것이 민주주의국가예요? 독재자가 통치하는 독재국가예요! 박정희씨는 독재자요!

아무리 권력을 가졌다고 해서 권력을 휘두르는 자, 칼로 세운 자는 반드시 칼로 망한다고 하는 성경 말씀이 있어요. 힘을 가졌다고 해서 힘을 행사하는 자, 반드시 그 힘에 의해서 망할 것입니다.

친애하는 선배의원 동지 여러분! 오늘 아침에도 많은 우리 선배의원 동지들로부터 위문의 전화와 또 직접 방문해 주신 많은

1969년 6월 21일, 국회 본회의에서 '초산테러' 관련 신상발언과 대책을 촉구하는 모습.

분들, 걱정해 주신 분들에게 감사를 드립니다. 하지만 아무리 중앙정보부가 이러한 엉뚱한 음모를 꾸미고 살인적인 방법을 한다고 해서, 여하한 형태로든지 여기에서 이야기하고 있는 김영삼이가 굴복하고 승복하지 아니할 것입니다.

한 가지 이 기회에 이야기를 하렵니다. 중앙정보부가 무슨 짓을 또 했느냐. 우리 당 소속 임갑수(林甲守) 의원에게 어떻게 한 줄 압니까? 여러분! 역사의 반역자들! 역사가 무섭지 않습니까? 3선개헌에 찬성한다는 도장을 찍어 달라, 만일에 이것을 찍어주기만 하면 선거소송 사건을 공화당에서 철회하도록 하겠다, 이렇게 말한 것입니다. 이것이 오늘 중앙정보부가 하고 있는 짓이요. 민족의 반역자들! 심지어 임갑수 의원에 대해서 명분에 살겠느냐, 그렇지 않으면 실리를 취하겠느냐, 이렇게 말한 것입니다.

40대기수론 ··· 289

그것 중앙정보부의 어떤 간부가 와서 그랬다고 해요. 겨우 하는 것이 요따위 짓만 하고 다녀요.

아무리 우리가 야당이 힘이 없는 것처럼 보이지만, 역사를 통해서 그래도 국민에게 보여 주고 우리 후손에게 보여 준 것이 있습니다. 3천만 국민이 그래도 우리들을 보고 있습니다. 과연 바른 길을 가는 것인가……

저는 어제 한 잠도 자지 못하고 경찰들에게 여러 가지 이야기하는 참고자료, 또 언론기관에서 온 분들, 그래서 여러 가지 지금 정신적으로 피로합니다. 하지만 긴 말씀을 드리지 아니하고, 우리는 이렇게 어려울수록 이 암묵적인 살인정치를 감행하는 이 정권은 필연코 멀지 않아서 반드시 쓰러질 것이다, 쓰러지는 방법도 비참하게 쓰러질 것이라는 것을 예언해 두는 것입니다.

그리고 여기에서 이야기하고 있는 이 김영삼이가 목숨이 끊어지지 않는 한, 바른 길, 정의에 입각한 일, 진리를 위한 길, 자유를 위하는 일이면 싸우렵니다. 싸우다가 쓰러질지언정 싸우렵니다. 전에도 이야기했지만 이 땅은 우리만이 살다가 죽을 땅이 아니요, 우리의 사랑하는 후손들에게 물려줄 땅이기 때문에, 내 자신이 그러한 희생을 당할지라도 우리 땅은 자랑스러운 민주주의와 꽃피는 평화, 자유스러운 평화를 가져와야 되겠습니다.

이 국회에서 질문하고 있는, 언론탄압이니 이러한 질문을 하고 있는 과정에도 중앙정보부에서는 넘넘하게도 모사의 신문기자를 매일같이 불법 연행해 가지고 다닙니다. 이러한 뻔뻔스러운 자들입니다.

염치 없는 자들! 민주주의의 반역자들! 역사는 이들을 반드시 심판할 날이 온다는 것을 저는 선언해 두는 것입니다. 여러분, 감사합니다.

속기록 삭제 반대

나의 발언이 끝난 뒤 유진산(柳珍山), 김수한(金守漢) 의원이 등단해 나에 대한 테러를 규탄했고, 총리 등 정부측의 답변이 오고 갔다. 그런데 회의가 끝날 무렵 공화당의 김택수(金澤壽) 총무가 의사진행발언을 신청했다. 그는 "국가원수에 대해서 독재자 운운하는 것은 조금 지나치지 않느냐는 느낌을 갖고 있다"고 발언했다. 그러자 사회를 보던 장경순(張坰淳) 국회부의장이 "김영삼 의원의 말씀 중에 회의록에 남겨 놓기 곤란한 대목이 있다"면서, 이를 "삭제토록 하는 것이 좋겠다"고 말하는 것이었다.

나는 즉시 회의록 삭제에 반대한다는 의사를 분명히 했다.

저는 분명히 박정희씨는 독재자다 하는 신념에는 변화가 없고, 회의록 삭제문제는 여러분들이 국회의 결의로써 할지언정 자의(自意)로 취소할 생각은 없습니다.

장내가 소란한 가운데 장경순 부의장은 서둘러 산회(散會)를 했다.

이틀 뒤인 1969년 6월 23일 본회의가 열리자마자 유진오 총재가 신상발언을 신청해 등단했다. 유진오 총재는 내가 6월 13일 발언에서 중앙정보부를 비판한 지 얼마 지나지 않아 초산테러가 발생한 것은 3선개헌을 통과시키기 위한 인위적인 공포분위기 조성에 목적을 둔 정치테러라고 규정하고, 박정희가 국민의 대표기관인 국회가 아니라 비밀경찰을 지팡이로 해서 나라를 다스리려 한다고 비난했다. 또 나의 발언을 취소하라는 요구도 부당하다면서, 월남전에 반대하는 미국 사람들이 존슨 대통령을 '머더러'(murderer), 즉 '살인자'라고 비난하고 있지만, 월남전쟁을 수행하는 책임이 대통령에게 있기 때문에 그러한 발언은 명예훼손죄에 해당되지도 않는다고 말했다.

여러분, 우리는 현재의 이 캄캄한 정치를 가지고 독재정치라고 생각을 해! 독재정치의 책임자가 독재자가 아니고 무엇입니까? 국가의 원수를 신성불가침하다 하는 것은 과거 일본 천황폐하에 해당되는 일입니다. 이러한 사고방식 그 자체를 우리가 고치지 않으면 안 된다고 생각하는 것입니다.

유진오 총재가 간명한 어법(語法)으로 핵심을 찌르자, 여당 의석에서 항의소동이 일어났다. 공화당의 백남억(白南檍) 의원은 박정희에 대한 나의 발언을 의장 직권으로 취소하라고 요구하고 나섰다. 장내가 소란해졌다. 의장과의 실랑이 끝에 다시 등단한 나는 "중앙정보부는 정부 위에 있는 정부"라고 재차 지적하고, "박정희가 독재자라는 나의 신념에는 변함이 없다"고 강경하게 맞섰다. 그러자 장경순 부의장은 나를 향해 "발언을 취소하지 않으면 법적 절차를 취하겠다"고 일방적으로 선언한 뒤 산회를 선포했다.

공화당에서는 국회법을 빌미로 나를 징계하려 했으나, 우리 당이 법규정을 무시하고 편파적으로 사회를 본 장경순 국회부의장에 대한 사임권고 결의안을 국회에 제출하는 등 강경한 투쟁자세를 보이자, 결국 나에 대한 징계시도는 흐지부지되었다.

'박정희의 라이벌'로 부각

국내 언론을 통해서는 "3선개헌 음모는 제2의 쿠데타"라고 맹공한 6월 13일의 발언도, "박정희는 독재자요, 테러는 중앙정보부의 소행"이라는 6월 21일의 발언도 일체 보도되지 않았다. 중앙정보부의 협박을 두려워한 국내 언론들은 고작 '모 기관'이라고 보도했을 뿐이다. 무소불위의 독재권력에 대한 비판은 한국 언론에서는 이미 금기(禁忌)의 영역이 되어 버린 것이다.

중앙정보부는 신문사에 압력을 가해 나의 발언내용을 기사에서 삭제했다. 그러나 국민들 사이에서는 이미 중앙정보부가 한 짓이라는 소문이 급속히 퍼져 나갔다. 더구나 중앙정보부가 외신(外信)까지 통제할 수는 없었다. 미국의 〈워싱턴포스트〉지는 이 사건을 계기로 나를 '박정희의 라이벌'로 보도했다.

국회, '테러사건 진상조사특위' 설치

나에 대한 초산테러 사건의 진상을 밝히기 위한 '김영삼의원 테러사건진상조사특별위원회 구성을 위한 결의안'이 7월 8일 본회의에서 만장일치로 통과되었다. 국회는 신민당과 공화당 각 3인과 정우회 1인 등 7명으로 위원회를 구성했다. 조사기간은 1969년 7월 11일부터 1969년 8월 9일까지 30일간으로 결의되었다.

7월 11일 '김영삼의원 테러사건진상조사특별위원회'가 활동을 개시했다. 나는 7월 12일 '진상조사특위'에 나가 사건의 개요를 증언했다. 당일의 테러사건 경위를 상세히 설명한 나는 이 사건이 내가 중앙정보부를 맹공한 6월 13일의 국회 연설로부터 1주일 만에 일어난 중앙정보부의 보복행위라고 재차 강력히 규탄했다.

  (지난 13일) 나는 3선개헌을 둘러싼 문제에 대하여 공격을 했고, 특히 중앙정보부에 대해서 공격을 했습니다. 그리고 난 1주일 후입니다. 20일 그러한 사건이 났습니다.
  거기에다가 제가 다른 기회에 더 구체적으로 얘기하려고 합니다마는, 만일에 이 문제가 법정에서 얘기될 때는 제가 자세한 얘기를 하려고 합니다.
  중앙정보부장 김형욱이가 '골프'장에서 우리 국회의원 한 사람에게 김영삼이의 배때기에는 철판을 깔았느냐, 칼이 들어가지 않느냐, 이런 말을 했다고 합니다. 이 얘기는 비단 그 사람에게만, 그 의원에게만 들은 것은 결코 아닙니다. 몇 사람에게 그 얘기를 했습니다.
  그렇기 때문에 과거의 모든 예를 보아서 중앙정보부를 신랄하게 공격했던 박한상(朴漢相) 의원, 또 중앙정보부장과 직접 개인적으로 싸우다시피 한 조윤형(趙尹衡) 의원을 정치적으로 보복했던 중앙정보부, 이것은 중앙정보부장이 한 것이다. 이렇게 나는 단정을 하는 것입니다.

나는 테러수법이 전문적인 정치테러라는 사실을 들어 중앙정보부를 다시 한번 지목하는 한편, 수사당국이 진실을 은폐하고 오히려 목격자들을 협박·구금하는 등 괴롭히고 있는 치졸함을 비판했다.

  (수사당국이) 무슨 조사를 했느냐. 아까 얘기한 그대로 한두

1969년 7월, 초산테러 후 국회 진상조사특위에서 증언하는 모습.

시간마다 형사 하나가 나타나 가지고 전화 목소리가 어떠냐, 전화를 받을 때 누가 있었느냐, 또 한두 시간에 또 한 놈이 와 가지고 또 그런 얘기를 또 물어! 이래 가지고 잠을 안 재우고 이따위 짓을 하는 것이 경찰의 수사입니다. 심지어 내가 서장에게 얘기를 했어! 너희들이 이런 더러운 짓 하지 말고 우리 집 전화 중앙정보부장이 듣고 있는 것 알고 있는데, 김형욱이한테 가서 녹음 '테이프'를 얻는 것이 좋지 않느냐, 우리 집 아이들을 데려다가 인권을 이렇게 유린할 수가 없어! 몇수십 시간씩 잡아 둔다는 것은 용납할 수 없는 얘기야! 이런 얘기를 전화로 했어, 곧 보내 주겠습니다, 금방 보내 주겠습니다. 이런 거짓말을 갖다가 40시간,

50시간 이런 식으로 연금을 하고…….

'테러특위'는 7월 11일 첫 회의를 가진 이래 9차례 회의를 가졌으나 뚜렷한 결론을 내리지 못했다. 7월 23일 9차회의에서 이재형 특위 위원장이 "상황을 감안해서 다시 소집할 것"이라고 말하고 산회(散會)한 뒤 특위는 다시 열리지 않았다. 8월 18일 열린 국회 내무위에서 김수한(金守漢)·송원영(宋元英)·김정렬(金貞烈) 위원 등은 내무부장관에게 "김영삼 의원 테러사건을 흐지부지할 작정이냐"며 수사를 촉구했으나, 정부는 "최선을 다하겠다"는 한마디로 미봉(彌縫)했다. 김수한 위원은 "국민들은 못 잡는 것이 아니라 안 잡는다는 것을 알아차리고 있다," "이 나라 민주주의 정치가 제대로 행해지는 날 반드시 범인이 누구라고 하는 것이 역사 앞에, 국민 앞에 밝혀질 것이다. 용납 없이 단죄를 받을 것이다"고 추궁했다. 그러나 무소불위의 권력기관이던 중앙정보부의 조직적인 범죄와 은폐 행각을 당시의 국회가 밝혀 낸다는 것은 처음부터 기대하기 어려운 일이었다. 사건의 조사는 흐지부지되고 말았다.

김형욱, 고소취하

나중에 김형욱이 나를 고소했다. 내가 지방도시를 순회하며 초산테러가 김형욱이 지시한 것이라고 연설했기 때문에 명예훼손이라며 나를 고소한 것이다. 나는 고홍문을 만날 때마다 "지금은 당신을 보호하기 위해 얘기하지 않아도, 재판정에 가서는 김형욱이 나에게 한 협박발언 내용을 얘기해야 된다. 그래야 증거가 될 게 아닌가"라고 했다. 그때도 고홍문 총장은 난감해했다. 그러나 검찰은 끝내 한 번도 나를 소환하지 않았다.

그로부터 몇 년 후의 일이다. 중앙정보부장을 그만둔 김형욱이 유정회 국회의원으로 임명되었다. 하루는 김형욱이 의사당에서 나에게 다가와, "형님!"하고 부르는 것이었다. 김형욱은 나보다 나이가 분명 많았는데도 그렇게 불렀다. 그래서 내가 쏘아붙였다.

"아니, 나이 적은 형님도 있나? 갑자기 왜 이래?"
"아이고, 잘못했습니다. 제가 하고 싶어서 했겠습니까? 고소는 취하하겠습니다."

김형욱이 이렇게 나오길래 나는 되받아쳤다.

"아니, 나도 할 얘기가 많은데 재판정에서 밝히지."

김형욱은 다음날 고소를 취하했다.

창랑 선생 별세

개헌 공방이 더욱 가열돼 가고 있던 1969년 8월 1일, 숙환을 앓아 오던 창랑 장택상 선생이 입원 중이던 고려병원(高麗病院)에서 별세했다. 향년 77세였다.

나는 6월 중순 박정희와 중앙정보부장을 공격하는 대(對)정부질문을 끝낸 뒤 창랑 선생을 문병한 적이 있다. 그때 창랑 선생은 나를 부둥켜안고 흐느끼면서 말했다.

"며칠 전 자네의 대(對)정부질문을 신문을 통해 읽었네. 대단히 강경한 발언이었지만 할 말을 제대로 했더군. 지금 같은 시대에 정치인에게 중요한 것은 무엇보다 용기야."

병실을 나오면서 "자주 찾아뵙겠습니다" 하는 인사말을 남겼지만, 초산테러로 경황이 없어 찾아가지 못했다.

창랑 선생은 지모(智謀)와 언변이 섬광처럼 빛났고, 어려운 문제에 부딪혔을 때 전광석화같이 판단을 내리는 분이었다. 다정다감해서 눈물도 많았는데, 화려한 정치편력의 이면에는 고적한 나날도 적지 않았다. 창랑 선생은 영남 최고의 갑부라 할 만한 집안에서 태어나 영국에 유학해서 에든버러대학을 나왔다. 한때 파리에 있을 때는 중국의 주은래(周恩來)와 같은 하숙집에 있으면서 극장에도 같이 다니는 등 친하게 지냈다 한다. 주은래는 대단한 인물이라고 내게도 가끔 인물평을 하셨는데, 그 주은래가 나중에 수상이 되었을 때 창랑 선생의 말씀이 생각나 감회가 새로웠다. 나는 지금도 정부 수립 이후 우리나라를 안정시키는 데는 창랑과 유석 두 분의 공(功)이 매우 컸다고 생각한다.

5·16 후 창랑 선생은 여러 가지 정치적 불운을 겪었다. 영남 제일의 갑부라던 재산도 다 날리고 말년은 쓸쓸하게 보냈다. 정치적으로나 가정적으로 어려웠을 때, 나는 옛 은고(恩顧)를 잊지 않고 힘 닿는 데까지는 창랑 선생과 그 가족들을 도우려고 애썼다. 선생이 돌아가신 뒤 주기(週忌)를 맞을 때는 그 준비를 내가 도맡다시피 했으나, 더러는 형편이 여의치 않아 소홀한 점이 없지 않았나 송구한 마음이 들 때도 있었다.

세 명의 변절자

7월 25일, 박정희는 돌연 3선개헌안에 대한 특별담화를 발표했다. 박정희는 "개헌안이 국민투표에서 통과될 때는 나와 정부에 대한 국민의 신임으로 간주하겠다. 부결되면 국민의 불신임으로 간주하고 즉각 물러서겠다"고 밝혔다.

박정희의 이른바 「7·25특별담화」가 나오자 전국의 여론은 3선개헌안에 대한 비판으로 들끓었다. 개헌안은 국무회의 의결을 거쳐 8월 8일 정식 공고됐다. 30일간의 공고기간이 끝난 뒤 윤치영 의원 등 122명이 서명한 개헌안은 9월 9일 국회에 정식으로 상정됐다.

이제 본격적인 3선개헌 반대투쟁이 시작되었다. 신민당에서는 우선 개헌 저지선을 구축해야 했다. 당시 신민당 소속의원은 47명에 불과, 재적의원의 3분의 1인 저지선 59표보다 12표나 모자랐다. 그러나 공화당 안에 30여명 정도의 반대기류가 있었고, 여권의 제2인자이던 김종필(金鍾泌)도 강력한 반대의사를 표명하고 있었다. 나는 원내총무로서 집안 단속에 힘쓰는 한편, 공화당 내의 개헌 반대파 의원들과도 비밀리에 접촉했다. 하루 24시간이 모자랄 정도였다.

9월의 국회 본회의를 앞두고 박정희의 손길이 신민당 내부로 뻗쳐 왔다. 성낙현(成樂鉉), 연주흠(延周欽), 조홍만(曺興萬) 등 세 명의 신민당 소속의원들이 대열을 이탈했다. 변절한 의원들을 공화당에서 매수했다는 소문이 파다했다. 신민당으로서는 개헌 저지선을 지키기 위해 단 한 표라도 반대표를 늘리는 데 필사적일 수밖에 없는 판국이었다.

당 해산, 20일 만에 복원

세 명을 제명하는 것으로는 당의 명예회복은 되겠지만, 개헌저지 투쟁에는 실효가 없다는 데서 나는 당 해산론이라는 비상처방을 생각했다. 의원은 소속정당이 해산될 때 자동적으로 의원직을 상실케 되는 당시의 법률을 이용, 변절한 세 사람의 의원직을 박탈한다는 것이었다. 그야말로 당의 운명을 건 일대 모험이어서 반대의견도 적지 않았지만, 나는 강행하기로 마음먹었다.

1969년 9월 7일, 이 날은 비록 일시적이기는 해도 20년 정통야당이 당을 해체하는 날이었다. 신민당으로서는 비장하기까지 한 결단의 날이었고, 3선개헌 반대의 굳은 의지를 극적으로 선포하는 날이었다. 이 날 세 의원은 무기한 정권(停權) 처분됐고, 44명의 소속의원 전원은 스스로 일괄제명을 의결했다.

제명절차가 끝나자 의원들은 새로운 교섭단체 가입원과 신당창당 준비 승낙서에 차례로 서명했다. 서명을 끝낸 후 곧바로 나를 원내 대표로 한 구신민회(舊新民會)라는 이름의 새 교섭단체를 등록했다. 이런 절차들이 끝나고 무대는 필동의 유진오 선생 댁으로 옮겨졌다. 넓은 뜰에서 해산대회가 열렸다. 만장일치로 해산제의가 통과됐다. 1967년 2월의 창당대회에서 2년 6개월 만의 해산이었다.

원내투쟁 진두지휘

국회에서 3선개헌안에 대한 질의·토론이 시작되었다. 나는 원내총무로서 순서를 정해 당 소속의원들에게 발언을 지시했으며, 본회의 현장에서도 필요하다고 생각되면 즉시 단상에 올라가 발언했다. 공화당의 이효상(李孝祥) 국회의장은 나의 발언을 제지할 엄두를 내지 못했다. 박정희의 3선개헌안은 법리적으로도 허술했기 때문에, 답변에 나선 공화당 의원들조차 3선개헌이 박정희의 영구집권음모라는 신민당의 주장에 뚜렷한 반박을 하지 못했다. 나는 9월 11일 박병배(朴炳培), 김원만(金元萬), 김수한(金守漢), 이민우(李敏雨) 의원 등을 내세워 3선개헌 반대질의를 진행시키는 한편, 중간중간 단상에 나아가 박정희의 대국민 약속 번복 및 영구집권음모를 비난했다.

9월 12일 오후, 개헌안에 대한 질의가 종결되고 개헌안 찬반토론이 시작되었다. 나는 야당의 첫 주자로 단상에 올라가 3선개헌안에 대해 맹공을 퍼부었다. 1974년 야당총재가 되기 전까지 나의 모든 연설은 간단한 메모를 참고하거나 즉석연설이었다. 이 날 나는 간단한 메모를 가지고 등단했다.

다음은 박정희의 3선개헌안을 정면 비판한 나의 1969년 9월 12일의 본회의 연설이다.

3선개헌안 반대토론

야당을 대표해서 공화당이 제출한 영구집권의 이 개헌안에 대한 반대토론을 하게 된 것을 진심으로 서글프게 생각합니다. 다시 말하면 이러한 치욕적인 개헌안에 대한 반대토론을 하는 이 순간, 왜 7대의원으로 당선되어서 이 치욕적인 개헌을 다루는 데 얘기를 할 수 있게 되었는가 하는 생각을 다시금 하게 되는 것입니다.

우리는 오늘 이 순간에 대단히 어렵고 중대한 역사적인 결정을 할 시간이 닥쳐오고 있습니다. 이 시간에는 이 의사당에 비록 소수의 우리 국회의원, 또 과히 많지 않은 수백명에 달하는 일반 국민의 눈이 여기를 지켜보고 있지만, 삼천만 국민들이 방방곡곡에서 삼천만의 눈이 이 자리를 지켜보고 있고, 우리를 도와 주고 있는 많은 민주우방들의 눈초리가 역시 이 한국의 국회에 모여 있는 엄숙한 순간입니다.

저는 이 비통한 마음으로 민족의 비극이 닥쳐오는 이 순간 야당을 대표해서 첫번째로 반대토론을 하게 된 것입니다.

저는 법률의 전문가도 아니요, 그 동안 많은 우리 야당 소속의원들이 질문을 통해서 법률문제에 있어서 많은 질문을 했습니다. 그렇기 때문에 그런 문제에 대해서는 많은 부분에 대해서 얘기를 하지 않으려고 합니다.

중앙정보부의 박해와 탄압

그 동안 우리 국회의원들은 너무도 지나친 시달림을 받았습니다. 3선개헌안이 아닌 영구집권의 음모가 숨어 있는 이 개헌안이 나올 무렵부터 우리 소속 야당의원들은 물론 집권당인 공화당의 의원에 이르기까지 말할 수 없는 박해와 탄압이 있은 것을 압니다. 오늘 이 시간에도 괴로움을 당하고 있는 우리 국회의원 동지들이 있습니다.

야당이고 여당이고 다 같이 있습니다. 이 나라의 민주주의의 암적인 존재인 중앙정보부에 의해서 괴로움을 당하고 있는 것을 알고 있습니다. 이 나라의 민족의 반역자인 중앙정보부장 김형욱이에 의해서 이 시간에도 고통을 당하고 있는 우리의 불쌍한 국

제7대 신민당 원내총무 시절 정당대표 연설을 하는 모습.

회의원도 있는 것을 압니다.

　우리는 국민의 대표로서 떳떳하게 자유스러운 행동을 할 수 있어야 합니다. 우리 국회의원이 헌법에 보장된 권리를 제대로 행사하지 못하고 온갖 박해 속에서 이 개헌안을 다룬다, 이 막중한 국가의 기본법인 헌법을 다룬다, 어느 나라에 이러한 형태 속에서 헌법을 다룬 나라가 있습니까? 때로는 중앙정보부에 불려 가기도 하고 때로는 정보부가 아닌 '호텔' 방에 연금되기도 하고, 이러한 자유가 없는 속에서 우리는 공화당에서 제출한 영구집권을 꾀하는 박정희씨 한 사람을 영구히 대통령으로 만들기 위한 이 개헌안을 다루어야 되느냐 하는 문제는 양심을 가지고 우리 국회의원이 다시 냉정하게 생각해야 되겠습니다.

박정희는 정치불안의 책임자

첫째로 공화당에서는 이 개헌의 명분은 박정희씨가 아니면 이 나라의 정치적인 안정을 이룩할 수 없다, 둘째로는 박정희씨라야만 이 나라의 경제발전을 이룩할 수 있다, 이 두 가지입니다.

저는 이 두 가지 문제에 대해서 둘 다 명분이 없다, 한마디로……. 첫째로 박정희씨는 자기만이 대통령이 되어야만 이 나라의 안정을 이룩하고, 정치적인 안정을 이룩하고, 북괴로부터 내려오는 간첩을 막고, 공공연하게 김일성이가 공개적인 침략을 감행했을 때에 물리칠 수 있다, 이런 이야기가 공화당의 개헌을 하는 명분의 첫째 조건입니다.

저는 이것은 거짓말이요, 이것은 너무나도 사실과도 먼 이야기다. 그 이유는 만일에 박정희씨가 이 3선개헌을 내놓지 않았던들 오늘 이 정치현실은 이처럼 불안정하게 되지 않을 것이다. 이것이 박정희씨의 치하에 이 나라가 안정되고 있는 것입니까?

여러분! 그래 국회의원들이 자유스러운 의사발표를 못 해! 양심에는 부자(否字)를 찍고 싶지마는 찍지 못하는 의원들이 있어! 거기에다가 우리의 사랑하는 학생들이, 우리의 동생들이 피 흘려가면서 이 3선개헌을 반대하는 '데모'를 전개하고 있어! 방방곡곡에서 국민의 노도(怒濤) 같은 반대운동이 일어나고 있어! 이것이 박정희씨가 가져온 정치적인 안정입니까……?

박정희씨는 오히려 정치적인 불안을 가져온 책임이 그에게 있는 것입니다.

3선개헌, 이 시간이라도 나는 3선, 아니 영구집권하는 이 개헌을 안 하겠다, 이 한마디면 대한민국은 안정을 이룩할 수 있고,

간첩도 우리 국민들이 잡을 수 있고, 중앙정보부도 정치사찰 안하고 간첩 잡을 것이고, 경찰도 학생들 '데모'하는 것 진압할 필요 없이 간첩 잡으러 쫓아다닐 것이에요.

경제발전 앞질러 간 부패

둘째로 경제적인 안정을, 경제적인 발전을 가져왔고 그만이 이 나라의 경제의 안정을 이룩할 수 있다, 경제적인 발전을 가져왔다고 합니다. 서울에 고층건물이 서고 '하이웨이'가 생기고 과거보다 달라진 것이 있습니다.

하지마는 그보다 더 앞질러 간 것은 박정희씨 주변에 있는 몇 사람의 부패가 더 앞질러 가고, 그것이 그들이 내세우는 조국의 근대화가, 오히려 그러한 경제적인 발전에 있어서 보다 더 저해하는 부패, 그 몇 사람의 근대화를 가져왔다, 이렇게 생각을 하는 것입니다.

저는 지난번에 미국에 갔을 때에 〈워싱턴포스트〉지(紙)의 기자와 단독회견을 했을 때 경제문제에 대해서 이러한 발표를 했습니다.

마지막 구절에 한국의 경제가 발전했다고 가정하라. 그 경제의 발전은 어린아이다. 지금 자라나고 있다. 자라는 그 어린아이다. 폐병(肺病)환자다. 폐병에 걸려 있지만 조금씩 키가 자라! 자라나고 있어! 그러나 어느 시기에 가서 그 폐병환자 어린아이는 죽어 버린다. 한국의 경제발전의 형상은 바로 그와 똑같은 형상이다. 이 경제는 머지 않은 장래에 파탄을 가져올 것이고, 영원한 파멸을 가져올 것이고, 우리 국민들은 몇 사람의 부익부 부자가 되는 이 일을 위해서 돕는 방법으로 하다가 완전히 농촌, 우리의 노동자들은 완전히 죽어 갈 것이고, 한국의 경제파탄은 반드시 어느 시기, 어느 날, 어느 며칠날이라고 내가 정할 수는 없지만 반드시 망하고 만다 하는 이야기를 했습니다.

저는 이 두 가지 명분에 대해서는 전적으로 거짓말이다, 명분이 될 수 없다, 박정희씨를 위한 3선개헌의 영구집권을 위한 이 개헌안은 도저히 내세울 명분이 되지 못한다 하는 것을 단언했던 것입니다.

개인을 위한 개헌이다

어제 질의과정에서 나온 얘기지마는 우리는 이미 과거에 알고 있었습니다. 이 개헌안은 애매하게 해 가지고 우리들부터 3선이라고 했지만, 이것은 3선이 아니라 영구히 박정희씨가 장기집권을 하기 위한 음모다, 이렇게 처음부터 생각했어요. 그렇기 때문에 우리들이 방방곡곡을 다니면서 유세를 통해서, 개헌 반대하는 유세를 통해서 얘기할 때마다, 이것은 박정희씨 한 사람을 위한 영구히 독재정권을 수립하는 것이요, 개인을 위한 완전한 개헌이다, 이렇게 주장해 왔습니다.

그 정체가 어저께 완전히 드러났습니다. 그것은 우연히 나온 이야기가 아닙니다. 분명히 백남억 의원은 그렇게 이야기를 했습니다. 세 번 하고 한 번 쉬고 다시 할 수도 있고, 또 중간에 마지막판에 6개월이고 얼마간에 쉬고 다시 할 수도 있다, 이렇게 얘기한 것입니다. 그대로 한다고 그러면 박정희씨가 아마 죽을 때까지 그 분 나이가 몇 살인지 지금 잘 모릅니다. 모르지, 아마 20년 더 할 수 있을는지, 30년 더 할 수 있을는지 모르겠어요.

차라리 '나폴레옹'처럼 정정당당하게 황제가 되겠다, 이렇게

원내총무 시절, 김홍일(오른쪽), 서범석(가운데) 의원과 함께 밀담을 나누고 있다.

하는 것이 옳다, 이렇게 생각합니다. 이것이 사내답고 정직한 방법이다, 이렇게 생각하는 것입니다.

그렇기 때문에 이 개헌안은 국민을 더 이상 속이지 말고. 우리 국민이 우매한 것처럼 보이지마는 우리 국민은 현명합니다.

자유당, 민주당, 5·16쿠데타 후에 군정, 또 이 공화당정권의 시달림을 받아서 현명합니다. 모르는 것처럼 못 듣는 척하고 우두커니 앉아 있지마는 그들이 알 것은 다 압니다. 국민을 더 이상 속이지 말고 이 개헌안을 철회해 주기를 바라는 것입니다.

정권교체의 전통

우리가 다 아는 선진국가들……. 미국의 헌법은 대통령은 그 명문(明文)이 아주 이렇게 애매한 명문은 아니야! 딱 두 번밖에 못한다, 이렇게 박았습니다. 2회밖에 못한다, 8년 이상은 절대 할 수가 없다, 이렇게 박혀 있어요.

왜 그렇게 만들었겠어요. 동남아시아의 후진국가라고 할 수 있는 우리보다 민도가 얕은 '필리핀' 같은 나라, 우리보다 민도가 낮지마는, 그들의 자랑은 그때마다 언제든지 평화적인 정권교체를 하는 그 전통 때문입니다. 한번 자유당이 잡으면 그 다음에 국민당이 잡고, 거기에도 헌법에 3선을 금지했습니다.

우리는 20년 동안 한 번도 평화적인 정권교체를 해 본 전통을 가지지 못했어요. 그렇기 때문에 한국은 아주 버림받은 국민으로 외국에 나갔을 때 한국에서 왔다……, 여러분 국회의원들은 다 가 보지 않았습니까?

챙피해! 마치 월남의 사촌 정도로 생각하고 있는 것이 사실 아닙니까? 한국민으로 태어난 것에 부끄러움을 느낄 때가 한두 번이, 하루에도 몇 차례 느끼는 것이 아닙니다. 이것은 평화적인 정권교체를 못한 전통을 가지고 있기 때문이라고 나는 생각하는 것입니다.

'스위스' 같은 그 아름다운 나라도 그곳은 임기가 1년입니다. 중임을 금지하고 1년이에요. '멕시코'나 '파나마' 같은 그런 선진국가도 3선을 금지했습니다. 물론 우리보다 훨씬 잘사는 나라지마는, 우리가 잘난 척하고 그들을 보고 후진국가라고 말하는 것은 아닙니다.

이박사 때도 반대

저는 이 자리에서 자유당시절의 이야기를 잠시 하고 넘어가야 되겠습니다. 특히 지난번에 공화당의 김진만 의원이 이 자리에 나와서 자유당시절에 이제 야당에 있는 김영삼이가 이(李)박사의 3선은 찬성했다, 이랬습니다.

그것은 한마디로 거짓말입니다. 왜? 그때의 모든 기록이 남아 있을 것이고 그때의 신문이 다 남아 있습니다. 저는 그때 나이가 스물여섯이었습니다. 지금으로부터 15년인가 전 얘기 아닙니까? 분명히 제가 3대 국회의원이었습니다.

저는 이박사를 존경했습니다. 국부(國父)로 존경했습니다. 그렇기 때문에 3선을 해서는 안 되겠다는 생각을 했습니다. 그래서 저 단신(單身) 이박사를 만났습니다. 며칠 기다려서 간신히 면회가 되었습니다. 이박사한테 3선을 하지 말라는 이야기를 그 어린 나이에 당돌하게 했습니다. 그때 그 분이 하던 얘기를 저는 소개 안 하렵니다, 이 자리에서…….

그후에 저는 공공연하게 분명히 신문인들에게 나는 3선개헌을 반대하겠다고 발표를 했습니다. 이미 고인이 된 이기붕(李起鵬) 씨는 우리 집까지 수차 찾아왔습니다. 이 개헌을 지지해 달라, 저는 그 당시에 하마터면 그 정리(情理)에 끌려서 따라갔을는지도 모릅니다. 그러나 제가 생각하기에는, 잘못하면 영원히 역사에 남는 이 귀중한 시점에 와서 나는 이 젊은 가슴에 크나큰 오점을 남기고 민족을 죽이는 그러한 죄인이 될 가능성이 있다, 이렇게 생각했습니다. 그래서 저는 그때부터 내 혼자 행동이 아니요, 우리 동지들을 규합하기 시작했습니다. 실제 그때 개헌에 반대하기

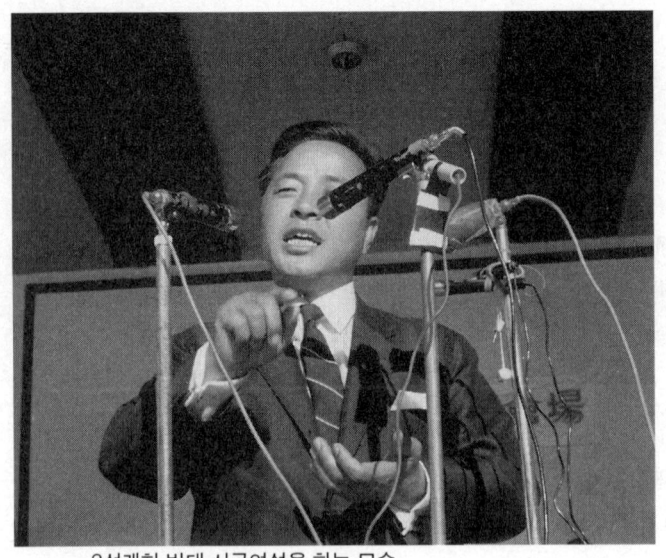
3선개헌 반대 시국연설을 하는 모습.

로 우리가 결정한 것은 24사람입니다, 자유당 안에……. 그래서 용기를 가지고 우리는 개헌을 반대해 나가자, 그 당시에 야당인 민국당이 15사람밖에 없었습니다. 무소속이 상당수 있었습니다.

정권이 망할 때는 닮아 간다

어느 정권이고 망할 때는 비슷이 닮아 가는 점이 있는 것을 느낍니다. 그때는 중앙정보부가 없었지만 치안국 정보과, 서울시경 정보과가 우리들을 미행했습니다. 우리들 차에 뒤따라 다녔습니다. 우리들의 행동을 구속했습니다.

그러나 우리는 밤마다 그 당시에 모임을 가졌습니다. 심지어 마지막에는 하도 미행을 해서 서울대학병원에 입원실을 하나 빌려 가지고 사흘 동안 거기에서 모의를 했습니다. 우리는 중대한 결심을 하고 이번에 던지는 이 표를 민족의 양심에 입각해서 이 개헌안을 부결시켜야 되겠다, 우리는 맹약을 맺었습니다. 그 약속대로 우리는 던졌습니다.

만일에 그때 자유당에서 제가 그런 짓을 안 하고 그 자유당의 전성기, 오늘날의 공화당과 비슷할 때입니다. 그 전성기에 영화를 누리고 싶고, 요전에 나한테 얘기한 그런 사람처럼 정권에만 아부해서 정상배처럼 따라다녀서 부자가 되고 싶고, 어떠한 기업체를 가지고 싶은 생각이 있었다고 한다면 그런 짓을 안 했을 것입니다. 저는 우리의 동지들과 같이 부자(否字)를 던지고 그 날부터 저는 국회에 안 나왔습니다. 왜? 3대국회의 의무는 이것으로 끝났다고 생각했습니다. 그때가 마침 토요일입니다. 그런데 월요일에 국회의원들이 다시 모여서 사사오입을 했습니다. 한 표가 모자라는데 사사오입을 했습니다. 사사오입을 했는데 그 당시에 법제사법위원 자유당 소속⋯⋯, 제가 법제사법위원이었습니다. 여러분이 잘 아시다시피 제가 원내총무로 있기 때문에, 사정을 여러분들도 잘 아실 것입니다. 우리 의원들은 소속한 명단을 어디든지 써먹을 수 있게 법률안을 낼 수 있게 서명 날인해 두는 것이 있습니다. 총무한테 다 맡깁니다, 전체에⋯⋯. 여러 가지 이유가 있을 줄 압니다. 법제사법위원들만, 자유당 소속 법제사법위원들 이름으로만 사사오입하는 데 결의안을 냈습니다. 그 이유는 아마 유권적인 해석이 법제사법위원회에 넘어갈 것이라고 해서 그랬는지 그것은 모르겠습니다. 오늘날의 이 답변을 했던 백남억 의원 같은, 그 당시의 장경근 의원이 지금 불행하게 된 사람이지만, 장경근씨가 그때 이 질의에 답변했던 사람입니다. 그 사람의 꾀에서 나왔다고 생각합니다.

그래서 법제사법위원 소속 전원 이름으로 결의안을 내 가지고 국회에서 사사오입을 했습니다. 그후에 저는 그 당시에 개헌을 반대했던 24명과 같이 모였습니다. 이러한 마당에 이런 짓까지 하는 자유당에서 우리는 탈당을 해야 되겠다, 그런데 거기에도 마음이 약해서 탈당을 못 하겠다는 사람이 있었습니다. 그때 정안 하겠으면 내 혼자라도 하겠다 그랬습니다. 그래 2, 3회 동안 회의하는 과정에서 18사람이 자유당에서 탈당을 했습니다. 탈당을 하고 나와서 민주당을, 당에서……, 야당에서 해체하고 그 당시에 호헌동지회를 구성했습니다. 호헌동지회를 구성해 가지고 국민의 이름으로 새로운 범야적인 야당을 구성하자, 이래 가지고 그 당시에 야당다운 야당이라고 생각이 됩니다마는 민주당을 창건하게 되었습니다. 무소속의 많은 사람들은 참여하지 않았습니다.

물론 자유당에서 탈당한 사람도 다 참여하지 않았습니다. 33인이 모여서 우리 국회의원 33인의 이름으로 민주당 창당발기위원회를 만들었습니다. 제가 33인의 한 사람입니다.

중앙정보부의 나라인가?

지난번에 김진만 의원은 김영삼이가 개헌을 찬성했다, 이랬습니다. 그것도 좋습니다, 거짓말하는 것도. 그 날 중앙정보부가 모든 신문사에 전화를 하고 사람까지 몇 시간 보내 가지고 김영삼이가 했다고 하는 김영삼이의 발언을 반드시 신문에 실어 달라, 이렇게 요구했습니다. 만고의 역적들, 민주주의의 반역자들, 이 나라가 중앙정보부의 나라입니까?

나는 지난번에도 얘기했지만, 중앙정보부장 김형욱이는 민족의 반역자로서 길이길이 우리 역사에 남을 것이요, 민주주의의 반역자로서 남을 것입니다.

이따위 버르장머리를 하고 있는 것이 오늘날 중앙정보부가 아닙니까? 우리 국회의원들에게 자유가 있게 만들고 있습니까? 여러분의 집안에 전부 전화도청까지 하고 있지 않습니까? 이런 마당에 개헌문제를 다룬다고 하는 자체가 우리는 있을 수 없는 문제입니다.

우리 국회의원들의 자유가 보장되고 자유스러운 발언을 하고 자유스러운 활동을 할 수 있는 우리의 완전한, 헌법에 보장된 국회의원들의 자유가 보장되었을 때에 개헌안을 내놓아야 하는 것입니다. 타의에 의해서, 압력에 의해서 이 개헌이 처리되어서야 되겠습니까?

국민을 이길 수는 없다

저는 자유당이 망하는 것을 보았습니다. 그때에 제가 발언을 했습니다. 아무리 국부로 존경받는 위대한, 내 자신도 존경했지만 이박사도 3선을 하면 반드시 망한다, 이렇게 나는 판단을 했습니다. 어떻게 맞았는지 망했습니다. 오늘날 우리나라가 요 모양 요 꼴이 된 이유도, 이박사가 3선을 안 했던들 우리나라는 이렇게 비참하게 안 되었을 것입니다.

우리나라는 '심볼'이 없습니다. 존경받는 대상이 없습니다. 만일에 이박사가 두 번까지만 대통령을 하고 하야했더라면 저 남산에 세워졌던 그 이박사의 동상이 이 시각에도 남아 있을 것입니다. 우리의 사랑하는 아들딸들이 지방으로부터 올라와서 수학여행을 온다든지 그 동상 앞에서 우리의 위대한 국부의 동상이다, 이렇게 그를 찬양할 것입니다. 온 국민들은 그를 국부로 받들 것입니다. 우리는 정신적인 지주를 이박사로 삼을 것입니다. 우리가 허전할 때에 그 분의 영혼을 생각하고 그 분의 동상이라든가 그 분의 묘소를 찾아다니면서 위로를 받을 것입니다. 우리는 의지할 데가 없어 이렇게 이 나라를 만들어 버렸어, 얼마나 비통한 얘기입니까?

4·19때에 우리의 어린 학생들이 남산에 있던 크나큰 이박사의 동상을 줄로 끌어내려서 두 동강이를 내 버렸어. 목을 자르고 다리를 잘라 버리고, 이렇게 만들어 버렸습니다. 이렇게 불행한 역사를 우리는 가지고 있지 않습니까? 우리의 국민들이 마음을 의지할 곳이 어디에 있습니까?

위대한 국부로 존경받고 타국에서 수십년 동안 이 나라 독립을 위해서 백발이 성성해 이 나라에 돌아왔던 이박사도 3선개헌을 못해서 망했습니까? 3선개헌을 했습니다, 억지로라도……. 부정선거 해 가지고 또 계속해 망했습니다.

친애하는 공화당 의원 선배동지 여러분!

백보를 양보해서 그 협박과 무시무시한 무엇 때문에 개헌안이 이 국회에서 통과되었다고 가정합시다. 그렇다고 해서 반드시 71년도에 박정희씨가 다시 대통령이 되리라는 보장이 있습니까?

저는 너무나도 불행한 역사를 알고 있기 때문에 누구도 이 보장은 하지 못할 것입니다. 이박사도 국민을 이겨 내지 못했습니다. 황차 박정희씨가 국민을 이기리라고는 저는 생각할 수도 없고 생각해 본 일도 없습니다.

루스벨트와 3선

오늘날 가장 번영을 누리고 위대한 나라로 군림하고 있는 미국……. 여러분! '루스벨트' 대통령을 미국 사람이 위대하다고 말하는 사람 보았습니까? 저는 미국을 여러 차례 가 보았지만 루스벨트 대통령을 위대하다고 말하는 사람은 한 사람도 못 보았습니다. 그 이유가 어디에 있습니까? 루스벨트 대통령이 3선개헌을 했습니까? 그는 안 했습니다. 미국의 헌법은 몇 차례를 하든지,

그때는 루스벨트 대통령이 할 때에는 3차고 4차고 할 수 있게 되어 있었습니다. 제한규정이 없었어. 그런데 딴사람은 안 했는데 루스벨트 대통령은 했단 말이에요. 루스벨트 대통령이 얼마나 큰 공적을 남긴 사람입니까? 그 크나큰 전쟁 2차대전을 승리로 이끌었습니다. 모든 동맹국, 영국·소련 그 외의 모든 자기네들의 동맹국들이 전화(戰禍)로 말미암아 폭격을 당하고 본토가 소련 군대 내지 독일 군대, 이태리 군대에 의해서 짓밟힘을 받았습니다. 그러나 그 루스벨트, 위대한 대통령이 아니라고 하는 그 루스벨트 대통령이 영도하는 미국, 미국 본토에 폭격기 한 대가 오지 못하고 적군이 한 사람도 상륙하지 못했습니다. 미국은 오늘날도 그것을 자랑으로 알고 있습니다. 세계가 전부 포화 속에 짓밟혔지만 미국 본토에는 전쟁의 기분이 하나도 감돌지 않았습니다.

그뿐이겠습니까? 1차대전 후에 미국이 경제적으로 공황에 들어갔을 때 이것을 구한 사람도 역시 루스벨트 대통령입니다. 하지만 오늘날 미국 사람들이 결코 루스벨트 대통령이 위대하다, 이런 말 절대 안 합니다. 여러분! '워싱턴 DC'에 가 본 분이 여기에 많으실 줄 압니다. 루스벨트 대통령의 기념관이 없습니다. 초대 대통령 조지 워싱턴, 제퍼슨, 링컨, 얼마 전에 죽은 존 F. 케네디, 이런 사람들의 기념관은……. 케네디는 기념관이 아직 안 섰지만 앞으로 세울 준비를 하고 있습니다. 여러분! 이것이 무엇을 말하는 것입니까? 그 때문에 트루만 대통령이 대통령에 당선된 후에……, 루스벨트가 죽은 다음에 부통령으로서 계승해 가지고 헌법을 고쳤습니다. 역시 두 번밖에 대통령을 못하게 해야겠다. 왜? 민주주의가 제대로 안 되고 독재를 하고 부패를 하고 여러 가지 모순이 있어 좋은 제도가 아니다. 이렇게 판단해서 헌법을 고쳤습니다. 물론 그 헌법은 트루만 대통령 시절에 고쳐진 것이 아닙니다. 한 2년 후에 고쳐졌습니다. 미국은 여러분이 아시다시피 헌법을 고치려면 한 2년 걸립니다. 국회에서 통과된 다음에 각 주의회에서 다 통과되어야 합니다. 주의회의 3분의 2 이상이 통과되어야 확정되기 때문에 약 2년 후에 아이젠하워 대통령 시절에 통과된 것으로 저는 알고 있습니다.

트루만 시절에 발의해서 국회는 통과되었지만……, 트루만도 그 헌법이 확정되지 않았기 때문에 3선을 할 수 있었습니다. 그러나 그는 안 했습니다.

미국의 오늘 민주주의가 이렇게 번창하고 자유세계를 지배하고 경제적으로 번영을 누리고 있는 힘이 바로 그런 데서부터 나오는 것입니다.

허전할 때 조지 워싱턴의 묘소를 찾아가고, 허전할 때에 존 F. 케네디의 묘소를 찾아가고, 링컨의 기념관에 찾아가고, 제퍼슨의 기념관에 찾아가고, 그것이 오늘날 미국이 가지고 있는 이 위대한 힘의 발산, 바로 그것이 미국의 오늘 자랑스러운 발전의 전통이 아닙니까?

애국심을 독점하지 말라

저는 박정희씨에게 말합니다.

애국심을 독점하지 말아 달라는 것입니다. 나만이 애국자요, 나 아니면 이 나라를 구할 수 없고, 나 아니면 이 나라를 살릴 수 없고, 내가 정말 진실로 국민을 위하는 사람이다, 이러한 위선적인 생각을 버려 달라는 것입니다. 이박사도 그 생각을 했다가 망했습니다.

친애하는 의원선배 동지 여러분! 이러한 생각을 버리기 전에

경북 영주에서 열린 시국강연회에서 연설하는 모습.

는 이 나라는 영영 희망이 없는 것입니다. 누구든지 대통령이 될 수도 있고 누구든지 애국자는 될 수 있습니다. 여러분이 드골 이야기를, 과거에 얼마나 자유당 사람들이 이야기를 했습니까? 불란서의 번영을 보라, 드골이 있었기 때문에 저렇게 번영하고 있는 것이 아니냐! 또 드골파에서도 그렇게 주장을 했습니다. 드골이 없어지면 불란서는 금방 거꾸러지고 넘어질 것처럼 말해 왔습니다.

그렇지만 그 드골이 없어진 오늘날 불란서는 어떻게 되었습니까? 드골이 없어도 불란서는 건재하고 불란서는 유럽의 중심국가로 데뷔해서 자랑스러운 국가로 자라나 가고 있습니다. 번영하고 있습니다.

우리는 인류가 오늘 근 3천년 동안 그래도 이것이 좋은 방법이다, 이것이 가장 좋은 것이다 해서 선택한 것이 이 자유민주주의입니다.

자유민주주의의 원 바탕은 장기집권을 안 하고 독재를 안 하고 부패를 안 한다……. 그 폐단을 없애기 위해서 그렇게 만든 것이 아닙니까?

장기집권은 부패·독재를 불러

한 사람이 오래 하면 반드시 부패가 따르며, 또 오래 하면 부패하니까 독재가 따른다, 이것은 만고불변의 진리인 것입니다. 저는 그런 의미에서 박정희씨에게 애국심을 독점하지 말라는 이야기를 충고로 남겨 둡니다.

나라의 안정을 가져오는 데 있어서 그것은 누구의 책임보다도 대통령에게 책임이 있습니다. 국가가 혼란해졌을 때 모든 책임은 대통령에게 있습니다. 대통령은 조용히 있다가 여러 가지가 소란스러울 때, 어떠한 질서가 문란해졌을 때 그것을 수습할 책임이 대통령에게 있습니다.

여러분 헌법 68조에 그것을 선서하는 규정입니다마는 참고로 제가 낭독을 하겠습니다. 헌법 제68조 대통령은 취임에 즈음하여 다음의 선서를 한다. "나는 국헌을 준수하고 국가를 보위하며, 국민의 자유와 복리의 증진에 노력하며, 대통령으로서의 직책을 성실히 수행할 것을 국민 앞에 엄숙히 선서합니다." 대통령이 취임할 때 국헌을 준수하고 다시 말하면 헌법을 지키고 국가를 보위하며 국민의 자유와 복리의 증진을 위해서 최선의 노력을 한다. 이 얼마나 엄숙한 선서입니까?

본의원은 박정희씨가 대통령에 당선되었을 때 국회의원의 자격으로, 국민의 한 사람으로서 이 선서를 들었습니다.

이번 이 영구집권의 개헌안을 제안한 것은 국헌을 준수하는 것이 아니라 근본적으로 이 나라의 기본법을 파괴하는 행위입니다. 우리 국민에게 무슨 자유를 주고 있습니까? 우리 국민에게 복리를 무엇을 증진하게 대통령이 하고 있습니까?

누가 불안을 조성했나

오늘날 이 소란스럽게 된 분위기……. 밖이 이상하게 되었습니다. 오늘 무슨 사태가 일어나는 것이 아닌가, 오늘 몇 시간 후에 무슨 일이 일어나는 것이 아닌가 해서 라디오방에 모여 있는 사람들을 보십시오. 거리에 이러한 불안감을 조성하게 한 것이 바로 박정희씨입니다.

국가의 안녕질서를 유지할 책임이 있고, 그것을 하겠다고 우리 국민에게 맹약한 박정희씨는 그 책무를 다하지 못하고 있는 것입니다.

우리에게 자유를 보장한다, 이 나라에 언론의 자유가 있습니까? 아까도 이야기했지만 누가 무엇이라고 한 이야기 반드시 신문에 써라, 중앙정보부에서 호령하고 있는 것이 아닙니까? 지금…… 저는 근본적으로 이 개헌안의 제안설명 과정에서도 그랬지만 답변과정에서 백남억 공화당 정책위원회 의장 또 이만섭 의원, 이 두 분이 이 자리에서 시인을 했습니다.

공화당정권은 부패했다, 경제건설은 제대로 잘 안 되어 있다 하는 이야기를 이 자리에서 시인을 했어요. 무슨 명분으로 경제발전을 위해서 이 영구집권의 개헌을 해야 되겠다, 전혀 명분 없는 이야기입니다.

저는 많은 지방을 다녀 보았습니다. 부산, 대구, 광주, 대전, 충주, 여러 지방을 다니면서 개헌반대 유세를 해 보았습니다. 제가 피부로 느끼기에는 이 3선개헌을 반대하는 국민의 여론은 90퍼센트가 넘는다, 이렇게 생각을 합니다.

3선개헌이 아니라 영구집권을 꾀하는 이 개헌안을 반대하는 국민의 여론은 90퍼센트가 넘는다, 이렇게 보는 것입니다. 이 노도 같은 국민의 반대의 소리를 외면하고 무슨 개헌을 하겠다는 것입니까? 아까도 이야기했지만 우리 국민이 어리석은 것처럼 하고 있지만, 너무 우리 국민을 그렇게 어리석게 보지 마십시오. 우리 국민은 현명한 국민입니다.

거기에 박정희씨라고 해서 제외가 될 수가 없는 것입니다.

지금이라도 늦지 않다

이 나라는 개인 박정희씨를 위해서 있는 나라가 아니요, 우리의 사랑하는 자손들과 이 세대에 살고 있는 우리들을 위해서 있는 나라입니다. 내 조국이, 내 나라가 한 개인 때문에 비참하게 허물어져서는 안 되겠습니다.

불후의 명작 베토벤의 제3번 교향곡에 있어서, 세계적인 음악가 베토벤을 말하는 것입니다. 영웅 나폴레옹이 출현했을 때에 너무 감동된 나머지 영웅에게 바치는 명작을 바로 만든 것이 제3번 교향곡입니다. 그러나 나폴레옹이 권력의 의자에 앉아서 마침내 왕관을 쓰게 되고 황제로 앉았을 때에, 그 유명한 그 곡을 베토벤은 분노한 나머지 찢어 버렸습니다. 저는 박정희씨가 지금 이 소수의 지지하는……, 박정희씨를 지지하는 소수의 사람들, 그 사람들까지 완전히 잃게 하는 불행한 사람을, 여러분, 만들지 마십시오.

저는 분명히 이 자리에서 말합니다. 만일에 박정희씨가 이 영구집권을 꾀하고 이 3선개헌을 포기한다고 이 시간에도 선언할 때. 나는 오늘까지 박정희씨를 공격해 왔습니다. 분명히 독재자라고 그랬습니다. 독재라고 저는 생각하고 있습니다. 하지만 바로 그 말을 고치겠습니다. 박정희씨는 이 나라에 둘도 없는 위대한 애국자요, 이 나라에 영원히 남는 정치적인 심볼로 우리 국민이 숭앙(崇仰)하자는 이야기를 하겠습니다.

3선개헌을 반대하며 국회에서 농성하는 모습.

다. 공화당 여러분에 앞서서 이 김영삼이가 국민 앞에 나서서 박정희씨로 하여금 위대한 애국자로, 우리는 존경하고 그를 이 나라의 심볼로, 남산 아니라 몇 배 더 큰 동상을 세워 주고 우리가 존경하자는 이야기를 하겠습니다.

이 나라의 전통을, 평화적으로 넘겨주는 이 위대한 전통을 세우겠다고 하는 박정희씨를 나는 존경하겠습니다.

여러분! 이 시간에도 늦지 않습니다. 이 생각을 하고 있는 국민의 생각이 이 개인 김영삼이의 생각이라고 말아 주십시오.

양심의 가르침을 좇으라

친애하는 의원선배 여러분! 저는 지난날 이박사를 만나서 개헌을 하지 말도록 권유했던 사람으로서, 오늘 이 순간에도 청와대로 여러분이 달려가서 박정희씨를 붙들고 애국자가 되어 주십시오, 이 나라의 국부가 되어 주십시오, 이 나라의 상징이 되어 주십시오, 이렇게 권유하고 이 영구집권을 꾀하는 개헌안을 철회하도록 여러분이 요구하십시오. 그러한 용기가 여러분 없으십니까? 이 나라에 그렇게 용기 있는 사람이 없습니까?

내일은 우리들이 역사적인 결정을 해야 할 날입니다. 우리 자손만대에 남길 기록을 남기는 날입니다. 내가 투표에 있어서 가자(可字)를 쓰느냐 부자(否字)를 쓰느냐 하는 결정을 할 그 순간이 한 시간, 30분 다가오고 있습니다.

친애하는 의원선배 여러분! 공화당 의원 여러분! 양심을 가지고 이 개헌안에 가표(可票)를 던졌다고 생각해 봅시다. 우리의 사랑하는 아들딸들이 집에서 기다리고 있습니다. 내일 여러분이 집에 돌아갔을 때에 내가 애국적인 행동을 했다. 이 나라 민주주의를 살리는 일을 했다. 내가 이 나라를 완전히 망치는 일에서 구하는 중대한 역할을 했다. 이렇게 생각할 때 얼마나 떳떳하고 기쁜 일이겠습니까? 우리의 사랑하는 자식들을 만났을 때에 아버지로서 얼마나 떳떳하고 자랑스러운 일이겠습니까? 내일 여러분이 던지는 그 투표 한장 한장은 영원한 역사의 기록으로 남을 것입니다. 이 나라가 존재하고 우리 민족이 존재하고 우리의 후손들이 이 땅에 살고 있는 한, 내일 여러분이 던지는 그 한표 한표가 영원히 남을 것입니다.

우리는 양심의 가르침에 좇아 양심대로 투표에 임해야 합니다. 중앙정보부가 어떻고 누가 어떻고, 그것이 무슨 문제입니까? 용기를 가지고 민주주의의 투사로서 용기를 가지고……. 이 시간에도 나는 영구집권을 꾀하는 이 개헌안에 찬성할 수가 없다, 이러한 성명서를 발표할 용기 있는 의원은 없으십니까? 특히 어저께로 백남억 의원이 답변하는 과정에서 분명히 드러났어. 국민을 속여 왔고 또 공화당 여러분들도 속였다고 하는 얘기, 사적(私的)으로 제가 들었습니다.

자손에게 물려줄 이 땅

그렇다고 하면 여러분이 떳떳한 명분이 서지 아니했습니까? 개헌을 반대할 수 있는 명분이 섰어요. 용기를 가지고 이 나라의 역사에 남는 이 순간에 떳떳하게 나는 이 영구집권을 꾀하는 이 개헌안에 반대하겠다 하는 성명서를 낼 수 있는 용기 있는 우리 국회의원은 없으십니까? 저는 믿습니다. 아무리 우리가 수학적으로 따진다고 했을 때 우리 야당의 표, 개헌안을 저지시키는 데 부족합니다. 우리는 이 3선개헌안을 저지시키기 위해서 우리의 사랑하는 당까지 해체했습니다, 신민당은…….

저는 조국과 이 민족을 제일 먼저 사랑하고, 그 다음에는 내가 속한 당을 사랑하는 사람입니다. 생명처럼 사랑하는 사람입니다.

눈물을 머금고 우리는 이 당을 3선, 아니 영구집권을 꾀하는 이 개헌안을 저지시키기 위해서 해체를 단행했습니다.

해체하는 순간, 저는 태극기와 우리 신민당의 깃발이 휘날리는 가운데에 나의 사랑하는 우리 당이 해체되는 그 순간 신민당의 깃발을 쳐다보면서 눈물을 흘렸습니다.

여러분, 우리는 이 엄숙한 역사적인 순간에 있어서 거듭 말합니다. 양심의 가르침에 따라 누가 무어라고 하든지 이 역사에 길이길이 남을 자손만대에 남기는 이 투표에 있어서, 우리가 자유스러운 행동으로 귀중한 여러분의 한표 한표가 민주주의를 살리고, 여러분의 총재인 박정희씨를 살리고, 그를 위대하게 만드는 길이라고 하는 것을 여러분이 기억해 주셔야 합니다.

　이 땅은 우리만이 살다가 죽을 땅이 아닙니다. 우리만이 국회의원으로서 영원히 이 의사당에 남아 있을 것이 아닙니다. 우리는 어느 때인가 죽을 사람들입니다. 요 다음에 딴사람들이 이 의사당에 들어올 것입니다.

　이 땅은 우리만이 살다가 죽을 땅이 아니요, 우리의 사랑하는 자손들에게 물려줄 땅이기 때문입니다.

　내일 투표에 있어서 여러분이 용기 있고 애국적인 투표가 있을 것을 저는 믿으면서, 앞으로 많은 분들이 토론에 참가할 것으로 알고 있기 때문에 긴 말씀을 드리지 않습니다. 경청해 주신 선배의원 동지 여러분들에게 진심으로 감사를 드립니다. 여러분, 감사합니다.

공포분위기 조성

　9월 12일 저녁 늦게까지 서범석(徐範錫), 정일형(鄭一亨) 의원 등의 반대토론이 진행되었다. 그런데 토론이 진행되면서 이상한 기류가 감지되기 시작했다. 나는 의사진행발언을 얻어 등단했다. 나는 먼저 저녁식사 직전까지도 본회의 토의에 참여하겠다고 한 양순직(楊淳稙) 의원이 사라진 것을 지적했다. 양순직 의원은 3선개헌을 반대해 얼마 전 공화당에서 제명된 상태였다. 박정희는 반대자가 국회에 나오는 것을 강제로 막기 시작한 것이다. 이어서 나는 "투표해야 할 투표용지가 의사당에서 미리 나돌고 있는 점," "찬성(贊成)토론조차 포기한 공화당의 작태," "공화당이 약속을 어기고 내부회의를 핑계로 국회 본회의 시간을 일부러 빼앗고 있는 점" 등을

3선개헌 통과를 앞두고 신민당 중앙당사를 무장한 경찰병력이 포위하고 있는 모습이다.

들어, '이러한 분위기 속에서' 더 이상 의사진행을 할 수 없다고 선언했다. 나는 의원총회를 위해 정회할 것을 요청했다.

박정희는 국회 표결을 앞두고 공포분위기를 조성했다. 나의 반대토론이 있은 다음날인 9월 13일, 국회의사당 일대에는 정·사복 경찰과 중앙정보부원들이 포위망을 이루어 민간인의 통행을 막았음은 물론, 야당 국회의원들마저 일일이 신분증을 확인하는 사태가 빚어졌다. 국회의원들의 차에는 커다란 국회 마크가 찍혀 있음에도 불구하고 막무가내로 공포분위기를 조성한 것이다. 원내총무인 내가 등원할 때에도 차를 세우고 검문을 하려 했는데, 내가 강하게 반발하자 그냥 통과시켰다. 그 순간 "야, 이거는 안 되겠다. 앉아서 통과시켜 버리겠구나"하는 생각이 들었다.

의사당 내에서 상황을 점검한 나는 '개헌안 실력저지'로 전략을 바꾸기로 했다. 처음에 나는 표결에 참여하려 했는데, 그것은 그 동안 내가 극비리에 무소속과 공화당의 3선개헌 반대파 의원들을 접촉해 온 결과 개헌 저지선인 3분의 1을 확보했다는 자신감이 있었기 때문이다.

공화당 내 반란 시도

3선개헌론이 처음 제기되었을 때 상당수의 공화당 소속의원들이 반대의사를 표시했다. 때문에 박정희는 내부 이탈자를 막기 위해 갖은 회유와 협박수단을 동원했다. 그러나 나는 과거 이승만 박사의 3선개헌을 저지하기 위해 활동했던 경험이 있었기 때문에, 박정희의 3선개헌도 내부반란을 이용해 부결시키려고 시도했다. 나는 원내총무로서 무소속은 물론 공화당의 많은 의원들과 만나 그들을 설득했다. 중앙정보부가 눈에 불을 켜고 있던 당시로서는 상상도 못할 일이었다. 나는 이들을 중앙정보부의 감시를 피해 비밀리에 접촉했는데, 정보가 샐 것을 우려해 음식점이나 사무실 등에서 만나는 것을 피하고, 한밤중에 친구 등 지인의 집을 이용해 극비리에 만났다. 의사당 내에서도 서로 눈짓으로 '변함 없음'을 확인하거나 내가 신호를 보내 복도나 화장실 같은 곳으로 불러내 악수를 하며 '전의'(戰意)를 다지기도 했다. 이들은 처음에는 상당히 용기가 있었고, 내가 반대토론에 나선 12일까지만 해도 나름대로 굳은 의지를 보이고 있었다.

그런데 전날 오전까지만 해도 계속 반대투표 의사를 밝혀 오던 공화당 출신 의원들이 갑자기 사라지거나, 13일 아침 의사당 내에서 내가 눈짓으로 신호를 보내도 모르는 척하는 사람들이 급격하게 늘어났다. 내가 몇 명을 억지로 불러내 의사당 내 화장실에서 이야기를 들어 보니, 박정희의 협박이 극에 달했기 때문에 의원들이 잔뜩 겁을 먹었다는 얘기였다.

전략수정, 실력저지로

나는 도저히 안 되겠다고 생각했다. 나는 유진산(柳珍山) 부총재를 통해 개헌안 철회권고를 제안토록 한 후에, 송원영(宋元英) 의원을 단상에 올려 보내 신상발언을 하도록 했다. 송(宋)의원은 국회의사당 주변의 공포분위기를 맹렬히 비난했다. 공화당 이병희(李秉禧) 부총무가 올라와 표결을 해야 한다고 재촉했지만, 나는 즉시 의사진행발언을 얻어 등단했다.

국회의원들이 의사당에 오는 자유조차 박탈당하고 있다.……전(全) 국군은 경비태세에 들어갔다. 9천 경찰은 비상동원이 되었다. 무엇을 의미하는 것입니까? 그 동안 공화당 내부에서 루머로 퍼뜨려 오던 그 사실과 무엇이 다를 것이 있습니까? 이 개헌안이 만일에 부결이 되면 친위쿠데타를 하겠다고 공공연하게 얘기하고 다니던 사람이 있지 않습니까? 이러한 분위기에서 박정희씨 하나를 위한 영구집권을 꾀하는, 영구집권이 아니라 종신대통령이 되는 이 개헌안을 이 자리에서 다루자는 것입니까? 양심대로 우리가 얘기해 봅시다. 이 분위기 안에서 무슨 개헌안을 다루자는 것입니까?

우리 소속 임갑수(林甲守) 의원이 지금 열흘째, 제가 원내총무지만, 저하고 소식이 끊어졌습니다. 이것은 만고의 역적, 민주주의의 반역자 중앙정보부장 김형욱이에 의해서 어딘가 지금 납치되어 있을 것이에요. 이러한 가운데에 무엇을 하자는 것입니까? 우리는 이러한 말할 수 없는, 헌법에 보장된 국회의원의 신분마저 보장되지 않는 가운데에 이러한 엄청난 국가의 기본을 흔드는, 한 사람의 종신대통령을 만드는 이 개헌안을 이 시간에 다룰 수 없단 말입니다. 아까 이병희 의원은 말하기를 송원영 의원이나 김응주 의원이 당했다고 하는 그 사실에 대해서 부인을 하고, 몇 사람밖에 없더라……. 이 지하도에 내려가 보십시오. 중앙정보부원, 경찰관이 몇 사람 대기하고 있는가. 저쪽에 방송……, 소방서 뒤에 얼마만한 병력이 대기하고 있는가. 무엇을 어쩌자는 것입니까? 개헌이 부결되면 우리를 다 때려죽이겠다는 얘기예요? 어쩌겠다는 얘기예요, 잡아가겠다는 얘기예요? 무슨…… 이러한 살풍경한, 역사적으로 중대한 문제를 심의하는 과정에 우리가 역사에 죄인이 되지 않기 위해서라도, 이런 문제가 시정되지 않고서는 이 문제를 우리는 결코 다룰 수 없다는 것을 여러분에게 분명히 말씀을 드립니다.

우리는 자유 분위기가 보장되지 않는 이 마당에서는 이러한 중대한 결정을 내릴 수 없다는 것을 분명히 공화당 여러분들에게 말씀을 드려 두는 것입니다.

새벽의 기습표결 강행

박정희는 표결 강행을 지시했다. 국회의장은 야당의 반대토론을 일방적으로 묵살하고 야당이 제기한 '헌법개정안 철회권고 동의'

3선개헌안 통과 직후 눈물을 흘리고 있는 모습. 박병배(왼쪽), 조윤형(오른쪽) 의원의 허탈한 표정도 보인다.

의 기립표결을 강행했다. 야당은 처음부터 숫적 열세였다. 철회권 고안 표결이 끝나자 이효상 국회의장은 박정희의 3선개헌안에 대한 표결을 강행하려 했다. 장내는 수라장이 된 가운데, 나는 "이런 공포분위기 속에서는 절대 표결할 수 없다"면서 의원들을 지휘해 단상으로 나갔다. 의장은 공화당에서 의원총회를 하겠다면서 10분간 정회를 선언했다. 오후 3시 20분경 회의는 속개되었으나 더 이상 진행되지 않고 다시 중지되었다.

의사당이 소동에 휩싸인 가운데 나는 3선개헌안의 표결을 저지하기 위해 신민회(新民會) 의원들을 지휘해 본회의장에서 점거농성을 시작했다.

그러나 자정을 넘긴 9월 14일 일요일 새벽, 박정희의 지시를 받은 공화당은 태평로 국회의사당 길 건너편에 있던 국회 제3별관 특별회의실에서 개헌안을 기습 통과시켰다. 거리는 경찰과 정보부 요원들에 의해 완전히 포위·봉쇄된 상태였다. 새벽 2시 28분, 공화당과 친여 무소속 등 122명의 국회의원이 제3별관에 모여 기명투표를 했다. 단 한 표의 반대도 없이 전원 찬성으로 가결된 것이다.

박정희가 3선개헌에 성공한 것은 3선개헌안을 반대해 온 공화당 내 의원들을 협박과 회유를 통해 투항시킨 결과였다. 나는 박정희에 대한 반란표가 다수 나올 것을 기대했으나 끝내 3선개헌을 막는 데는 성공하지 못했다. 굳게 약속했던 몇몇 여당과 무소속 의원들도 마지막 순간에 박정희와 중앙정보부의 위협에 굴복했다. 3선개헌안이 날치기 통과된 것을 알게 된 순간, 그 동안 3선개헌을 국회에서 저지하기 위해 온갖 노력을 다해 왔던 나는 너무나 암담하고 허탈했다. 눈물조차 마를 정도였다.

유진오 총재 와병

국민투표를 앞두고 개헌저지투쟁은 이제 국민을 상대로 장외(場外)로 옮겨져야 했다. 당 해산 2주일 후인 9월 20일 중앙당 회의실에서 신민당 창당대회가 열렸다. 재건 전당대회였다. 당 해산 전의 체제에서 단 하나의 변동도 없는 1백%의 복원이었다. 아무 잡음도, 표대결도 없는 야당사상 초유의 단결력을 과시한 대회였다. 당의 운명을 건 개헌저지투쟁에서 당을 해산하고 재건함에 있어 최단시일 안에 뜻을 통일하고 실천에 옮길 수 있었다는 사실은 놀라운 일이 아닐 수 없었다.

비록 3선개헌안의 저지에는 실패했지만, 나는 신민당 복원과정에서 보여 준 동료의원들의 단결력에 감격했다. 야당의 미래가 밝아지는 그런 순간이었다. 당 해산은 대단히 위험한 정치적 도박이었다. 한 사람의 이탈자라도 생긴다면, 재창당된다 해도 당의 권위는 실추되고 투쟁의 동력은 급격히 저하될 것이기 때문이다. 유진오 총재도 처음에는 망설였지만 내 결정을 전적으로 신뢰하고 따라주어 큰 힘이 되어 주었다. 원내총무로서 모든 과정을 처음부터 끝까지 이끌어 가야 했던 나로서는 중압감이 컸다. 그러나 나는 국민에 대한 책임감을 느꼈으며, 당의 동지들을 믿었고, 동료의원들도 나를 믿어 주었다. 참으로 일사불란했다.

당의 전열을 가다듬고 국민투표에서의 본격적인 반대투쟁에 들어가려던 신민당에는 또 하나의 악운이 끼어들었다. 유진오 총재가 병상에 쓰러진 것이다. 이제 겨우 굳혀진 유진오체제, 그 체제를 바탕으로 1971년 대통령선거의 전열을 가다듬으려던 계획이 백지로 돌아가는 사태였다. 내게는 대통령선거를 앞두고 당한 신익희 선생과 조병옥 박사의 죽음의 악몽이 문득 되살아나는 듯했다.

개헌안 국민투표는 10월 17일 실시되었다. 결과는 투표율 77%에 찬성률 65%, 엎친 데 덮친 격으로 총재마저 쓰러졌다. 신민당은 암울한 무력감에 빠져 들었다. '이대로는 안 된다'는 생각이 몰려왔다. 다가오는 대통령선거에서의 승리를 위해서는 국민들에게 꿈과 희망을 주는 특단의 대책이 마련되어야만 하는 상황이 전개되고 있었다.

나는 지금도 "그때 유진오 총재만 건강했다면, 신민당의 대통령 후보로 무난히 추대되어 박정희와 싸워 이길 수 있었을 텐데" 하는 아쉬움을 갖고 있다. 1969년 11월, 대선출마를 선언하기 전에 나는 유진오 총재를 수원 빈센트병원의 병실로 찾아가 아직 말을 잘 못하시는 선생께 허심탄회하게 나의 심경을 이야기했고, 유진오 총재도 그런 나에게 격려를 해주었다.

2. 40대 기수로 돛을 올리다

고독한 선택

　1971년 대통령선거를 앞두고 신민당은 새로운 출발점에 서야 했다. 그 출발점은 20년 야당질서의 전환기적 진통을 수반해야 했다. 내가 박정희에 맞설 대통령후보로 추대하려 했던 유진오 총재가 와병으로 물러서면서, 당내 원로나 중진 중에는 대통령후보가 갖추어야 할 대중적 지지기반을 갖춘 사람을 찾기 힘들었다. 유진산(柳珍山)이 당내 1인자로 등장하는 상황이었으나 그는 대통령후보로 적격이 아니었다. 진산은 당내 지지기반이 확고했고 정치력에서는 높은 평가를 받았지만, 박정희와 대결하기에는 너무나 상처가 많았다.

　당시 원내총무로 3선개헌 반대투쟁을 주도해 온 나는 심각하게 고민했다. 이대로 주저앉을 수는 없었다. 야당은 비록 박정희의 3선개헌 저지에는 실패했으나, 71년도 대통령선거에서 승리해 박정희 장기집권을 막을 수 있는 마지막 기회는 남아 있었다. 그 길만이 빈사상태에서 헤매고 있는 이 땅의 민주주의를 회생시킬 수 있는 길이었다. 나는 고뇌에 찬 결단을 내렸다. "패배감과 무기력에 젖어 있는 당에 새로운 활력을 불어넣어야 한다. 박정희독재에 신음하는 국민들에게 새로운 희망을 보여 주어야 한다. 누군가 이러한 역사적 대임을 맡아야 한다. 그러나 당내외를 통틀어 봐도 그럴 만한 사람이 없다. 그렇다면 내가 그 십자가를 지겠다."

40대기수론 제창

1969년 11월 8일, 나는 아무런 예고도 없이 대통령후보 지명전에 나설 것을 전격 선언했다. 내 나이 41세였다. 당시 나의 심경은 이 날 기자회견에서 발표한 성명서에 숨김없이 녹아 있다.

다음은 성명서의 전문(全文)이다.

우리는 지금 분명히 위장된 민주주의하에 살고 있습니다. 민주정체(政體)의 외형은 있으되, 그것은 현정권이 민주정치를 하는 양 장식하는 겉치레에 불과할 뿐, 내실로서의 민주정치는 이미 빈사상태에 빠져 그 맥박이 하루하루 식어 가고 있음을 우리는 선명히 의식하고 있습니다.

박정희씨의 삼선개헌 강행을 통해 이러한 위장민주주의의 지향하는 바를 뚜렷이 체감한 우리 야당은 빈사상태에서 헤매는 민주주의를 기사회생(起死回生)시키는 데 새로운 결의와 각오로 앞장서지 않으면 안 되는 사명의 시점에 섰습니다.

나는 이 중대하고 심각한 사명의 대열에서 야당의 일원으로서 짙은 의무감과 굳은 결단, 그리고 벅찬 희생을 각오하면서 71년 총선거에서 대통령후보에 나서겠다는 입장을 외람되나마 사랑하는 당내 동지들과 친애하는 국민 여러분에게 오늘 이 자리에서 밝힙니다.

박정권의 불법적이고도 강압적인 삼선개헌 강행 이후 오늘 내

1969년 11월 8일, '서울외교구락부'에서 40대기수론을 제창하며 신민당 대통령후보 지명전에 나설 것을 선언하고 있다. 내 뒤는 김봉조.

외정세를 냉정히 분석하고 수많은 당 내외 동지들의 의견을 종합한 결과, 나 스스로 71년에는 기어코 우리 당을 승리로 이끌고 우리 국민의 위대성을 세계에 자랑할 수 있도록, 거국적인 민주세력을 집결시키는 막중한 과업에 구심점이 돼야겠다는 결심을 하기에 이르렀습니다.

공화당은 이미 삼선개헌으로 박정희씨를 사실상 차기 대통령후보로 결정해 놓고 있는 것입니다. 모든 것이 약세인 야당으로서는 오히려 때늦은 감이 있습니다. 남은 시간은 너무나 짧고 그것을 한가한 논란으로 소비하기엔 너무나 막중하며 상황은 너무나 긴박합니다.

우리는 공포정치에 떨고만 있을 수 없습니다. 우리는 어둠을 저주하고만 있을 때가 아닙니다. 어둠을 뚫고 광명을 찾아 횃불을 밝혀야겠습니다. 온갖 부조리와 역리(逆理)를 거부하고 민족의 총화로 새 시대를 밝히는 구원(久遠)의 햇불을 밝혀야겠습니다.

나는 지금부터 어려움 속에서도 불굴의 투지로 싸워 온 당원동지들에게 솔직하게 지지를 호소하며, 당내 지명절차를 밟아 박정희씨에 대한 도전자로서 평화적 혁명의 기수가 된다면 나의 모든 것을 바쳐 싸우겠습니다. 그리하여 정보정치와 부정선거에 의존하여 장기화된 박정희정권에 종지부를 찍고, 국민의 염원인 평화적 정권교체의 전통을 세워, 이 땅 위에 4·19정신에 입각한 순수한 민주정부를 기필코 재건하겠습니다.

"평화적 혁명을 불가능하게 만드는 자는 폭력혁명을 불가피하게 만든다"고 존 F. 케네디가 일찍이 말했지만, 우리들이 71년에 평화적 혁명을 이룩하지 못한다면 그 기회는 아주 사라지고 말지도 모릅니다.

나의 이 도전은 위장민주주의에 대한 진정한 민주주의의 그것이며, 관권에 대한 민권의 그것이며, 가진 자에 대한 잃은 자의 그것입니다. 때문에 이 도전은 반드시 승리해야 하며, 승리하리라는 자신과 신념의 바탕에서 이 결단을 내리게 된 것입니다. 만일 그렇지 못하다면 70년대는 정치적 암흑기가 되고 말 것이고, 후세 사가(史家)들은 오늘에 사는 우리 젊은이들에게 무능력자·비겁자라는 낙인을 찍어 기록할 것입니다.

우리 신민당은 71년의 승리를 위해서는 다가오는 전당대회로 하여금 차기 대통령후보 지명을 겸하게 하고 바로 선거체제에 돌입, 일사불란한 단결로써 집권의 용기와 자신을 보이는 데 주저함이 없어야 할 줄 믿습니다.

　내외의 여론은 지금 우리 당에 집중되고 있습니다. 우리 당은 폭넓은 문호를 개방하여 재야 민주세력을 총집결하고, 대담한 체질개선으로 국민들에게 희망과 믿음을 주는 일이 시급합니다.

　60년대 종착점에서 전개되고 있는 국내외 정세는 70년대가 사상 가장 어려운 시련의 연대가 될 것임을 짐작케 합니다. 모든 시련을 극복하는 데 전제돼야 할 것은 무엇보다도 명실상부한 대의정치(代議政治)의 새 질서를 확립하는 것입니다.

　우리는 박정희씨의 삼선의 길을 트는 개헌을 막는 데 실패했지만, 삼선 자체를 막을 수 있는 기회는 유보하고 있습니다.

　존경하는 선배 여러분, 사랑하는 당원동지 여러분, 그리고 친애하는 국민 여러분! 배움이 적고 덕이 부족한 이 사람이 이 결심을 하게 된 충정에 대해 너그러운 반응과 뜨거운 지지로써 받아주시기 바랍니다.

　모든 일에는 결단과 용기가 중요합니다.

　결단의 시간은 다가오고 있습니다.

보수의 벽은 높았다

　성명 발표 전 나는 수원의 빈센트병원에 입원 중이던 유진오 총재와, 나와 가까운 소수의 동지들에게만 사전에 통고했을 뿐, 당내의 다른 사람들에게는 전혀 알리지 않았다. 따라서 나의 전격선언은 당 내외에 커다란 충격파를 던졌다. 당 원로와 중진들은 보수질서에 대한 정면도전으로 받아들이면서 한결같이 냉소적인 반응을 보였다.

"보수정당에는 서열이 있는 법인데, 그 질서를 무너뜨리겠다니 가당치 않은 일이다. 여기는 케네디를 배출한 미국도 아니고, 김영삼이 케네디는 아니잖은가?"

나한테 닥친 것은 당원들의 반대가 아니라 중진들의 핍박이었다. 내가 지명전에 나설 것을 밝히고 지명대회를 개최하기까지는 꼬박 10개월이 걸렸다. 이 열 달은 당 중진들이 나를 밀어내고 돌아갈 길을 찾느라 방황하는 기간

1969년 11월 8일, 대통령후보 지명전 출마를 선언한 직후 수유리 4·19묘역을 참배하면서 상념에 잠겨 있다.

이었고, 나에게는 득표운동이 아니라 나를 막아 선 장애와 맞서 싸운 기간이었다.

특히 진산의 태도는 격노(激怒) 그것이었다. 진산은 나를 겨냥해 "입에서 젖비린내가 나는(口尙乳臭) 아이들이 무슨 대통령이냐"하고 비난했다. 그는 자파(自派) 당원들에게 나의 지명운동에 동조하지 말도록 지시했고, 이재형(李載灐)·정일형(鄭一亨)씨 등 다른 파벌의 노장층도 여기에 대해선 진산과 보조를 같이했다. 노장층에서 나를 지지해 준 사람은 서범석(徐範錫) 의원 정도였다. 이처럼 내가

주창했던 '40대기수론'은 처음에는 당내 노장층으로부터 거의 외면당했으며, 나는 고독한 싸움을 벌여야 했다.

반면, 대다수의 국민들은 나를 적극적으로 옹호하고 지지했다. 국민들은 나의 선언을 신민당이 진정한 국민정당으로 일어서려는 회생의 몸부림으로 평가해 주었다. 국민들은 야당이 그 동안 보여왔던 폐쇄성·보수성·파벌성을 청산하고, 진취적이고 생동감 있는 수권정당으로 성장해 줄 것을 열망하고 있었다.

1960년대를 돌아보며

1970년 정초에 나는 1960년대의 한국을 되돌이켜 보는 소감을 한 일간지에 기고했다. 〈한국일보〉 1970년 1월 9일 '신춘수필 릴레이 ④'에 실린 「동주의식(同舟意識)의 재발견」이다. 가벼운 글이었지만 나는 우리 사회를 정신적 불모상태로 끌고 가고 있는 박정희식 개발논리를 비판하고 휴머니즘을 되찾아야 한다고 지적했다. 동주(同舟)의식과 '후퇴의 정신'이 필요하다는 말은 나의 '40대기수론'에 충격받은 야당의 원로나 박정희정권 모두에게 해당되는 말일 터였다.

덴마크 근대화의 정신적 심볼이었던 그룬트비히는 "하늘을 사랑하라," "사람을 사랑하라," 그리고 "땅을 사랑하라"고 외쳤다. 나폴레옹전쟁으로 국토의 절반을 빼앗기고 실의와 절망에 허덕이던 덴마크 국민들에게 삶의 의욕과 용기를 불어넣은 그룬트비히의 이 사상은 오늘날 세계에 자랑할 만한 복지국가로 덴마크를 발전시킨 국민적인 의지의 원천이었다. 그 중에서도 특히 "사

람을 사랑하라"는 대
목을 70년대의 기점
에 선 우리들의 정신
풍토 위에 심어야 하
겠다.

언제부터인지 모르
지만 우리 사회에는
사람이 사람을 무서
워하는 습성이 생겼
다. 밤길에 범을 만나
는 것보다 사람을 만
나는 것이 더 무섭다
는 얘기를 들을 수 있
다. 이것은 사람이 사
람을 믿지 못하는 불
신의 벽, 즉 너와 나의
사이에 휴머니즘이
뿌리 박지 못한 정신

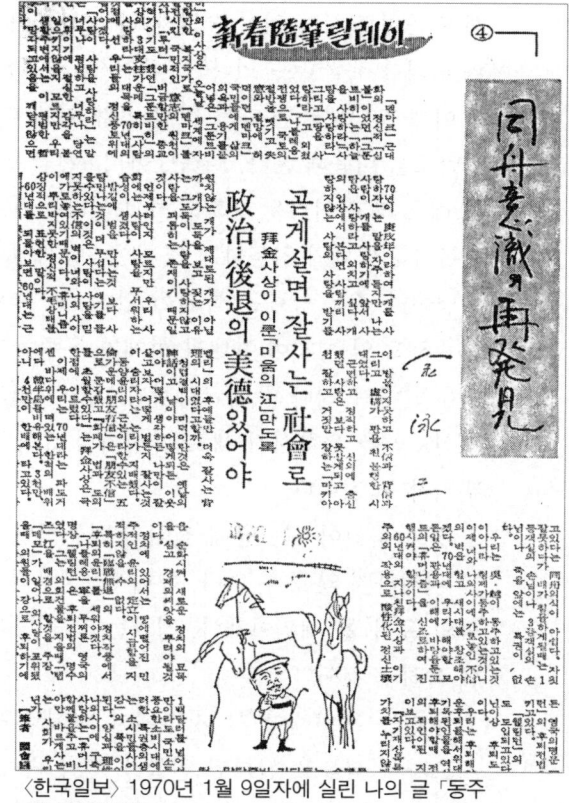

〈한국일보〉 1970년 1월 9일자에 실린 나의 글 「동주의식의 재발견」.

적 불모상태를 상징적으로 표현한 말이다.

60년대를 되돌아보면 60년대에는 근대화정신의 근간이 돼야 할 휴머니즘이 발붙이지 못하고 불신과 배신 그리고 허구가 판을 친 불행한 시대였다. 근면하고 정직하고 신의에 충실했던 사람은 보다 못살게 되고 아첨 잘하고 거짓말 잘하는 마키아벨리의 후예들만 더욱 잘사는 배리의 시대였다고나 할까.

청렴결백이 미덕이라는 것은 옛날의 신화이고, "남이야 어떻게 되든, 이웃이야 어떻게 생각하든 나만이 잘살고 보자," "어떻게 벌든지 잘사는 것이 승리자"라는 논리가 지배했다. "화폐가 법과 도의를 추월할 수 있다"는 배금사상은 극한점에 이르렀다.

이제 70년대라는 파도 거센 바다 위에 떠 있는 한 척의 배에다 한반도를 비유해 본다. 3천만, 아니 4천만이 한 배에 타고 있다. 같은 배를 타고 어려운 항해를 하고 있다는 동주의식이 아쉽다. 자칫 잘못하다가 배가 침몰하게 될 때는 1등객실의 손님이나 3등객실의 손님이나 죽음 앞에는 특권이 없다. 더구나 우리는 오월(吳越)이 동주하고 있는 것이 아니라 형제가 동주하고 있는 셈이다.

60년대의 지나친 배금사상과 이기주의의 작용으로 산성화된 정신토양을 순화시켜 새로운 정치적 묘목을 심고 경제의 씨앗을 뿌려야 될 것이다.

정치에 있어서는 땅에 떨어진 민주적인 윤리의 정립이 시급함을 지적하지 않을 수 없다. 특히 '임전무퇴'의 정치 작풍에서 '후퇴의 윤리'를 세워야겠다. 정치는 작전이 아닌 이상 후퇴도 미덕에 속하는 것이다.

우리는 후퇴해야 할 지점에서 명예로운 후퇴를 해서 위대한 지도자의 심볼로 기록된 인물을 역사 속에서 많이 보았고, 후퇴해야 할 때 전진을 고집하여 역사의 죄인이 된 지도자를 현실에서 많이 보고 있다. 자신의 재산목록을 공개, "정권의 잉여가치를 누리지 않겠다"고 맹약하고, 부패한 사회를 개혁하기에 용감했던 필리핀의 막사이사이 같은 지도자상이 70년 벽두에 유독 생각나는 것은 나만의 감상일까.

진산, 나를 후보로 추천

40대기수론에 대해 찬반 양론이 엇갈리는 가운데 해가 바뀌어

1970년 9월 29일, 신민당 대통령후보 경선 전당대회장에 입장하는 나와 김대중.

1970년이 밝았다. 1월 24일, 김대중은 기자회견을 갖고 "신민당 대통령후보 지명전에 나설 용의가 있다"면서, "오는 1월 26일 전당대회에서 대통령후보 지명안이 확정되는 대로 출마선언을 해서 후보지명 경쟁을 벌이겠다"고 밝혔다.

1월 26일, 유진오 당수의 유고를 메우기 위한 전당대회가 열렸다. 당수선출 경쟁은 3주간의 단기전(短期戰)이면서 당헌개정에다 지명전 경쟁까지 겹친 혼전의 연속이었다. 당수 제1주자는 유진산(柳珍山)이었고, 진산에 대한 도전자는 이재형(李載灐)씨와 정일형(鄭一亨)씨였다. 투표결과 유진오 당수 후임에 유진산씨가 선출됐다.

신민당이 체제정비를 끝내자 관심은 대통령후보 지명대회로 옮아갔다. 뒤늦게 신민당에 입당한 이철승(李哲承)도 후보경쟁에 뛰어들어, 지명전은 유진산 총재의 출마 여부가 변수인 가운데 40대 세 사람의 3파전 양상이 되었다.

대통령후보 조정문제가 당의 최대 현안으로 떠올랐다. 나는 40대

40대기수론 ··· 341

세 후보의 단일화를 도모했다. 나와 이철승, 김대중은 1970년 7월 24일 나의 제의로 인천(仁川) 올림프스호텔에서 만나 지명대회까지의 협력과 함께, 반드시 40대 후보의 단일화를 성취하기로 다짐했다.

40대 후보 단일화 노력은 한동안 성과를 거두는 듯했다. 나의 제의로 고흥문 총장과 세 후보측 대표가 40대 후보 조정을 위한 기구를 구성했고, 세 후보는 이 '4인전권위'의 후보조정에 무조건 승복키로 합의하기도 했다.

한편 유진산 총재의 거취도 관심사였다. 6월에 열릴 예정이던 전당대회를 9월로 미루어 놓은 진산은 "당이 대통령후보로 나설 것을 명령한다면 십자가를 메겠다"고 직접적인 출마의사를 표명하는가 하면, "40대 후보 조정작업이 9월 24일까지 주효한다면 나의 결심을 고집하지 않겠다"고 토를 달기도 했다. 이를테면 조건부 출마론이었다.

9월 24일 오전까지 40대 세 사람의 단일화 교섭은 끝내 실패로 돌아갔다. 지명 전당대회는 닷새 뒤인 9월 29일로 예정돼 있었다. 진산이 새로운 카드를 제기했다. 자신이 출마를 포기하는 대신 세 사람 중 한 사람을 지명할 수 있는 권한을 자신에게 달라는 것이었다. 불출마→출마선언에 이은 세번째 변신인 셈이었다. 나와 이철승은 진산의 제안을 수락했으나 김대중은 이를 거부했다.

9월 27일, 나는 이철승과 함께 그랜드호텔에서 진산을 만났다. 진산은 "두 사람 가운데 누구를 지명하든지 무조건 당수의 추천에 승복하겠다"는 서약서를 받았다. 이로써 진산의 불출마가 확정되고 노장층의 당외(黨外)후보 추대론도 사실상 종지부를 찍은 셈이었다.

유진산 당수는 지명대회 전날인 28일 오후가 되어서야 최종 입장을 밝혔다. 중앙상위(中央常委)에서의 연설 끝에 "나는 당수로서 김영삼 의원을 대통령후보로 여러분 앞에 추천한다"고 공개 발표한 것이다. 당시 주류를 장악하고 있던 진산의 추천으로 대세는 내게로 쏠리는 듯했다. 당내 제1파벌인 대의원 5분의 2 선의 범(汎)진산계, 제2파벌인 이재형(李載灐)계가 내 편이었다. 이철승계도 나에 대한 지지서약에 묶여 있었다. 누가 보더라도 상황은 나에게 유리했다. 모두들 나의 승리를 예상하고 있었다.

깨진 서약

마침내 9월 29일 역사적인 신민당 후보경선 전당대회가 열렸다. 이철승은 나를 밀기로 서약돼 있었으므로 표대결은 나와 김대중으로 좁혀졌다. 그런데 막상 1차투표 결과 예상치 못한 결과가 나왔다. 당수 추천이 곧 지명획득이라고 상식적으로 풀이했던 사람들은 1차투표에서 누구도 과반수를 얻지 못한 결과에 어리둥절해했다. 총투표 885표 중 내가 421표, 김대중 382표, 백지 78표, 기타 4표로 내가 1위를 차지했으나, 과반수인 443표에서는 22표가 모자라는 결과였다. 장내가 웅성거렸다.

오후 3시쯤 시작된 2차투표 결과 전혀 예측하지 못한 결과가 나왔다. 총투표 884표 중 김대중 458표, 나 410표, 기타 16표로 김대중이 과반수에서 12표를 넘어선 것이었다. 역전극이 벌어진 것이다.

2차투표에서의 역전은 왜 일어났는가? 가장 큰 이유는 1차투표 직후 김대중과 이철승 사이에 당권을 건 흥정이 있었기 때문이다. 1차투표에서 나온 78표의 백지투표 중 상당수가 나를 밀기로 약속했던 이철승의 표였다. 김대중은 1차투표가 끝나자마자 이철승과 거래를 시도했다. 김대중은 이철승의 총참모 조연하(趙淵夏)와 대회

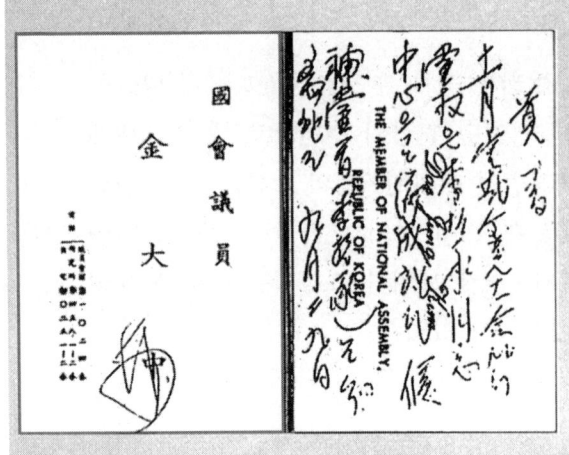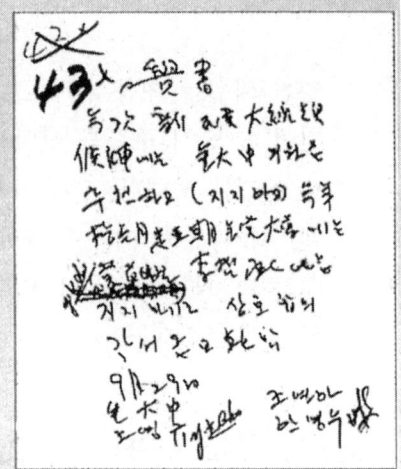

1970년 9월 29일, 신민당 지명대회 당시 김대중과 이철승 간에 교환한 합의각서. 김대중이 이철승의 협조를 받는 대신 그를 차기 당수로 지지하겠다는 내용이 명확히 나타나 있다. 〈국민일보〉 1994년 4월 22일자에 보도됨.

장 입구의 장막 뒤에서 만나 자신의 명함 뒤에 각서를 써 주었다. 이철승의 표를 자신에게 몰아 줄 경우 두 달 뒤인 "11월의 정기 전당대회에서 당수로 이철승씨를 지지하기로 상호 합의각서를 교환한다"는 내용이었다. 이철승이 이를 받아들임으로써 이철승의 표가 김대중 지지로 바뀐 것이었다. 정치인의 약속이 깨지는 순간이었다.

나는 의외의 결과에 큰 충격을 받았으나, 그 순간 가슴 속 깊은 곳으로부터 커다란 소리가 들려 왔다.

'비록 표결에서는 패배했으나 나의 주장은 승리했다. 내가 제창한 40대기수론은 승리했고, 이제 신민당은 박정희에 맞설 기회를 잡은 셈이 아닌가!'

단상에 올라간 나는 마이크를 잡고 장내에 가득 찬 당원들을 향해 큰 소리로 외쳤다.

"오늘 우리는 새로운 역사를 창조했습니다. 김대중씨의 승리는 우리들의 승리이며 나의 승리입니다. 나는 김대중씨를 위해 거제도에서 무주구천동까지 전국 방방곡곡 어디든지 갈 것입니다."

신민당 전당대회가 열린 서울 시민회관은 감동의 도가니로 변했고, 박수와 함성으로 가득 찼다.

모두가 승리했다

당시의 내 심경은 1970년 10월 7일자 〈조선일보〉「선의의 경쟁의 토착화」라는 제목의 기고문(寄稿文)에 비교적 잘 나타나 있다.

…… 지난 9월 29일 신민당 대통령후보 지명대회를 놓고 역사를 보는 안목에서 평가해 볼 때 과연 어떤 결론이 나올 것인가? 나는 대통령후보 지명경쟁에서 패배한 당사자의 입장을 떠나 이 나라 정계에 몸담고 있는 한 사람의 정치인으로서 냉정히 생각해 본다. 누가 뭐라 하든 20년 야당사에 있어서나, 더 나아가서 이 나라 정치사에 커다란 발전을 이룩했다고 자신 있게 말할 수 있다.
서구적인 민주주의를 토착화시키는 과정에서 볼 때 9·29대회는 무한한 가능성의 묘목을 심었다는 자부심을 가질 수 있다. 40대기수론을 제창했고 대통령후보 지명경쟁의 제1주자였던 내가 마지막에 가서 제2주자였던 김대중 의원에게 예상 밖의 표차로 패배했지만, 결과적으로 내가 제창했던 40대기수론이 채택되었고, 그 과정에서 그 정도나마 선의의 경쟁이 이루어졌다는 사실만으로 만족하고 담담한 심경에 안주할 수가 있다. 이와 같은 나의 가치관은 그 날 2차투표 결과 김대중 의원의 승리로 역전되던 그 쓰라린 순간부터 정립되었다.

1970년 9월 29일, 신민당 대통령후보 경선 전당대회에서 대의원들의 환호에 답하는 나와 김대중, 가운데가 유진산 총재.

그렇기 때문에 김후보의 지명수락 연설에 뒤이어 국민과 당에 약속한 대로 김후보를 지지하며, 김후보 지원을 위해 내가 갈 수 있는 곳이면 어디든지 갈 수 있다고 자신 있게 외칠 수 있었던 것이다. 내가 그 자리에서 김후보의 승리를 바로 나의 승리라고 말한 것은 단순한 자기 미화(美化)를 위한 표현이 아니라 뚜렷한 소신이 섰기 때문이었다.

어느 평론가의 칼럼이 "신민당도 승리했고, 김대중씨도 승리했고, 김영삼씨도 승리했고, 유진산 당수도 승리했다"고 논평한 것을 읽고 나의 그러한 생각은 한결 굳어졌다. 국외자(局外者)의 눈에 그 정도로 비친 9·29대회였다면, 그 대회 주역의 한 사람이었던 나로서는 기쁜 일이 아닐 수 없었다.

아무튼 나도 제1주자가 제2주자에게 바통을 넘긴 심경으로 김후보가 정권교체라는 영광의 고지에 골인할 때까지 뛸 각오가 돼 있다. 김후보의 길은 바로 내가 가려던 길이며, 그것은 내가 테이프를 끊어 놓은 길이며, 그 목표 또한 하나인 것이다.

지명대회의 결과는 젊어진 신민당의 내일을 예고했다. 대통령후보 지명은 당의 서열이나 조정에 의해서가 아니라, 공개경쟁으로 국민의 지지도를 저울질하고 국민적 관심사를 이끌어 내는 선의의 경쟁이어야 한다는 전진적인 틀을 만들어 놓았다.
 이런 긍정적인 평가의 이면에는 물론 고독과 아픔이 감추어져 있었다. 대통령후보 지명전이 끝나고 그 날 밤 내가 선거본부에 돌아왔을 때 김동영(金東英), 최형우(崔炯佑), 조윤형(趙尹衡) 등 선거참모들은 통곡을 했다.
 나는 그들을 달랬다.

"내가 죽은 줄 아는가. 역사 앞에 더 큰 일을 하게 하려고 하나님이 내게 고통을 주셨으니, 그걸 달게 받고 당명에 의해 선출된 김대중씨를 돕는 데 최선을 다하자."

그 해 경남중·고(慶南中高) 동창회에서도 패배를 아쉬워하는 동창들에게 나는 패배의 좌절이 아니라 새로운 희망의 메시지를 보냈다.

"미국 민주당의 존 F. 케네디도 1956년의 대통령후보 지명전에서 패배하고 1960년에 승리했다. 1956년의 후보 지명전에서 낙선한 데 대해 케네디는 '내가 그때 후보가 되었다면 영원히 미(美)합중국의 대통령이 되지 못했을 것'이라고 했다. 나도 지금 그렇다."

40대의 바람, 왜 약해졌나

1970년의 지명대회는 3선개헌 저지투쟁의 연장선상에 있었으며 그 마지막 대결의 장(場)이기도 했다. 비록 3선개헌 저지에는 실패했으나 대통령선거에서 승리한다면 박정희의 장기집권을 막을 수 있었다. 신민당의 대통령후보 선출은 그 관건이었던 것이다. 야당에는 그때까지 가능성이 남아 있었다. 그런 점에서 나는 비록 경선에서는 패배했으나 김대중의 당선을 위해 끝까지 최선을 다하겠다고 다짐했다.

그런데 지명전을 끝낸 신민당은 선거전이 아니라 당권을 둘러싼 대결에 힘을 소진(消盡)하기 시작했다. 유진산 당수와 김대중 후보 두 사람은 전당대회를 단합의 대회로 이끌겠다고 했다. 그러나 사태는 가파른 대결로 줄달음질치고 있었다. 비주류는 지명대회 승리의 여세를 몰아 당권쟁취를 향해 달렸다.

선거기간 중 실질적으로 당권을 장악하게 될 선거대책위 구성도 중요한 문제였다. 대통령선거를 승리로 이끌기 위해서는 무엇보다 당의 단합된 모습을 국민들에게 보여 주는 것이 중요했다. 나는 1차투표에서 1위를 차지한 최다득표자로서 김대중 후보로부터 선거대책본부장을 맡아 달라는 제의가 온다면 이를 흔쾌히 수용할 결심을 하고 있었다. 박정희와의 대결을 앞두고 두 사람의 40대 후보, 그것도 경상도와 전라도를 대표하는 두 사람이 공동전선을 형성한다면, 그 파괴력은 막강할 것이라고 나는 생각했다.

그러나 제의는 오지 않았다. 김대중 후보의 후원자 격(格)인 정일형씨가 선거대책본부장을 맡게 되었다. 당 안팎에서 큰 기반을 가

압도적 승리가 예상되었던 신민당 대통령후보 지명대회에서 패배한 후에도, 나는 1971년 4월에 치러진 대통령선거에서 신민당 김대중후보의 승리를 위해 전국을 다니면서 김대중후보 지지유세를 했다. 사진은 부산 공설운동장에서 김대중 지원연설을 하고 있는 모습.

지고 있던 나와 이철승은 당의 선거조직의 전면에 나서지 못하게 되었다.

　1971년 대통령선거가 시작되었다. 나는 중앙당에서 지시하는 일정대로 충실히 움직였다. 나는 후보지명 전당대회 때 당원들 앞에서 약속한 대로 전국 방방곡곡을 돌아다니며 김대중 당선을 위한 유세에 최선을 다했다.

　1971년 대통령선거에서 가장 중요했던 순간은 4월 18일 오후 서울 장충단에서 열린 야당의 유세였다. 이 날 모든 언론의 관심은 그 당시로서는 기록적인 숫자의 군중이 모여든 서울의 장충단으로 집중되었다. 그러나 이 날 나는 안타까운 심정으로 충남지역의 벽촌을 돌아야 했다. 김대중 후보의 선거대책본부에서 나에게 제시한 유세일정에는 이 날 서울집회에 내가 빠져 있었다. 서울집회가 열리던 바로 그 시각, 나는 당의 지시대로 충남 아산의 면소재지에서 비를 맞으면서 쓸쓸한 유세를 했다. 나의 유세에는 한 사람의 기자도 찾아볼 수 없었다. 연설을 끝내고 시골 여관에 들어 잠을 청했지만 밤늦도록 쉽게 잠들지 못했다. 나는 많은 생각을 했다. 나를 돌아보고 우리 당과 국민을 생각했다.

결국 1971년의 4·27대통령선거는 박정희의 승리로 결판이 났다. 94만여 표차였다. 1971년 제7대 대통령선거의 패배는 박정희의 지역감정 유발전략이 승리를 거둠과 동시에, 야당이 정권교체를 바라는 국민의 기대에 부응하지 못함으로써 결국 박정희에게 유신 장기집권으로 가는 길을 터 주었다는 점에서 지울 수 없는 한을 남겼다.

당시 민심의 소재가 어디에 있었는가는 곧이어 치러진 국회의원 총선거의 결과를 보아도 알 수 있다. 1971년 5월 25일의 제8대 국회의원 선거결과는 신민당의 약진(躍進)으로 나타났다. 공화당은 48.8%를 득표해 총 204석의 의석 중 113석을 차지했고, 신민당은 44.4%의 득표율로 과반수에서 13석이 모자라는 89석을 확보했다. 나는 부산 서구에서 7만 4,589표를 득표해 4만 1,128표를 얻은 공화당의 박찬종(朴燦鍾)을 누르고 5선을 기록했다.

진산파동 2라운드

대통령선거가 패배로 끝난 뒤 신민당은 내분에 휩싸였다. 제2의 '진산파동'(珍山波動), 일명 '5·6전국구파동'은 유진산 신민당 총재의 갑작스런 지역구 포기에서 비롯됐다. 진산이 자기의 지역구를 무명(無名)의 젊은이 박정훈(朴定勳)에게 넘겨주어 그 지역의 공화당 공천후보인 장덕진(張德鎭)과의 대결을 회피했다는 의혹이 제기되었다.

몇 차례의 태풍이 지나간 뒤 김대중은 자신들이 자의로 만든 6인위의 고흥문(高興門)·홍익표(洪翼杓)·정일형(鄭一亨) 등과 회합한 뒤 유(柳)당수를 제명하고, 전(前) 대통령후보였던 자신이 총재권한대행을 맡겠다고 나섰다. 당헌에도 없는 6인위의 이러한 수습안은 당연히 당내의 커다란 반발을 불러일으켰다.

유진산 총재가 반격에 나섰다.

"나는 정계은퇴를 이미 각오하고 있지만, 당수에게 선거구를 팔아먹었다는 누명을 씌워 당권을 가로채겠다는 행위가 먼저 규명되고 제재받아야 한다."

양일동(梁一東)도 총재의 편에 서서 김대중을 공격했다.

"당신네 사람들이 내게 탈당을 강요했는데, 나는 당신을 제명해 보이겠다."

사태수습은 중재의 길밖에 없었다. 나는 이철승과 전면에 나섰다. 나는 신민당 간부진과 접촉한 뒤 김홍일(金弘壹) 전당대회 의장에게 당수 권한대행을 맡길 것을 제안했다. 김홍일은 무색투명하고 강직한 인물로 독립운동가 출신이었다. 유당수는 당연히 사퇴해야 하고, 이 경우 승계권은 운영회의 부의장이 갖게 되나, 그들도 분쟁에 휩쓸렸기 때문에 당직 사퇴서를 함께 제출해야 하며, 이에 따라

1971년 7월, 한일협력위원회 참석차 일본을 방문하여 여야 중진의원들과 함께 사토 일본 수상과 기념촬영을 했다.

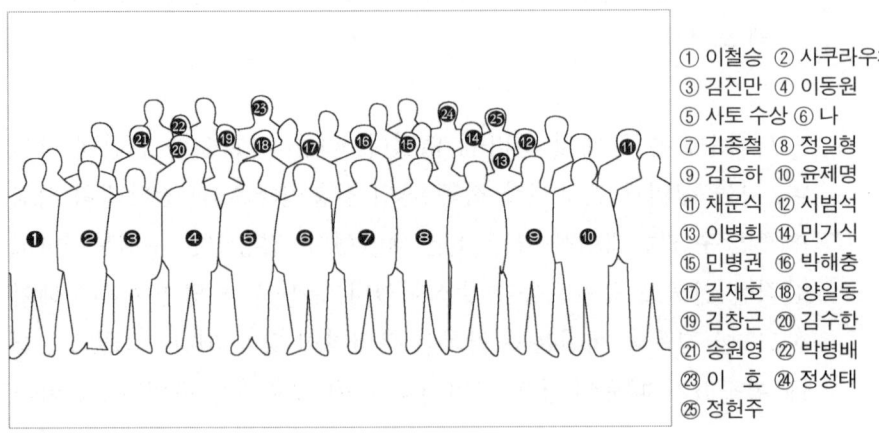

① 이철승 ② 사쿠라우치
③ 김진만 ④ 이동원
⑤ 사토 수상 ⑥ 나
⑦ 김종철 ⑧ 정일형
⑨ 김은하 ⑩ 윤제명
⑪ 채문식 ⑫ 서범석
⑬ 이병희 ⑭ 민기식
⑮ 민병권 ⑯ 박해충
⑰ 길재호 ⑱ 양일동
⑲ 김창근 ⑳ 김수한
㉑ 송원영 ㉒ 박병배
㉓ 이 호 ㉔ 정성태
㉕ 정헌주

다음 서열인 전당대회 의장에게 당권을 넘긴다는 것이었다. 이 수습안은 유당수도 후퇴시키고 김대중의 당권장악도 봉쇄하는 중재안이었다.

5·25총선이 끝난 뒤 신민당으로서는 김홍일 과도체제를 정상화하는 전당대회를 열어야 했다. 7월 20일 전당대회에서 김홍일을 내세운 주류와 김대중을 내세운 비주류, 그리고 양일동의 3자 대결이 벌어졌다. 3차에 걸친 표결결과 김홍일이 당수로 선출되었다.

폭력배 개입의 시발

김홍일의 승리가 알려지자, 대회장 밖에 몰려와 있던 김대중의 지지세력들이 폭력을 휘둘러 시민회관 앞 광장은 수라장이 되고 말았다. 5백여명을 헤아리는 깡패와 청년들은 김대중의 패배에 항의, "죽여라" 하면서 시민회관 안으로 난입(亂入)했다. 이들은 김홍일 당수의 사진을 떼어 내 불살랐다. 나와 이철승·서범석 등 주류파 간부들이 대회장을 나서자 이들 중 수십명이 각목을 휘두르며 대들었고, 이를 막아 서던 최형우(崔炯佑) 의원 등 주류계 대의원들이 몽둥이와 돌에 맞아 다쳐 메디칼센터에 입원하기까지 했다. 나는 갑작스런 습격을 피해 광화문 네거리를 가로질러 전매청 건물로 피신했고, 종로경찰서에 보호를 요청했다. 생명에 위협을 느끼는 긴박한 순간이었다.

김대중은 이 폭력사태를 "자연발생적인 것으로 우리측과는 아무런 관계가 없다"고 해명했다. 그러나 이러한 해명을 곧이곧대로 믿는 사람은 아무도 없었다.

이 날의 폭력사태는 한국 야당사에 뼈아픈 기록을 남기게 된다.

'야당의 전당대회'에서 이처럼 대규모 폭력·유혈사태가 발생한 것은 이 때가 처음이었다.

주류 당권파와 비주류, 그리고 당의 중심이던 40대의 관계는 이로써 다시 한번 악화되었다. 게다가 권토중래를 노리는 진산계의 노림수, 1975년의 지명전으로 가는 파벌간의 견제가 설상가상으로 복잡하게 얽혀 있었다.

신민당의 전열은 그야말로 어수선하고 방만했다. 이처럼 약체의 김홍일체제가 당의 구심점이 되지 못한 채 표류하고 있는 가운데 1971년 7월 26일 제8대국회가 개원되었다.

8대국회가 구성되어 의회활동이 시작되면서 국정에 수상쩍은 징후가 표출되기 시작했다. 맨 먼저 일어난 것이 7월 28일의 '사법파동'이었다. 공안부 검사의 현직 법관에 대한 구속영장 신청이 발단이 된 정부와 사법부의 대결 사건이다. 그로부터 두 달 뒤 공화당에서 세칭(世稱) '10·2항명파동'이 일어났고, 다시 두 달 뒤인 그 해 12월, 정국은 또다시 요동쳤다. '국가보위에 관한 특별조치법'을 둘러싸고 일어난 것이다.

두 조각 전당대회

10·2항명파동은 국회에서 오치성(吳致成) 내무장관 해임안이 가결된 사건으로, 사흘 뒤인 5일에는 김성곤(金成坤), 길재호(吉在號) 의원이 공화당을 탈당하는 사태로 확산되었다. 이는 정부가 국회의 표결권에 간섭한 중대사태였다. '국가보위에 관한 특별조치법'파동이란 12월 27일 '국가보위에 관한 특별조치법'이 국회에서 변칙 통과된 사건으로, 대통령에게 국가비상사태를 선포할 수 있도록 초

1972년 6월, '국회 정상화'와 '비상사태 철회'를 요구하며 국회 앞에서 농성 중인 모습이다. 나의 왼쪽에 정해영, 박병배, 뒷줄에 이중재, 김응주, 맨 뒷줄에 한병채, 조홍래, 김윤덕, 박한상 의원의 모습이 보인다.

법적(超法的) 권한을 부여한 것이다. 이즈음 박정희는 10월 15일 서울 일원에 위수령을 발동했는가 하면, 12월 6일에는 국가비상사태를 선언하는 등 공포정치의 어두운 그림자가 내려 덮이고 있었다.

1972년 8월 26일 신민당 전당대회가 열렸다. 당수선출 문제가 쟁점이었다. 김홍일과 비주류측은 연말까지의 대회 연기를 제안했지만, 진산과의 협상은 결론을 내리지 못했다. 26일 낮 12시 유진산측은 시민회관에서 대회를 강행, 진산을 당수로 선출해 버렸다.

다음날 반(反)진산 연합세력은 효창동(孝昌洞) 김홍일 당수 집 뜰에서 또 하나의 전당대회를 열었다. 이 날 대회는 진산을 당수로 선출한 시민회관 대회를 불법이며 무효라고 의결했다. 새로운 개편 전당대회는 12월까지 연기키로 결의, 김홍일체제의 합법적인 임기 연장도 결의했다.

　신민당은 이제 시민회관파와 효창동대회파로 양분되고 하나의 정당에 두 사람의 당수가 존재하는 상황이 되고 말았다. 법통(法統) 싸움은 마침내 법원으로까지 넘어갔다. 제1야당 신민당의 비극적인 내분이었고 자학적인 대결이었다.

　나는 두 대회에 모두 불참했다. "새로운 제3의 전당대회를 주선할 길은 없을까." 나는 중재에 나섰지만 좋은 방법을 찾기 어려웠다. 진산계와 반진산계 모두 '돌아올 수 없는 다리'를 건너가 버린 것 같았다.

김영삼회고록 1
민주주의를 위한 나의 투쟁

초판 제1쇄 발행일 : 2000. 1. 10
초판 제3쇄 발행일 : 2015. 11. 22

지은이 : 김 영 삼
펴낸이 : 김 철 미
펴낸곳 : 백산서당

등록 : 제10-42(1979.12.29)
주소 : 서울시 은평구 통일로 885(준빌딩 3층)
전화 : 02)2268-0012(代)
팩스 : 02)2268-0048
이메일 : bshj@chol.com

값 15,000원

ISBN 978-89-7327-506-9 03340